江 苏 新 农 村 发 展 系 列 报 告
南京农业大学人文社科重大招标项目

江苏农村工业和城镇化发展报告 2014

孙 华等 著

科 学 出 版 社
北 京

内 容 简 介

本书为《江苏新农村发展系列报告》之一。本书首先对江苏农村工业和城镇化发展历程、发展现状进行梳理，并在此基础上总结江苏农村工业和城镇化发展存在的问题；其次对江苏农村工业化和城镇化关系、江苏农村商贸服务与消费市场状况、江苏农村城镇化区域差异、江苏村镇规划与居民点建设、江苏农村剩余劳动力转移与市民化进行研究分析，在此基础上，针对江苏农村工业和城镇化发展提出对策建议。专题报告对江苏三大区域进行分别描述，对江苏“美丽乡村”发展案例及南京市城乡居民生活质量水平等进行了研究。

本书可供高校和研究院所相关专业科研人员以及政府相关部门人员参考。

图书在版编目(CIP)数据

江苏农村工业和城镇化发展报告. 2014 / 孙华等著. —北京：科学出版社，2015. 3

(江苏新农村发展系列报告)

ISBN 978-7-03-044013-6

I. ①江… II. ①孙… III. ①农村工业化－研究报告－江苏省－2014 ②农村－城市化－研究报告－江苏省－2014 IV. ①F327.53②F299.275.3

中国版本图书馆 CIP 数据核字(2015)第 063236 号

责任编辑：黄 海/责任校对：李 影
责任印制：徐晓晨/封面设计：许 瑞

科学出版社出版
北京东黄城根北街 16 号
邮政编码：100717
http://www.sciencep.com

北京京华虎彩印刷有限公司印刷
科学出版社发行 各地新华书店经销

*

2015 年 3 月第 一 版 开本：787 × 1092 1/16
2015 年 3 月第一次印刷 印张：15 1/2
字数：230 000

定价：79.00 元

(如有印装质量问题，我社负责调换)

《江苏新农村发展系列报告》（2014）编委会

《江苏农村工业和城镇化发展报告 2014》
主要撰写人员

孙　华　刘红光　胡　畔　瞿忠琼　翁达来
居　婕　谢　丽　谢贵德　吴　瑶

总　序

为了深入贯彻落实党的十七届六中全会精神和国家中长期科技与教育发展规划纲要，繁荣我校人文社会科学，强化我校新农村发展研究院的政策咨询功能，从2012年起，南京农业大学在中央高校基本科研业务费中增设人文社会科学重大专项。人文社会科学重大专项通过招标方式，主要资助我校人文社科专家、教授针对我国农业现代化和社会主义新农村建设中遇到的具有全局性、战略性、前瞻性的重大理论和实践挑战，以解决复杂性、前沿性、综合性的重大现实问题为重点，以人文社会科学为基础、具有明显文理交叉特征的跨学科研究。其中，为江苏“三农”服务的发展报告是首批重点资助的项目，项目实施一期三年，每年提交一份年度发展报告，并向社会公布。

江苏地处中国经济发展最快速、最具活力的长三角地区，肩负“两个率先”的光荣使命，正处于率先实现小康社会奋斗目标、全面开启现代化建设征程的新的历史起点。其经济社会发展的现状为南京农业大学发挥学科特点和综合优势，服务社会需求和发展大局，提出了新的挑战，提供了新的机遇。我校设立校人文社会科学重大招标项目主要基于四个方面的出发点。第一，随着我国整体改革的进一步深入，农业现代化进程的不断加快，农业现代化过程中凸显的难点和重点问题，使得人文社科研究的整体性、系统性、迫切性更加突出。我校通过顶层设计设置的人文社科重大招标项目——江苏“三农”相关领域发展报告，就是希望我校农业相关的人文社科领域专家、教授发挥团队力量，通过系统设计、周密调研和深入剖析，实现集体“发声”，冀求研究成果为江苏“两个率先”的实现做出应有的贡献，并对全国的农业现代化、对将来起示范和引领作用，从而扩大南京农业大学人文社科研究整体的社会影响力。第二，通过项目的实施，希望进一步引导我校人文社科领域专家、教授更加注重实际、实例与实体研究，更加关注传统与现实的结合，更加注重研究的定点和定位，更加重视科学研究资料和素材的积累。第三，通过项目实施，一个报告针对一个问题、围绕一个主题，使人文社科老师的科研活动多与社会、多与政府对接，使得研究成果的社会影响力和政府影响力都能得到充分发挥。第四，希望我校人文社科的老师与自然科学的老师形成交叉，培育新的人文社科学科发展增长点，推动学校创新团队培养和学科交叉融合。通过项目的实施，人才、团队、成果、学科、学术都能得到同步成长。

《江苏新农村发展系列报告》(2014)共分为十三个分册，分别为《江苏农村经济社会发展报告 2014》、《江苏农民专业合作组织发展报告 2014》、《江苏农村金融发展报告 2014》、《江苏乡村治理发展报告 2014》、《江苏农村社会保障发展报告 2014》、《江苏休闲农业发展报告 2014》、《江苏农业信息化发展报告 2014》、《江苏农村政治文明发展报告 2014》、《江苏农村生态文明发展报告 2014》、《江苏农村公共服务发展报告 2014》、《江苏农村文化建设发展报告 2014》、《江苏农村工业和城镇化发展报告 2014》、《江苏农村农业生产经营发展报告 2014》。各报告包括了 2014 年江苏全省农业相关领域的发展现状、总体评价、趋势分析及对策建议等；分别针对苏南、苏北、苏中专题进行评述并提出了相关建议；评析了 2014 年全省农业相关领域发展的典型案例；并附有 2014 年全省农业相关领域发展统计数据、政策文件以及发展大事记等。项目通过实证研究和探索，获得来自于农民生活、农业生产和农村社会实际的第一手资料，以期为政府决策提供真实的信息。项目实施过程中充分发挥了青年教师与研究生等有生力量的作用，既扩大了工作的影响面，又培养了人才。

总之，我校从专家集体发声、鲜明的导向、与社会及政府部门的对接、团队和学科交叉的发展这四个方面设计资助人文社会科学重大招标项目，希望对我校的人文社科发展起到积极的推动作用，能真正达到“弘扬南农传统和优势、对接古典和现实、破解农业现代化难题、振兴南农人文社科”的目的，同时为我国“三农”事业、经济社会发展，为江苏省农业科技进步、农业现代化和新农村建设作出新的贡献。

在项目的实施和发展报告的编写过程中，农业相关领域省级主管部门及各级各单位、各项目负责人及课题组成员给予了大力支持和密切配合，相关领域的领导和专家给予了指导，在此一并致以谢忱。

《江苏新农村发展系列报告》是一个全新的尝试，不足甚至谬误在所难免，还望社会各界倾力指教，以利更真实地记录江苏农业现代化进程的印迹，为美好江苏建设留下一组侧影。

南京农业大学副校长　丁艳锋

二〇一四年十二月

前　言

经过三十多年的改革开放，中国工业化与城镇化取得了令人瞩目的成就，《中华人民共和国国民经济和社会发展第十二个五年规划纲要》明确提出“走中国特色城镇化道路，科学制定城镇化发展规划，促进城镇化健康发展”，“加强农村基础设施和公共服务，按照推进城乡经济社会发展一体化的要求，搞好社会主义新农村建设规划，加快改善农村生产生活条件”。2013 年召开的中央城镇化工作会议提出了推进城镇化的主要任务，并将“推进农业转移人口市民化，解决好人的问题”作为推进新型城镇化的关键。2014 年，中共中央、国务院印发了《国家新型城镇化规划(2014—2020 年)》，明确了未来城镇化的发展路径、主要目标和战略任务，统筹了相关领域制度和政策创新，是指导全国城镇化健康发展的宏观性、战略性、基础性规划。

江苏省经济发展水平处于全国较高位置。以兴办乡镇企业实现非农化的“苏南模式”是江苏农村工业化和城镇化早期发展的主要模式。江苏省已在农村工业化与城镇化过程中取得了相应的工作成果，并且积累了一些经验。2014 年，在《国家新型城镇化规划(2014—2020 年)》基础上，《江苏省新型城镇化与城乡发展一体化规划》(2014—2020 年)出台，提出“城镇化和城乡发展一体化质量显著提升”、“城乡空间布局形态更加优化”、“城乡基本公共服务水平进一步提高”、“城乡可持续发展能力稳步提升”、“体制机制不断完善”五个目标。截至 2013 年，江苏省城镇化率已达到 64.1%，乡镇企业实现总产值 121 349.62 亿元，农村工业和城镇化水平持续提高。

《江苏农村工业和城镇化发展报告 2014》首先对江苏省农村工业和城镇化发展历程、发展现状进行梳理，并在此基础上总结江苏农村工业和城镇化发展存在的问题。在对江苏农村工业化和城镇化关系、江苏农村商贸服务与消费市场状况、江苏农村城镇化区域差异进行分析、江苏村镇规划与居民点建设进行研究、江苏农村剩余劳动力转移与市民化进行研究、分析的基础上，针对江苏农村工业和城镇化发展提出对策建议。专题报告对江苏三大区域进行分别描述，对江苏省“美丽乡村”发展案例和 2013~2014 年江苏省南京市城乡居民生活质量水平进行了研究。

本项目得到南京农业大学人文社会科学重大项目(项目编号：0406J0359)的资助。

在撰写的过程中，我们力求全面地反映江苏农村工业和城镇化发展现状，但由于知识水平有限，难免存在不当之处，敬请专家、读者不吝赐教！

孙　华

二〇一四年十二月十五日

目　　录

第一章　江苏农村工业和城镇化发展总报告

第一节　江苏农村工业化发展状况

改革开放以来，随着工业化的不断发展，以及现代化水平的不断提高，我国东部沿海地区经济发展迅速，同时农村地区也开始逐步推进工业化进程，并且取得了成功，曾经先后出现了三种典型的农村城镇化模式，即苏南模式、温州模式和珠江三角洲模式，这三种农村工业化模式，不但大大地促进了该区农村经济的发展，而且为解决我国的“三农”问题提供了经验。农村工业化是位于农区的工业的兴起与发展并推动整个农村经济和社会进步的过程。有人将农村工业化涵盖至农村工业之外的建筑业、交通运输业、商业、饮食服务业等，包括所有非农产业。

1980年初，江苏省的苏州、无锡、常州三市的农村地区通过建立乡镇企业来发展工业的方式，是最早被人们承认的乡镇企业发展模式，“苏南模式”也是最具有代表性的农村工业化发展模式之一。但随着我国工业化的进一步发展，特别是经济全球化的进一步加深和我国加入 WTO 以后，企业生产组织方式和市场竞争环境发生了很大的变化，乡镇企业所有制结构逐渐由以集体经济为主向多元的股份制结构转变，企业布局逐渐由分散的乡镇企业向工业集中区转变，乡镇企业逐渐由私营企业代替。时至今日，乡镇企业基本已经退出了历史舞台。但农村工业化并没有因此而停止，在新的工业化背景下，农村工业的发展必然呈现出新的特征。

一、江苏农村工业化是江苏省农村发展的必然趋势

1. 工业化和城镇化是大部分国家和地区社会经济发展的必然现象

发达国家工业化和城镇化起步早，20世纪初期，很多学者就从不同视角对工业化和城镇化进行了深入研究，并提出中心地理论、二元结构理论、推-拉理论、增长极理论、中心-边缘理论、田园城市论等多种理论模型。其中最为著名的是钱纳里的多国模型，即城镇化与工业发展之间存在着某种对应性。上述早期理论成为后来发展中国家研究工业化和城镇化一般规律的重要基础。目前西方国家对工业化和城镇化的研究主要集中在经济全球化、产业集群、城市复兴以及精明增长等方面。

2. 发展中国家产生过度城镇化的重要原因是对农村地区的忽视

第二次世界大战前夕，一些发展中国家在照搬发达国家工业化和城镇化模式的过程中，出现了严重的过度城镇化现象。如拉丁美洲五个半工业经济类型国家——巴西、墨西哥、哥伦比亚、委内瑞拉、秘鲁，城镇化率的增长远远高于工业化率。城市形成了大面积的贫民区，大量农村人口涌入城市，经济发展水平低位徘徊、城市环境急剧恶化、劳动就业困难重重、城镇基础设施严重滞后。这一结果的形成，其中的重要原因就是忽视了农村地区的改造与发展，使得城镇的发展、工业经济的发展缺乏腹地，拉大了城乡差距，农村人口向城镇的涌动，进一步恶化了城镇的公共设施服务水平。

3. 农村工业和城镇化发展是许多国家城镇化战略的重要组成部分

为了避免工业和城镇化过程中产生过度城镇化问题，许多发达国家非常重视农村的产业和城镇发展，并取得了诸多成功经验，如韩国的“新村运动”、日本的“造村运动”、法国的“农村改革”、以色列的“乡村服务中心建设”等。上述成功的经验都是政府采取各种措施发展农村第二、三产业，顺利推

进农业转型升级和农业剩余劳动力向非农产业就地转化，以及农村景观改造。

4. 中国特色的制度环境决定了国内农村工业化与城镇化的特殊性

中国特殊的户籍制度、社会保障制度、土地使用制度等，不仅使中国的城镇化道路具有其独特性，也使中国农村工业发展与城镇化具有其特殊性。如国内学者从人口流动、农村剩余劳动力的转移角度对农村城镇化进行大量研究，包括农村富余劳动力转移的原因、动力、模式等。还有的学者对农村城镇化的动力机制进行了研究，并提出二元城镇化动力机制(周一星，1999)、集群创导动力机制(刘科伟，2001)等模式。当然，农村工业发展与城镇化的制度安排与政策研究也是重要的研究内容之一。

5. 江苏省农村工业化与城镇化需重点解决区域不平衡的问题

国内很多学者对以“苏南模式”、“园区经济”为代表的江苏省工业发展和城镇化模式进行了大量研究，可以说江苏省在农村工业化与城镇化过程中取得了很多的经验，但主要集中在苏南地区。也有很多学者指出，江苏省农村工业与城镇化的区域不平衡是制约江苏省城镇化健康发展的因素之一。

二、江苏农村工业化发展历程与历史贡献

1. 农村工业化发展历程回顾

改革开放后，江苏大批农民对逐步开放的市场经济适应性很大，较早地办起乡镇企业和个体私营企业，特别是其中的乡镇企业数量多、经济总量规模大，在全省工业经济中占有重要地位。回顾农村工业化过程，总的来看，江苏农村工业化的发展历程大致可分为两个阶段：

(1) 第一阶段是改革开放初期至20世纪末的乡镇企业大发展时期

1978年党的十一届三中全会确定实行改革开放政策后，随着家庭联产承包责任制的展开以及中央政府鼓励农村大力发展非农产业所采取的一系列政

策措施的实施，江苏农村工业化蓬勃兴起，特别是以乡镇集体工业大发展为主要特征。在改革开放的前 10 年，江苏农村工业总产值从 1978 年的 62.43 亿元上升到 1988 年的 980.79 亿元。城乡收入差别从 1978 年的 1∶1.9，缩小到 1985 年的 1∶1.6，是改革开放 30 年来的最低点，1985 年，江苏乡镇工业总产值达 56.95 亿元，已占全省工业总产值的 1/3 以上，这是农村发展的可观成绩。推动江苏农村工业化这一次发展高潮形成的动力主要来自两个方面：一是农村剩余劳动力向非农产业的大规模转移。农村剩余劳动力的大规模转移，既为农村工业化提供了大批的产业工人，又显著提高了农民收入和对工业产品的购买力，从而大大推进了江苏农村工业化的发展。二是当时特定历史条件下形成的卖方市场环境。在当时各种商品多数紧缺的市场环境下，江苏农村工业生产的虽然质次但价格相对低廉的产品(特别是各种低档日用消费品)有着巨大的需求和广阔的市场空间，为江苏农村工业发展积聚了巨大的资金，许多企业都是在这一时期完成了其原始积累。

1985~1992 年，江苏农村工业化经过十多年的发展后，原有的生产组织方式、产品质量和技术结构、人员素质等越来越难以适应市场变动，再加上 1989 年下半年开始，中国政府提出治理经济环境、整顿经济秩序、强化宏观调控力度，江苏乡镇企业的发展遇到了一些困难和挫折，一些小的乡镇企业出现了经营困难，但同时也给乡镇企业的兼并重组提供了机遇，通过产业结构调整，积极发展外向型经济，江苏乡镇企业规模不断扩大，外向型经济迅速发展。1991 年，全省乡村两级年工业总产值超 500 万元的工业企业已有 6017 个，实现产值 797.82 亿元，占全省乡村工业产值的 53.9%，乡镇企业出口产品金额达 153.53 亿元，是 1986 年的 8.5 倍。当年全国乡镇企业产值超过 50 亿的县、市有 15 个，江苏省占 9 个。

1992 年初邓小平同志的南方谈话及随后召开的中共十四大，明确提出了建立社会主义市场经济体制的改革目标，号召“改革开放胆子要大一些”，要“抓住时机发展自己”，这对已初具规模的江苏农村工业无疑是一种催化，使江苏农村工业在经历了短暂的低落和徘徊后迅速摆脱了困境，以个体和私营工业企业的兴起为特征，掀起了被称作是“二次创业”的第二个发展高潮。在这一时期，个体私营经济已成为江苏工业经济新的增长点，个体私营工业占全部工业总产值的比重由 1990 年的 3.78%上升至 1997 年的 23.00%。在个体私营工业不断发展壮大的同时，集体工业由于乡镇企业改制和原来戴“红帽子”的企业脱帽等原因开始萎缩，占工业的比重出现了大幅回落。自 1990 年乡村集体企业个数创历史新高，达到 11.3 万多个，到了 1998 年就跌落到 7.7 万多个，减少了 3.56 万个，下降了 31%。

(2) 第二阶段是进入 21 世纪后的农村工业产权多元化发展时期

1997 年 9 月中旬党的十五大的召开及随后通过的宪法修正案，确立了民营经济的政治合法性，由此江苏农村工业在一个更加宽松的政治、经济环境下得到了快速的发展。这一阶段江苏农村工业企业的产权形式更多的表现为产权多元化的混合所有制形式。这一方面是由于国有及集体企业改制步伐加快，另一方面，经过多年积累的个体私营企业达到一定规模后，客观上也产生了生产要素的更大范围内联合、并购、合作的要求，于是产权多元化的股份、股份合作制等混合所有制企业得到了较快的发展。据统计，到 2001 年底，江苏苏南的苏州、无锡、常州、镇江、南京五市，乡镇企业所有制构成中，私营个体企业占全部企业数的 92.65%，年末人数占 64.91%，增加值占 54.39%。而 1995 年私营个体企业(户办、联户办企业)数、年末人数、增加值分别占全部乡镇企业的 73.40%、11.02%、4.01%。2013 年，全省私营企业数量占内资企业总数的 85%，工业总产值占全省规模以上工业总产值的 59%，吸纳就业人数占全省内资企业的 68%，同时，江苏抓住浦东开发开放的机遇，迅速形成了全面开放的局面，私营企业在招商引资上又是走在了前面，外商投资迅猛增加。

2. 农村工业化对农村经济社会发展的贡献

(1) 促进了农村增收和收入结构多元化

江苏农村工业和非农产业已成为农民增加收入的主要渠道。2013 年江苏省农村居民家庭人均纯收入为 13598 元，而同期全国农村居民家庭人均纯收入为 8896 元，江苏是全国平均水平的 1.53 倍，比 2012 年名义增长 11.4%，实际增长 8.7%。纵观历史，江苏省农村居民收入水平与农村工业化过程是密切相关的。改革开放初期，随着乡镇企业的异军突起，特别是苏南地区的乡镇企业发展十分迅速。全省农村居民家庭人均纯收入也大幅提高，有些年份的实际增长率超过了 20%，而随着乡镇企业发展遇到困难，农村工业化遇到波折，农村收入水平也出现了很大波动，2000 年以后才逐渐稳定，近几年上升趋势比较稳定，这也反映了近几年江苏省农村工业化水平的稳步提高(图 1-1)。

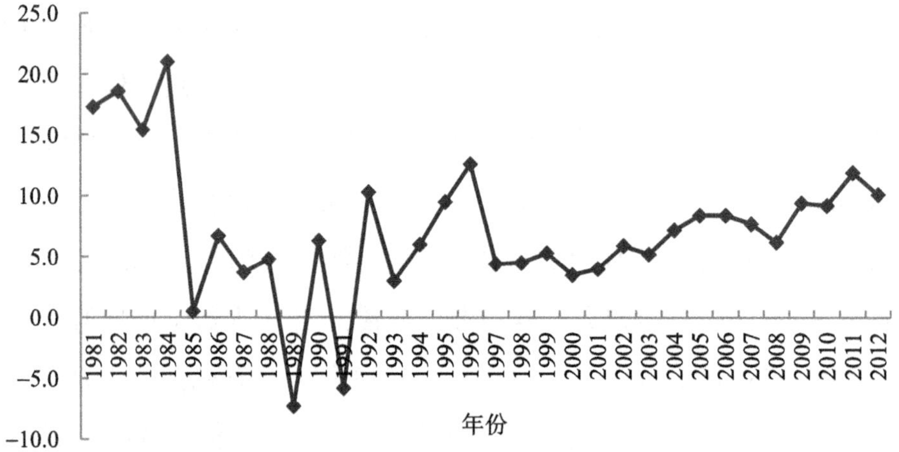

图 1-1　农村居民家庭人均纯收入实际年增长率(%)

从江苏农民人均纯收入的结构看，工资性收入比重逐年提高，经营农业的收入比重不断下降，农民在农村工业企业中的劳动收入和家庭经营中的工业收入占人均纯收入的比重较高并保持了相对稳定，工业和其它非农产业已成为农村居民收入的主要来源(表 1-1)。

表 1-1　2005~2013 年江苏农村人均纯收入结构　(单位：元)

指　标	2005	2010	2011	2012	2013
纯收入	5276	9118	10805	12202	13598
工资性收入	2786	4896	5747	6474	7272
家庭经营收入	2125	3215	3781	4181	4521
农林牧渔业收入	1379	1845	2157	2372	2446
工业收入	148	357	435	479	547
建筑业收入	104	140	167	181	203
交通运输邮电业收入	189	268	270	297	338
批零贸易餐饮业收入	205	464	576	650	803
社会服务业收入	62	76	110	122	126
文教卫生业收入	3	18	15	20	
其他家庭经营收入	36	48	50	61	59
财产性收入	150	399	476	562	646
转移性收入	215	608	801	984	1159

(2) 促进了农村剩余劳动力的快速转移

由于农业人口多、耕地少，江苏农村出现了大量剩余劳动力，成为经济发展中需要解决的重要问题。改革开放后，乡镇集体推动下的乡镇企业和众多小商小贩，推动了江苏农村工业的发展，使大量的社会闲散资金、技术 、人才和剩余劳动力等生产要素进一步地有效结合，为农村剩余劳动力提供了大量的就业机会，促使农村剩余劳动力大规模地快速转移，使长期以来存在的农村劳动力过剩问题得到了较好地解决，并成为一种“离土不离乡”农村城镇化理论模式。由于江苏农村工业主要以劳动密集型为主，从产业上看以加工业居多，这些产业对工人的知识和技术要求不是太高，且具有很强的就业吸纳能力，这就不仅推动了本省农村剩余劳动力的大量转移，同时也为外省农村剩余劳动力提供了大量的就业机会。据江苏人口抽样调查资料，目前在江苏城镇就业的农民中来自于省外的约占 49.0%，其中地处“长三角”腹地、经济发达的苏南地区是省外民工的主要输入地。随着外来资本的加速积聚，新一轮经济大发展对各类人才、劳动力的需求迅速上升，该地区外来务工人员数量迅猛增加。此外，在江苏农村还存在大量的兼业农户，他们一边从事农业一边到附近的工厂做工，这种就地转移方式，无疑大大减少了转移的成本。同时，由于大量企业进入农村，这也为中老年人和妇女等在就业市场竞争中处于不利地位的劳动力提供了许多就业的机会。

3.“苏南模式”的形成历程及其理论贡献

苏南模式，通常是指江苏省苏州、无锡和常州(有时也包括南京和镇江)等地区通过发展乡镇企业实现非农化发展的方式，由费孝通在 20 世纪 80 年代初率先提出。其主要特征是：农民依靠自己的力量发展乡镇企业；乡镇企业的所有制结构以集体经济为主；乡镇政府主导乡镇企业的发展。一些学者和政府官员很看重这种以地方政府为主导、集体所有制为基础的乡镇企业模式，不但将之封为正统，以区别于私有企业为主的“温州模式”，并且认为“苏南模式”证明中国农村的现代化可以通过农村工业化来实现。在其他国家，现代化往往是与工业化、城市化同步进行的。但“苏南模式”的早期成功似乎表明中国找到了一条独特的现代化道路，即农村的现代化可以绕过城市化模式，通过农民到乡镇企业工作、“离土不离乡”的农村工业化道路来实现，从而避免大量农民涌进城市造成所谓的“城市病”。

苏南模式在发展过程中也存在很大问题，其中最大的问题就是政企不分。苏南模式是“地方政府公司主义模式”、“能人经济模式”和“政绩经济模式”，本质上是“政府超强干预模式”。有学者把苏南村乡镇政权对乡镇企业的实际干预和控制看作是一种乡镇的“地方产权制度”、事实上存在着政企不分的问题，同时产生低激励和负激励效应。但改革初期大量经济空隙的存在为包括苏南地区在内乡镇企业的异军突起提供了历史机遇，致使在很长一段时间里，苏南地区政府超强干预模式取得了辉煌的成果，同时长三角地区作为对外开放的率先地区，率先打开国际市场的乡镇企业通过与外资合资合作也取得了很大的成功。那段时间，企业的部分利润被用来建学校、建乡村养老院，农地也被集中到种田大户。政府干预的结果，使乡镇企业承担了大量社会政府职能和“公共企业家”职能。尽管这种结果在一段时间内可能是积极的，但政企不分的集体产权制度安排的隐患最终由于外部宏观环境和竞争环境(如买方市场的出现)的变化而使得苏南经济滑坡。另外，苏南模式由于企业分散，环保设施配套率低，也产生了很大的环境污染问题。

外部环境的变化致使苏南模式开始寻求制度上的改变。从20世纪90年代初开始，苏南地区随着市场化改革的深入推进乡镇企业的制度创新，集体产权特别是政府产权成为改革的目标。与乡镇政府产权主动退出和集体经济的改制相伴，民营经济得到迅猛发展。苏南地区在世纪之交迅速发展起来的民营经济，大部分是原来的以集体经济为主的乡镇企业改制过来的。苏南地区的企业改制，虽然有部分企业完全改制为私人企业，但大部分企业改制为股份制和股份合作制等混合所有制企业。即使是农民自主创业也采取合作方式，其中占主导的是转变为公司制的企业。苏南乡镇企业通过与外商合资、与其他法人企业组建企业集团、建立股份制公司、上市等途径明晰产权。其中最有特色的是以江阴为代表的10多家乡镇企业上市，在证券市场形成了概念独特的“江阴板块”；以昆山为代表的乡镇企业则普遍与外商及港台投资企业合资；以常熟为代表的乡镇企业则多是私人控股的企业集团。

“苏南模式”有别于“温州模式”的最大区别就是政府这只看得见的手的作用。虽然苏南乡镇企业经历了制度上的改变与创新，大部分已经演变成私营企业，但政府在企业发展中的作用一直没有退出。过去政府垄断了经济发展的资源，是乡镇企业唯一的出资主体；现在政府转而把招商引资当作主要工作任务，有的政府负责人还热衷于兼任开发区的领导。但在苏南也有一些大型企业开始创办工业园区，如江阴 “申达工业园”、“凯诺科技园”等，企业自主招商引资才是发展的方向。但很明显的是，“乡镇企业”这个名称现在确实已经无法说明绝大部分苏南乡村企业的性质。事实上苏南的大部分乡村企业已经成了家族经营或合伙经营的企业，但农业部等政府部门仍坚持使用乡镇企业这个概念。

总之，以村镇集体经济为主导的乡镇企业的发展是苏南模式的重要特征，其不仅极大地促进了地方经济的发展，而且在理论上形成了知名的苏南模式，为农村地区工业化初期阶段政府的政策行为提供了可以借鉴的作用。

三、江苏农村工业化的现状与问题分析

1. 农村工业化的现状

随着我国市场经济体制的不断完善，以乡镇企业、农村私营经济为主体的江苏省农村工业取得了稳定快速的发展，主要表现在以下几个方面。

(1) 经济总量跃上新台阶

2013 年全年乡镇企业实现总产值 121 349.62 亿元，比 2012 年增加 6.87%(按现价计算)，相当于 2013 年全省规模以上工业企业总产值(134 648.91 亿元)的 90.12%， 2013 年乡镇企业实现营业收入 120 675.48 亿元，比 2012 年增加 9.17%，相当于全省规模以上工业企业营业收入的 92.16%，可见乡镇企业基本与规模以上工业企业经济规模持平，乡镇企业在全省工业经济中仍占有半壁江山(图 1-2)。其中乡镇企业中最主要的是私营企业，2013 年全省农村地区私营经济实现总产值 3554.01 亿元，比 2012 年增加 86.99 亿元，占全省私营经济总产值的 43.22%，是全省私营经济的重要组成部分。农村私营经济户数达到 46.44 万户，比 2012 年增加了 11.12%。2013 年农村私营经济注册资金达 14 449.08 亿元，比 2012 年增加 11.72%，销售收入达 4862.20 亿元，比 2012 年增加 12.01%。

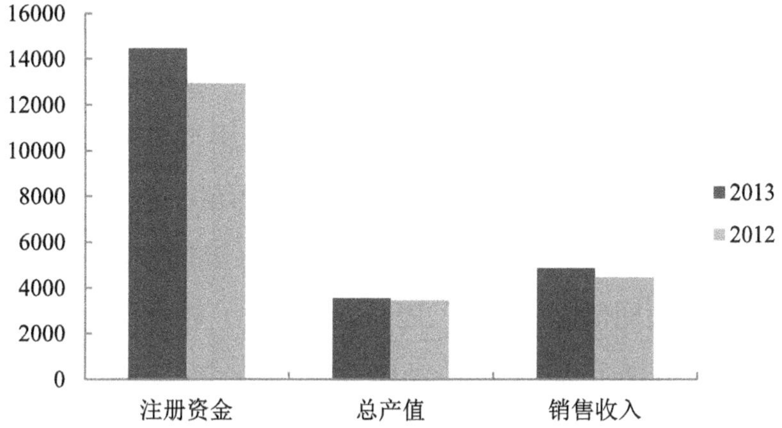

(a)

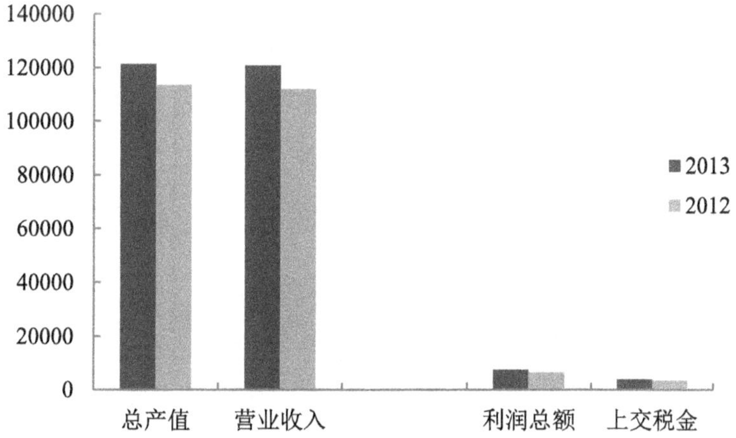

(b)

图 1-2　2012~2013 年江苏省农村私营企业、乡镇企业经济指标(亿元)

(a) 农村私营企业；(b) 乡镇企业

(2) 经济效益有了新提高

效益的增长高于规模的增长，呈现又好又快的发展态势。2013 年全省乡镇企业实现利润 7578.26 亿元，比 2012 年增加 14.30%，高于乡镇企业总产值规模的增速。上交税金 3949.84 亿元，比 2012 年增加 9.92%。全省乡镇工业企业亏损状况进一步好转。

(3) 企业结构得到了进一步优化

乡镇企业中形成了以私营企业、有限责任公司、股份有限公司等新型企业形式为主体的企业结构(图 1-3)。2013 年乡镇企业中上述三种企业形式的企业个数分别为 598872 个、111760 个、18324 个，占全部乡镇企业个数的 95.63%，分别比 2012 年增加了 2922 个、12101 个、4418 个，增加速度分别为 0.5%，12.14%，31.77%，而同期集体企业、股份合作企业、联营企业等传统企业结构形式的企业数量分别由 2012 年的 2613 个、5840 个、2667 个上升到 2013 年的 3899 个、7203 个、3245 个，增加速度分别为 49.2%，23.3%，21.67%。从中可以看出，农村集体企业和股份有限公司企业在 2013 年增长最快。其主要原因可能有两个：一是农村集体资产的逐渐盘活，随着中共中央十八大会议有关农村改革的举措不断深入，农村集体资产成为乡村经济发展的重要亮点；二是农村企业家股份制意识的不断提高，虽然私营企业仍是农村企业的主要组织形式，但股份制企业也逐渐成为农村企业的重要组织形式。

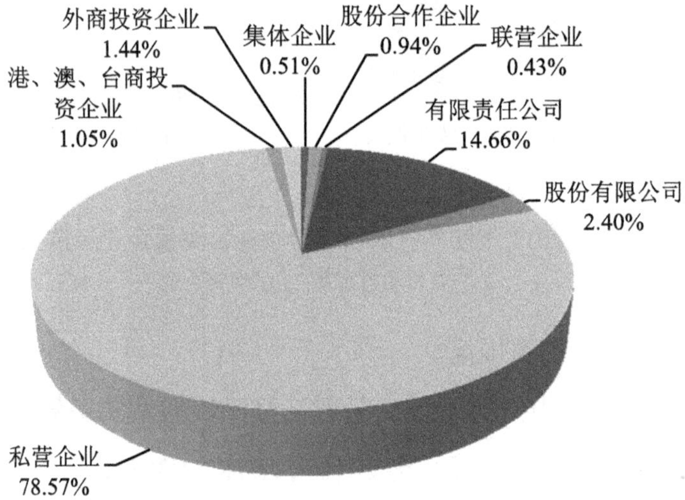

图 1-3　2013 年江苏省乡镇企业数量结构图

(4) 农村工业对外经济合作增长趋势有所放缓

不管是从吸引外商投资还是对外出口，农村工业对外经济合作都表现出了放缓的态势。2013 年全省乡镇企业中外商投资企业(包括港、澳、台投资企业)实现工业总产值 18799.67 亿元，比 2012 年减少了 6.94%，占当年乡镇企业总产值的 16.23%，吸纳就业 245.88 万人，比 2012 年减少了 19.21 万人。从图 1-4 可以看出，江苏省集体企业出口在经过 2008 年金融危机出口额有所下滑之后，从 2009 年开始稳步上升，2012 年集体企业出口总额达 692981 万美元，比 2011 年增加了 13.43%。到了 2013 年这种增长势头则有所放缓。分析其原因可能是国内外经济形式的最新变化，包括国内劳动力成本的上升，原材料价格的上升以及环境成本的上升等国内经济形势，以及国外经济增长速度放缓和下行压力加大等因素，一起导致了外商投资企业投资速度的放缓。

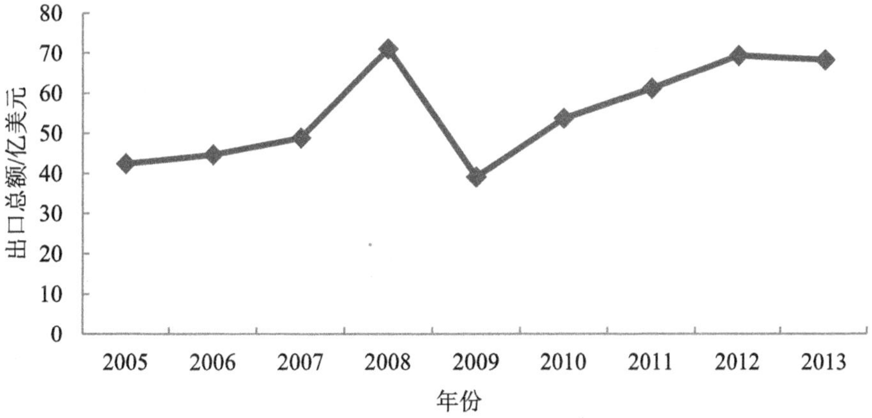

图 1-4 2005 年以来江苏省集体企业出口总额变化趋势图

(5) 农村工业的就业带动作用有所减小，但对农民增收效果显著提高

全省农村工业在稳定发展和提高效益的基础上，对农村地区非农就业和农民收入水平提高的贡献具有重要作用。但与 2012 年的双增加不同，2013 年乡镇企业吸纳就业人员 1719 万人，比 2012 年减少了 3.63 万人，其中全省农村私营企业吸纳就业 534.01 万人，比 2012 年增加 1.14 万人，占乡镇企业从业人员的 29.86%，是吸纳农村剩余劳动力的主要经济活动。2013 年乡镇企业从业人员平均报酬达 34585 元，比 2012 年增加了 17.38%，增长速度比 2012 年提高了 4.4 个百分点，是 2013 年江苏省农村居民纯收入(13598 元)的 2.54

倍，成为农村居民增加收入的重要来源。这种变化趋势也反映了江苏省农村工业的技术水平在增加，对劳动力的需求结构有所变化，这就要求了农村劳动力必须要适应这种变化。

表 1-2　2012~2013 年江苏省农村工业社会贡献对比

	吸纳就业/万人	劳动者报酬/元
2012	1722.63	29465.47
2013	1719.00	34585.63

2. 农村工业化中存在的问题

第一，农村工业以私营企业为主，股份制企业比重偏小。从 2013 年江苏省乡镇企业不同所有制企业就业人员和工业生产总值(图 1-5、图 1-6)可以看出，私营企业比重分别占 59.14%和 50.02%，均在一半以上，同时不管是从营业收入、利润总额还是从上交税金来看，私营企业所占比重也都在一半以上，而具有现代企业特征的股份制企业所占比重虽然增长较快，但比重仍较小，2013 年乡镇企业中股份制企业在就业人员、生产总值、营业收入、利润总额、上交税金等方面所占比重分别为 3.94%、5.72%、5.89%、5.20%、5.60%。

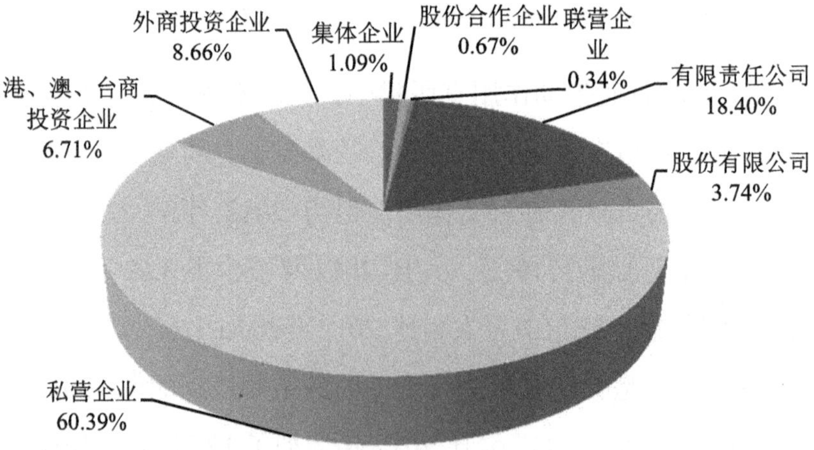

图 1-5 江苏省农村乡镇企业不同所有制企业从业人员结构图(2013)

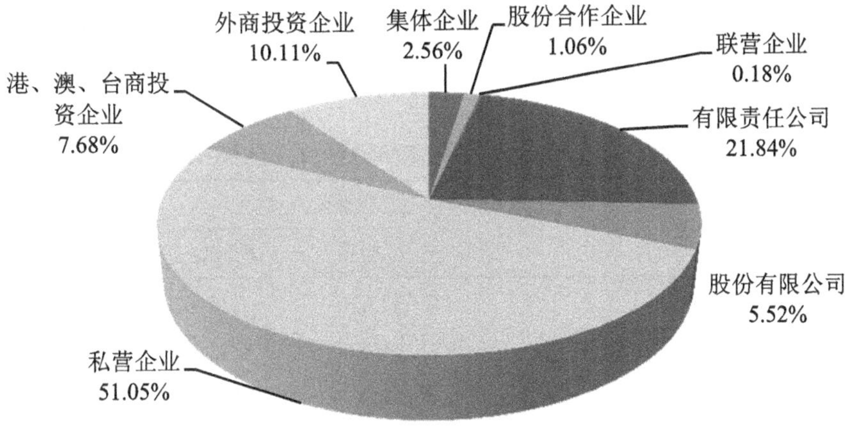

图 1-6　江苏省农村乡镇企业不同所有制企业工业总产值结构图(2013)

第二，农村工业主要集中在机械、金属、石化、纺织服装等制造业，而与农副产品相关行业的经济总量比重明显偏低。江苏省农村工业中以制造业为主，2013 年制造业在从业人员、总产值、营业收入、利润总额等方面占乡镇企业的比重分别为 88.31%、92.83%、92.45%、93.67%，在农村工业中占有绝对地位(表 1-3)，而与农副产品相关的行业，如食品、饮料、农产品加工、烟草等，经济总量明显偏低，2013 年农副产品相关行业各经济指标在乡镇企业中所占比重仍均不足 1%，因此促进农产品加工产业发展是农村工业化的重点任务之一。在制造业当中，参照私营企业的结构(表 1-4)可以看出，机械设备、金属冶炼与制品、石化、纺织服装是江苏农村工业的主要工业类型，其

表 1-3　2013 年江苏省乡镇企业产业结构

行业	企业个数/个	从业人员/万人	总产值(现价)/亿元	营业收入/亿元	利润总额/亿元	上交税金/亿元	劳动者报酬/亿元
采矿业	883.37	5.61	284.37	245.87	21.51	15.06	16.55
农副产品	4000.26	12.61	339.62	338.27	25.95	12.59	26.69
其他制造业	397767.01	1116.06	92106.04	91496.70	5466.14	2904.61	3707.41
电力、燃气及水的生产和供应业	1212.98	4.33	983.18	996.73	97.52	56.72	26.10
建筑业	11289.38	110.58	5173.88	4723.95	332.56	177.02	552.51

中机械设备制造业占有绝对优势，纺织服装业虽然营业收入比重较低，但在吸纳劳动力方面却举足轻重。

表 1-4 2013 年江苏省私营企业工业结构

行业	营业收入/亿元		就业人员/万人	
	绝对值	比重/%	绝对值	比重/%
采矿业	113.20	1.26	1.82	1.41
农副产品、饮料、烟草	1863.60	5.36	14.94	4.50
纺织服装	5102.20	12.93	94.58	22.49
木材家具、造纸印刷	2660.18	7.22	36.07	9.27
石油化工	7836.39	19.32	56.53	13.86
非金属制品	2088.71	5.88	22.67	6.04
金属冶炼压延与制品	8048.47	19.82	56.98	13.90
机械设备	14652.23	35.26	155.81	36.40
电力、燃气及水的生产和供应业	83.05	1.19	0.99	1.25
其他工业	325.25	1.76	3.96	1.89

第三，农村工业从地区分布看发展很不平衡，主要集中在苏、锡、常等苏南地区。从区域上看，江苏南部地区的苏、锡、常一带，由于体制创新活动和原始积累完成较早，工业化发展的态势持续强劲，其体制的辐射力向周边县市和农村地区扩散，昆山、江阴、张家港等县市成为县域经济最为发达的地区，上述三个县市县域工业经济占全省县域经济总量的近三分之一，在县域经济的带动下，农村工业也是全省最发达的地区，江苏农村工业化中出现的比较出色的企业和企业家，多半集中在这一带；而苏中地区和苏北地区，由于工业化的自然约束较严、起步较晚，工业化进程较为缓慢，发展明显滞后。苏中和苏北县域工业总产值和从业人员占全省县域工业总产值和从业人员的比重分别仅为 47.14%、46.69%，均不足一半，同时从企业的平均规模来看，苏北地区最小，仅为 16211.10 万元/户，其次是苏中地区，为 22311.11 万元/户，而苏南地区的县域工业平均规模为 30943.04 万元/户，几乎是苏北

地区的两倍。从县域工业产值和就业人数的地区分布看，江苏农村工业主要集中在昆山、江阴、张家港、常熟、宜兴、丹阳、太仓等7个市县，这7个市县的工业产值占全省县域工业总产值的比重均在3%以上，合计工业产值要占全省农村工业总产值的46.25%，从业人员比重合计占43.13%（表1-5）。排在最后的市县主要集中在苏北地区，如金湖、丰县、泗洪、洪泽、泗阳等县，其工业总产值占全省县域工业总产值的比重基本在0.5%~1.0%，苏北地区其他大部分市县也都不足1%，因此，如何加快苏北地区农村工业化进程，是江苏农村工业下一步发展需要着重考虑的问题。

表1-5　2013年江苏省分县级行政区工业经济指标

市县		工业企业		工业总产值		从业人员	
		/个	比重/%	/亿元	比重/%	/万人	比重/%
苏北地区	丰　县	320	1.15	437.83	0.69	4.58	0.64
	沛　县	556	2.00	1102.24	1.73	10.16	1.42
	睢宁县	352	1.27	596.86	0.94	5.77	0.81
	新沂市	465	1.67	909.41	1.43	7.83	1.10
	邳州市	585	2.10	1516.86	2.38	13.52	1.89
	赣榆区	433	1.56	878.05	1.38	2.55	0.36
	东海县	354	1.27	593.2	0.93	3.09	0.43
	灌云县	230	0.83	574.11	0.90	1.61	0.23
	灌南县	213	0.77	447.99	0.70	1.93	0.27
	涟水县	287	1.03	534.06	0.84	5.55	0.78
	洪泽县	311	1.12	419.28	0.66	4.62	0.65
	盱眙县	361	1.30	609.65	0.96	5.81	0.81
	金湖县	266	0.96	428.6	0.67	4.12	0.58
	响水县	205	0.74	446.23	0.70	5.17	0.72
	滨海县	215	0.77	572.55	0.90	10.07	1.41
	阜宁县	286	1.03	604.9	0.95	16.69	2.34
	射阳县	321	1.15	494.14	0.77	7.17	1.00
	建湖县	373	1.34	552.69	0.87	12.46	1.74

续表

	市县	工业企业		工业总产值		从业人员	
		/个	比重/%	/亿元	比重/%	/万人	比重/%
苏北地区	东 台 市	628	2.26	832.45	1.30	15.48	2.17
	大 丰 市	428	1.54	607.17	0.95	11.46	1.60
	沭 阳 县	803	2.89	810.82	1.27	10.54	1.48
	泗 阳 县	595	2.14	507.88	0.80	7.61	1.07
	泗 洪 县	545	1.96	413.68	0.65	6.42	0.90
	苏北合计	9132	32.85	14890.65	23.34	174.21	24.40
苏中地区	海 安 县	882	3.17	1264.5	1.98	14.93	2.09
	如 东 县	678	2.44	1254.68	1.97	15.35	2.15
	启 东 市	589	2.12	1257.9	1.97	11.3	1.58
	如 皋 市	797	2.87	1384.88	2.17	22.48	3.15
	海 门 市	592	2.13	1444.03	2.26	13.6	1.90
	宝 应 县	329	1.18	718.6	1.13	10.24	1.43
	仪 征 市	311	1.12	1191.86	1.87	11.66	1.63
	高 邮 市	475	1.71	846.84	1.33	10.21	1.43
	兴 化 市	632	2.27	986.08	1.55	10.51	1.47
	靖 江 市	522	1.88	1925.63	3.02	16.95	2.37
	泰 兴 市	582	2.09	1556.71	2.44	11.45	1.60
	姜 堰 市	517	1.86	839.41	1.32	9.72	1.36
	苏中合计	6906	24.85	14671.12	23.00	158.4	22.18
苏南地区	溧 水 县	445	1.60	747.67	1.17	10.35	1.45
	高 淳 县	277	1.00	796.48	1.25	8.97	1.26
	江 阴 市	1518	5.46	6053.23	9.49	57.07	7.99
	宜 兴 市	913	3.28	2828.8	4.43	24.44	3.42
	溧 阳 市	351	1.26	1485.68	2.33	15.61	2.19
	金 坛 市	454	1.63	596.37	0.93	9.39	1.31
	常 熟 市	1498	5.39	3386.21	5.31	43.09	6.03
	张家港市	1297	4.67	4789.56	7.51	42.75	5.99
	昆 山 市	1903	6.85	7753.82	12.16	91.68	12.84
	太 仓 市	1211	4.36	1900.88	2.98	22.76	3.19

续表

	市县	工业企业		工业总产值		从业人员	
		/个	比重/%	/亿元	比重/%	/万人	比重/%
苏南地区	丹阳市	869	3.13	1961.79	3.08	21.47	3.01
	扬中市	425	1.53	993.53	1.56	13.61	1.91
	句容市	597	2.15	934.48	1.46	20.28	2.84
	苏南合计	11758	42.30	34228.5	53.66	381.47	53.42

第四，农村工业企业总体上规模小、实力弱、生产条件相对较差、经营管理层次低、经济效益总体上偏低。江苏农村工业企业多数是由家庭作坊式生产的乡镇企业发展壮大的。近年来，随着各类工业园区的开发建设，江苏农村工业企业的生产条件已有很大改善，很多村镇也都建立了工业集中区，但相对来讲生产场地仍然比较分散，多数企业生产设备比较落后，先进设备数量较少，经营管理层次较低。受生产环境和生产设备等因素制约，江苏农村工业企业经济效益普遍较低。2013 年江苏省乡镇企业平均规模为 1635 万元，仅相当于全省规模以上工业平均规模的 5.92%，而平均产值利润率为 5.73%，主营业务利税率仅为 3.3%，而 2013 年江苏省规模以上工业平均产值利润率和主营业务利税率分别为 6.21%和 11.86%。

第五，农村工业化催生了大量的产业群，但内部过度竞争，知名品牌偏少。随着工业发展的专业化、集群化的不断加深，经过近 30 年的发展，在江苏乡镇企业的基础上，发展形成了大量的产业集群，如江阴新桥精纺呢绒产业集群、宜兴陶瓷产业集群、丰县木线条产业集群、金坛服装产业集群、昆山模具制造产业集群、昆山电子材料产业集群、张家港锦丰冶金产业集群、吴江缝纫机产业集群、常熟服装产业集群、南通船舶产业集群、海门汽车配件产业集群、淮阴木业产业集群、高邮灯具产业集群、丹阳眼镜产业集群等，成为带动县域经济的重要力量。另一方面，江苏县域集群经济的行业分布仍以传统产业和加工工业为主，虽然具有较高的专业化分工水平，但由于技术含量普遍不高、进入门槛较低，集群内部竞争激烈，具有高质量的知名品牌偏少。

第二节　江苏农村城镇化发展状况

一、江苏农村城镇化发展背景

农村城镇化是指人口、生产要素由农村向城镇聚集，具体表现为城镇人口增加，城镇数量、规模不断扩大的过程(李强，2012)。农村城镇化范围仅局限于县域，其人口空间分布由分散的农村居民点向小城镇聚集，其结果为小城镇人口不断增加，小城镇规模不断扩大，农业人口逐渐减少(黄锟， 2014)，它是社会发展和转型的必然产物。改革开放以来，我国农村城镇化发展速度飞快，城镇规模、人口规模和经济规模发展空前。截至 2013 年，我国城镇化率达到 53.7%，与世界平均水平相当，农村城镇化取得显著成效。

诺贝尔经济奖获得者斯蒂格利茨指出美国的高科技与中国的城镇化将是深刻影响 21 世纪人类发展的两大主题。在 1992 年明确经济体制改革的市场化趋向之后，1994 年 9 月，《关于加强小城镇建设的若干意见》发布，这是我国第一个关于小城镇健康发展的指导性文件。1995 年《中国小城镇综合改革试点指导意见》发布，该《意见》提出依靠地方政府和各有关部门，选择一批小城镇，进行综合改革试点。1998 年 10 月《中共中央关于农业和农村工作若干重大问题的决定》中提出，“发展小城镇，是带动农村经济和社会发展的一个大战略。” 21 世纪以来，农村城镇化已经上升到国家社会经济发展的核心层面。2000 年，中共中央、国务院出台的《关于促进小城镇健康发展的若干意见》(中发[2000]11 号)指出，发展小城镇要以党的十五届三中全会确定的基本方针为指导。2005 年的《中共中央关于制定国民经济和社会发展第十一个五年规划的建议》中指出：“坚持大中小城市和小城镇协调发展，提高城镇综合承载能力，按照循序渐进、节约土地、集约发展、合理布局的原则，积极稳妥地推进城镇化”。《十二五规划》进一步提出“加强城镇化管理，要把符合落户条件的农业转移人口逐步转为城镇居民作为推进城镇化的重要任务”。2013 年中央城镇化工作会议提出推进城镇化的主要任务就是要“推进农业转移人口市民化，提高城镇建设用地利用效率，建立多元可持续的资金保障机制，优化城镇化布局和形态，提高城镇建设水平，加强对城镇化的管理”。2014 年，《国家新型城镇化发展规划》(2014~2020)出台，《规划》明确了“有序推进农业转移人口市民化”、“优化城镇布局和形态”、“提高城市可持续发展能力”等几个城镇化发展重点改革方向。城镇化发展上升到战略层面，是社会发展的必然要求，是符合经济发展的需求。这些政策文件为我国农村城镇化的改革指明了方向。

江苏省是我国经济发展较发达地区，也是城镇化发展速度增长最快的省份之一。改革开放以来，江苏省不失时机地实施城镇化战略，提出了“大力推进特大城市和大城市建设，积极合理发展中小城市，择优培育重点中心镇，全面提高城镇发展质量”的指导思想，并做出实施城市化战略的部署，及时调整了县乡两行政建制，满足城镇范围不断向外拓展的需要，城镇周边的农村，逐步为其发展所合并，农村人口转变为城镇人口。江苏省城镇人口由 1978 年的 1929 万人增加到 2013 年的 5090.09 万人，城镇化水平由 1978 年的 13.7% 增加到 2013 年的 64.1%，平均每年增加 1.4 个百分点。1978~2000 年全省城镇人口比重平均增长速度为 1.26 个百分点，其中 80 年代增长 0.5 个百分点，90 年代增加 2 个百分点，城镇化速度自 90 年代后持续加快。2014 年《江苏省新型城镇化与城乡发展一体化规划》(2014~2020)出台，《规划》提出“城镇化和城乡发展一体化质量显著提升”、“ 城乡空间布局形态更加优化”、“ 城乡基本公共服务水平进一步提高”、“ 城乡可持续发展能力稳步提升”、“ 体制机制不断完善”这五个目标，将重点由“城镇化发展水平”转向“城镇化发展质量”。

二、江苏农村城镇化发展现状

1. 农村城镇化水平发展情况

2013 年，江苏省总人口数达到 7939.49 万人，比上年增加 19.51 万人，其中城镇常住人口数 5090.01 万人，城镇化率达到 64.1%，比上年提高 1.1 个百分点，超出全国 10 个百分点。2013 年，围绕农村城镇化和城乡一体化发展战略，江苏省县级市减少到 100 个，建制镇由 836 个减少到 797 个，撤并的建制镇转为 40 个街道办事处。

江苏省政府一直致力于休闲农业的开发与建设，截至 2013 年底，江苏全省各类休闲观光农业园区景点(包括农家乐)数量达 4300 余个，休闲观光农业综合收入位居全国前列。南京高淳区和徐州铜山区两地为“全国休闲农业与乡村旅游示范县”，宜兴市兴望农业休闲文化园、盐城大丰市丰收大地生态园、常州金坛市久红农业生态观光园和镇江句容市九龙山庄为“全国休闲农业与乡村旅游示范点”。

2. 农村居民收入和消费情况

1) 农村居民收入情况

2013 年，江苏省农村居民家庭人均纯收入达到 13598 元，比上年增加 1396 元，增长 11.4%；全年农村人均纯收入达到 12202 元，比上年增长 12.9%，农民收入增幅连续四年超过城镇居民，城乡居民收入比缩小到 2.39：1。

2013 年农村家庭人均纯收入构成中，工资性收入 7272 元，家庭经营收入 4521 元，财产性收入 646 元，转移性收入 1159 元。由图 1-7 可以看出，工资性收入占总收入比重最高，为 53.5%，其次是家庭经营收入，为 33.2%；转移性收入和财产性收入分别占 8.5%和 4.8%。与城市居民收入构成(图 1-8)相比，农村居民的转移性收入比重远低于城市居民的。

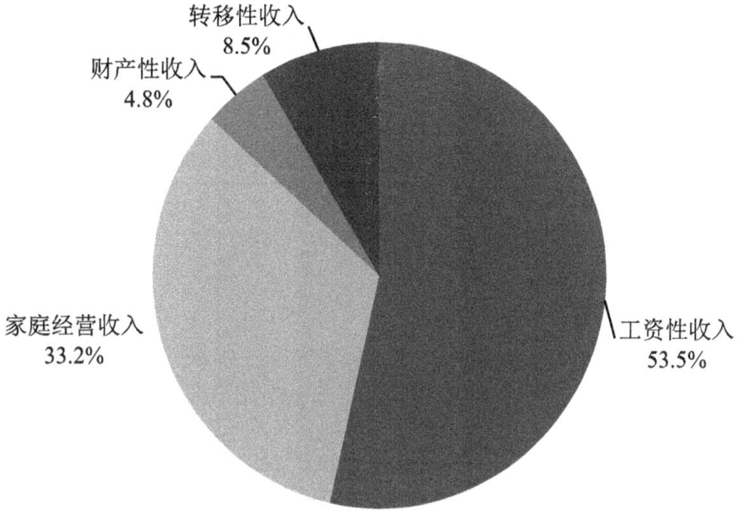

图 1-7　2013 年江苏省农村居民家庭人均纯收入构成

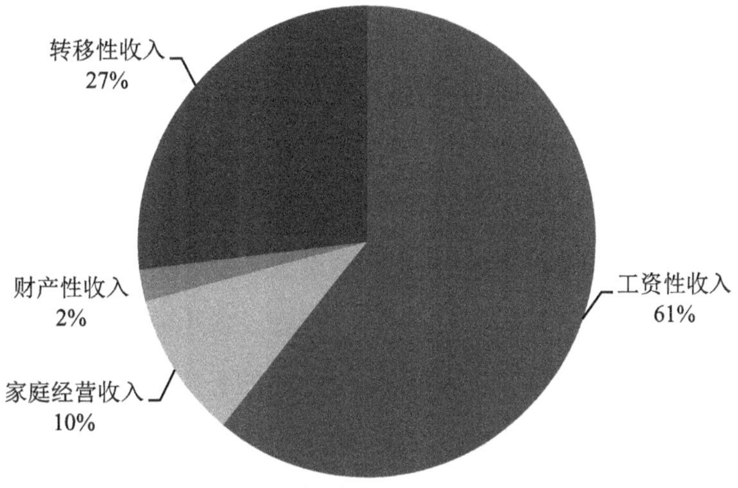

图 1-8　2013 年江苏省城市居民家庭可支配收入构成

从不同收入组农村居民人均纯收入增长情况(表 1-6)来看，2013 年，低收入户增长 18.1%，中低收入户增加 16.4%，中等收入户增加 12.7%，中高收入户增加 9.8%，高收入户增加 10.6%，低收入户(包括低收入户和中低收入户)收入增长速度快于高收入户(包括中高收入户和高收入户)。然而，在收入构成方面，低收入户(包括低收入户和中低收入户)的家庭经营收入、财产性收入和转移性收入增长速度均慢于高收入户(包括中高收入户和高收入户)，说明低收入户收入增长主要依靠工资收入。

表 1-6　2013 年江苏省不同收入组农村居民人均纯收入增长情况(单位：%)

	低收入户	中低收入户	中等收入户	中高收入户	高收入户
平均每人纯收入	18.1	16.4	12.7	9.8	10.6
工资性收入	29.1	27.7	21.2	14.3	–1.6
家庭经营收入	10.3	8.2	–1.1	1.7	14.5
财产性收入	–30.3	–42.3	–4.6	34.5	43.7
转移性收入	7.2	–7.3	2.6	23.4	48.6

2) 农村居民消费情况

2013 年，江苏省农村居民家庭平均每人全年支出 13561 元，比上年增加 1164 元，增长 9.4%。其中农村居民家庭食品支出为 3488 元，占总支出的比重为 36.3%，恩格尔系数逐年减少，表明江苏农村居民生活愈加富裕。

2013 年江苏省农村居民家庭消费中，生活消费支出占据很大的比重，为 9607 元。从农村居民家庭平均每人生活消费支出构成来看，食品支出 3488 元，衣着支出 528 元，居住支出 1679 元，家庭设备用品及服务支出 518 元，交通和通信支出 1299 元，文化教育娱乐用品及服务支出 1289 元，医疗保健支出 587 元，其他商品和服务支出 218 元。由图 1-9 可以看出，食品支出占生活消费支出的比重最高，为 36.3%，其次是衣着支出，为 17.5%，居住和家庭设备用品及服务支出紧跟其后，分别为 13.5%和 13.4%；交通和通信、文化教育娱乐用品及服务、医疗保健和其他商品和服务支出分别占 6.1%、5.5%、5.4%和 2.3%。在食品支出中，副食及其他食品支出为 2445 元，占总食品支出的 70.1%，其次为在外饮食和主食支出，分别为 16.9%和 13.0%。

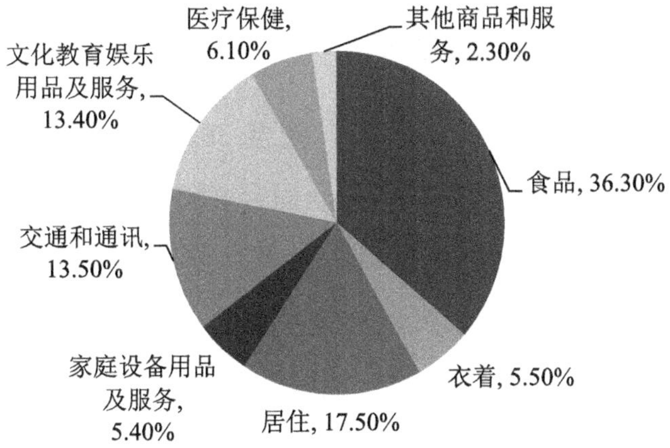

图 1-9　2013 年江苏省农民家庭平均每人生活消费支出构成

从不同收入组农村居民家庭人均支出增长情况来看，2013 年，低收入户增长 2.7%，中低收入户增加 1.4%，中等收入户降低 0.1%，中高收入户增加 16.0%，高收入户增加 19.6%。我们可以看出，低收入户(包括低收入户和中低收入户)支出增长速度慢于高收入户(包括中高收入户和高收入户)。

不同收入组农村居民家庭生活消费支出构成的增长情况如表 1-7 所示，我们可以看到，低收入户的食品消费增长要低于其他群体，表明低收入户对于食品的支出越来越少，生活质量较之去年有了较大的提高。此外，在衣着、文化教育娱乐用品及服务等方面，低收入户（包括低收入户和中低收入户）支出的增长速度要慢于其他群体，表明江苏农村居民之间仍存在不小的差异。

表 1-7　2013 年江苏省不同收入组农村居民家庭生活消费支出增长情况(单位：%)

	低收入户	中低收入户	中等收入户	中高收入户	高收入户
食品	−15.8	3.9	7.0	4.3	4.7
衣着	7.9	62.0	51.0	51.8	59.0
居住	10.0	−11.2	−29.8	18.8	82.2
家庭设备用品及服务	−9.7	39.8	25.3	11.8	22.9
交通和通信	0.9	−15.4	38.1	54.3	50.6
文化教育娱乐用品及服务	−39.2	−8.9	−3.3	−7.2	−23.3
医疗保健	56.0	35.3	22.5	85.9	34.4
其他商品和服务	21.8	69.2	54.3	109.4	91.1

3. 农村居民生活和社会保障水平

全省农民社会保障水平稳步提高。截至 2013 年末，江苏省城乡居民低保、医疗和养老保险实现全覆盖，全省全面合并实施城乡居民养老保险制度，社会保险主要险种覆盖率达 95%以上；城乡居民社会养老保险参保人数 1445.40 万人，其中，被征地农民参加城乡居民社会养老保险超过 20 万人。2013 年，933.15 万人领取基础养老金，领取基础养老金人数比上年增加 133.15 万人。2013 年被征地农民参加企业职工基本养老保险超过 235 万人，享受被征地农民基本生活保障超过 240 万人。全省新型农村合作医疗人口覆盖率达 98%以上。

截至 2013 年全省所有乡镇、社区劳动就业和社会保障平台全部建立，建成平台数分别为 1019 个、3879 个。建成配备专人的村级平台 16597 个，覆盖率达 100%。全省街道(乡镇)以上专网全面贯通，社区(村)专网联网率达 93.31%。

4. 农村基础设施建设情况

城乡基层卫生服务网络更加健全。2013 年江苏省乡镇拥有卫生院 1064 个，床位 5.5 万张，卫生技术人员 5.89 万人，乡村医生和卫生员 3.99 万人。与上年相比，由于建制镇减少，部分乡镇卫生院随之减少，但乡镇卫生院减少率低于建制镇减少率①，乡镇床位数增加了 0.25 万张，卫生技术人员增加 0.34 万人。县级公立医院综合改革全面启动。全省乡镇、街道均已建成体育健身活动中心。

农村生活生产条件显著改善。新一轮农村实事工程顺利实施，行政村客运班车基本全覆盖；310 万农村居民饮水安全问题已解决，79%的乡镇实现城乡统筹区域供水；6.3 万个村庄的环境已完成整治，2/3 的县(市)实现生活

① 2013 年江苏省建制镇减少率为 4.9%，乡镇卫生院减少率为 4.6%。

垃圾四级运转。以农田水利为重点的农业基础设施建设投资进一步加强，农业机械总动力 4405.8 万千瓦，比上年末增长 4.5%。新增设施农业面积 90.4 万亩，农业科技进步贡献率达到 63.2%，位居全国各省第一。

5. 农村劳动力情况

2010~2013 年间，江苏省农村农业劳动力由 859.8 万人减少到 776.1 万人，下降 9.7%，非农业劳动力由 773.9 万人增加到 807.5 万人，增长 4.3%。在非农劳动力中，建筑业从业人员比重最大，占较大比重的还有批发、零售贸易业和交通运输业，而金融业、房地产、社会服务业、卫生、体育、社会福利业、教育、文化、艺术和广播电视业比重较小(图 1-10)。可以看出，农村非农劳动力多为从事非脑力职业，劳动力技术水平有待提高。

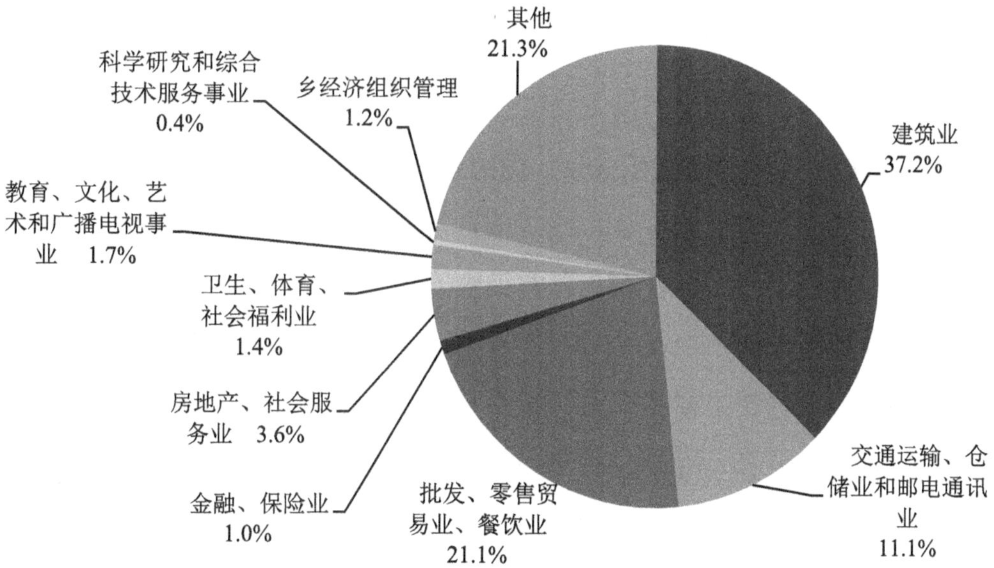

图 1-10　2013 年江苏省农村人口从事非农业分布图

6. 农村环境综合整治情况

随着新型城镇化建设，全面建设小康社会快速推进，江苏省加大对农村建设投资力度。已建立了覆盖全省的从区域到城市、从小城镇到农村、从总体到专项、从建设性规划到保护性规划的层次分明、互相衔接、完善配套的城乡规划体系，在全国率先实现城乡规划全覆盖。村庄环境整治行动全面大力实施，截至 2013 年底，江苏全省共完成整治村庄 63248 个，占年度目标任务数的 108.69%，超额完成了省定年度时序任务。其中苏南五市和扬州已全域完成环境整治任务，苏北地区完成 58%的整治任务。苏中、苏北地区 7 个市共抽查当年整治的自然村 611 个，有 589 个通过考核，村庄整治达标率为 96.39%，平均得分 88.37 分；有 22 个自然村考核不达标受到通报批评，并责令其整改。在抽查的 151 个“回头看”村庄中，环境卫生状况基本良好，保洁制度基本落实。7 个省辖市的工作考核平均得分 80.75 分。

三、江苏农村城镇化发展问题

1. 农村居民收入增长放缓，城乡居民收入差距较大

2013 年，江苏省农村居民人均家庭纯收入 13598 元，比上年增长 11.4%，2012 年和 2011 年分别上涨 12.9%、18.5%，可以发现，近三年来，农村居民家庭纯收入增长速度逐渐下降。2013 年江苏省城镇居民家庭人均可支配收入 32538 元，城乡居民收入比 2.39(以农民收入为 1)，与上年相比稍有下降。观察近十年来江苏省城乡收入比(图 1-11)，可以看出，虽然近 5 年城乡收入差距呈现缩小趋势，但缩小幅度不大，城乡收入差异较为明显。江苏省城乡居民收入水平居于全国第五(全国城乡收入水平处于前五位的分别为上海、北京、浙江、天津、江苏)，在这五个省份中，江苏省城乡收入差距最大(表 1-8)。2013 年江苏省城镇居民人均家庭总支出为 26762 元，其中消费性支出为 20371 元，消费性支出占总支出的 76.1%；农村居民家庭人均总支出为 13561 元，其中消费性支出为 9607 元，消费性支出占总支出的 70.8%，农村居民消费水平低于城市居民消费水平。

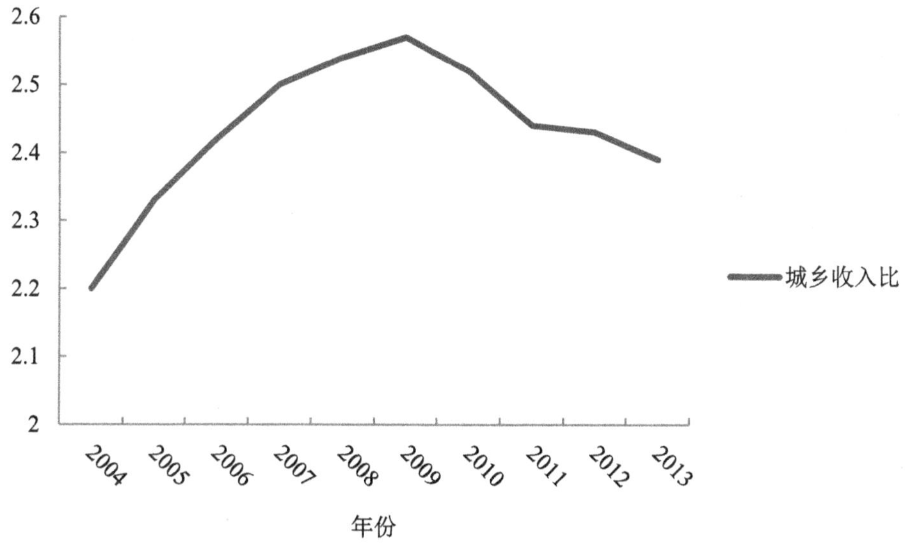

图 1-11　2004~2013 年江苏省城乡收入比

表 1-8　五省城乡收入比

	城镇居民人均家庭总收入/元	农村居民人均家庭总收入/元	城乡收入比
上海	44755	19078	2.28：1
北京	41103	19132	2.20：1
浙江	37995	18631	2.35：1
天津	32944	18019	2.04：1
江苏	**32519**	**15069**	**2.39：1**

2. 农村城镇化对经济发展的持续拉动力较弱

城镇化对经济发展的持续拉动力较弱。2011~2013 年，江苏省农村居民收入增长水平分别为 18.5%、12.9%和 11.4%，农村居民消费水平增长率分别为 17.6%、12.5%和 11.0%，收入和消费增长水平均呈下降水平。2013 年，全省社会消费品零售总额达 20796.50 亿元，比上年增长 13.5%，2012、2011 年社会消费品零售总额分别比上年增加 14.65%、17.5%，可以看出，近三年来江苏省消费品零售总额增幅不断回落。

3. 城镇发展地区差异大

江苏省苏南、苏中和苏北三大区域经济和社会发展水平差异较大。尽管江苏省城镇化水平较高，居于全国前列，但是分区域来看， 2013 年苏南城镇化水平达到 73.7%，苏中和苏北地区分别为 59.7%和 56.1%，苏北和苏南地区相差近 18 个百分点；再比较江苏 13 市农村城镇化率(图 1-12)，南京市农村城镇化水平全省最高，为 80.5%，其次为无锡、苏州和常州，分别为 73.7%、73.1%、67.5%；宿迁市农村城镇化水平全省最低，为 52.4%，淮安、连云港和盐城分别为 55.1%、55.7%、57.2%，市域间城镇化水平最大差距近 30 个百分点。

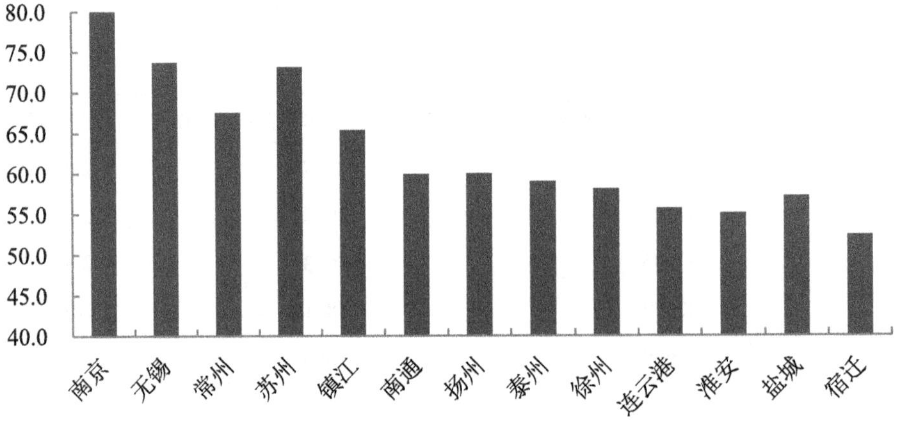

图 1-12 2013 年江苏省 13 个市城镇化率(%)

城镇化发展水平与社会经济水平的提高存在着密切的联系，城镇化水平差异的拉大无疑会影响到社会经济发展水平。2013 年江苏省苏南地区农村居民人均纯收入为 19107 元，苏中和苏北地区分别为 14375 元和 11769 元。苏中和苏北地区农村居民人均纯收入分别占苏南 75.2%和 61.6%，地区人均收入差异较大。收入水平决定消费水平，2013 年，苏南、苏中和苏北地区农村居民生活费支出分别为 13726 元、10214 元和 7367 元，苏北地区消费水平约占苏南 50%。

2013 年，苏南、苏中和苏北地区生产总值分别为 110051 亿元、68897 亿元、45444 亿元，苏南地区生产总值是苏中地区的 1.3 倍，是苏北的 1.9 倍。从产业结构来看(表 1-9)，苏南、苏中和苏北地区第一产业所占比重分别为 2.3%、6.9%、12.5%，苏北第一产业比重明显较高；苏南第三产业比重最高，为 47.4%，苏中和苏北第三产业比重相差不大，分别为 41.0%和 40.6%，明显落后于苏南。从固定资产投资额来看，苏南、苏中和苏北 2013 年固定资产投资额分别为 19492.7、7088.08、9401.74 亿元，苏中和苏北投资额分别占苏南的 36.4%和 48.2%，苏中和苏北地区投资总额也仅占苏南的 84.6%。

表 1-9　2013 年江苏省三大区域地区生产总值构成

地区生产总值构成	苏南/%	苏中/%	苏北/%
第一产业	2.3	6.9	12.5
第二产业	50.3	52.1	46.9
工业	46	44.2	39.4
第三产业	47.4	41.0	40.6

4. 乡村建设个性不鲜明

中小城市和小城镇产业和人口集聚能力较弱，潜力尚未充分发掘。城乡建设个性不够鲜明，建设性破坏城乡自然环境和古街区、古村落等文化传承的现象在一些地区不同程度存在。

第三节　江苏农村工业化与城镇化关系研究

农村城镇化是农村城市化的一种途径选择，是以城镇发展为基础，以农业劳动力向非农领域转移和农村人口向城镇转移为特征的社会综合发展趋势。以农村工业化为契机，在广大农村地区进行小城镇建设并吸引农村地区人口、产业、文化、教育等经济社会活动向附近小城镇转移是农村城镇化的重要内容。

改革开放以来，江苏省农村城镇化的发展主要得益于农村工业化的推进。根据江苏省农村工业化的历史过程，可以将农村城镇化总体上分为两个大的阶段，一是改革开放初期至 20 世纪末乡镇企业的崛起推动下的农村城镇化大发展阶段，二是进入 21 世纪民营经济发展带动下的农村城镇化稳步发展阶段。目前，民营经济仍然是江苏省农村工业化的生力军，也是江苏省农村城镇化的主要动力。

一、江苏农村工业化与农村城镇化关系的现状特征

1. 较高的农村工业化水平表明江苏省农村城镇化的潜力巨大

一般反映工业化水平的指标是工业总产值或增加值，但由于缺少专门针对农村地区的工业总产值或增加值数据，我们这里采用农村地区非农就业水平来衡量江苏省农村工业化水平，即乡村地区第二产业和第三产业就业人员占全部农村就业人口的比重。由于一般在农村地区的非农就业人员也会或多或少参与一些农业活动，因此这里的农村非农就业人员是指在其经济收入中非农活动占主要比重的人员，而农村就业人口一般是指农村具有劳动能力的人口。

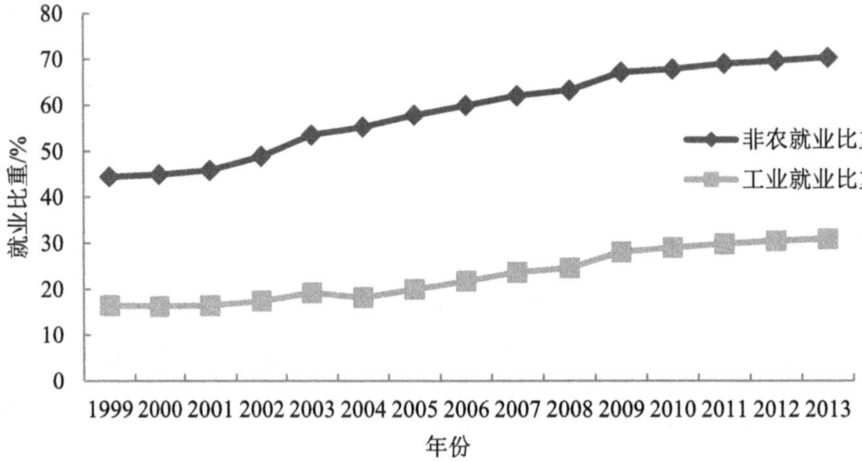

图 1-13　江苏省历年乡村非农就业人口比重变化图

2013年，江苏省农村非农就业人口比重进一步增加，第一次超过70%，达到70.31%，且增加较快(图1-13)。同时工业就业人口比重自上年第一次超过30%以后，2013年又进一步提高到30.89%。从图1-13可以看出，在1999~2013年间，江苏省农村非农就业人口比重一直较高，均在44%以上，其中工业就业人口比重一直在15%以上。从增长趋势看，不管是非农就业人口比重还是工业就业人口比重均呈现稳步上升的趋势，1999~2013年，非农就业人口比重从44.5%增加到70.31%，年均增长2个百分点以上，而工业就业人口比重则从16.44%增加到30.89%，年均增长1.1个百分点。也就是说江苏省的农村地区有三分之二以上的具有劳动能力的人口以从事非农经济活动为主，其中近三分之一的人口从事工业经济活动。这也反映了江苏省农村工业化水平已经很高。

与较高的农村非农就业人口比重相比，农村非农户籍人口比重则偏低。根据全国第六次人口普查的统计结果，江苏省农村地区非农户籍人口比重仅为5.33%，与接近70%的农村劳动人口从事非农产业活动相差甚远。也就是说目前江苏省农村地区存在着大量以从事非农产业为主的农村户籍劳动力，这部分人口具有非农工作岗位，其居住场所有两种，有的居住在附近城镇，只是其户籍仍是农村户籍而已，但是其生活方式、消费习惯基本与城镇人口相同，这部分人口要实现城镇化只需放宽落户条件即可。还有一部分因为工作地点离家较近，则居住在乡村，白天去城镇上班，晚上回家居住。而这一部分人口则是江苏省农村城镇化的重点。如何促进这部分人口实现城镇化是江苏省农村城镇化需要重点解决的问题。因此，相比较而言，江苏省农村城镇化仍存在着很大的潜力，推进农村地区就地城镇化是江苏省农村新型城镇化应重点解决的问题。

2. 农村工业化水平区域差异大表明江苏省区域间农村城镇化有待协调

苏南地区是我国农村城镇化的典型地区，并被学者称为“苏南模式”，即乡镇企业带动下的农村城镇化现象。但相比较而言，苏中、苏北地区因为没有像苏南地区农村工业发展的带动，农村城镇化水平则相对较低。苏南、苏中、苏北三大区域之间存在着明显的差异。

首先，不同区域农村工业化水平存在显著差异。农村工业化的区域差异主要表现在苏南、苏中、苏北之间。2013 年，全省乡村从业人员中非农就业比重为 70.31%，而苏南地区乡村从业人员中非农就业比重为 83.34%，苏中地区乡村从业人员中这一比重为 78.12%，比苏南地区低 5.2 个百分点，但仍高于全省平均水平近 8 个百分点，苏北地区乡村从业人员中非农就业比重为仅 59.91%，不仅远低于苏南和苏中地区，而且比全省平均水平也低 10 个百分点(表 1-10)。具体分县区来看，苏南地区工业化水平较高的区县主要集中在昆山、吴江、张家港、太仓等距离上海较近的县市，其乡村就业人员中的非农比重均在 85%以上，昆山市已经在 90%以上，基本已经全部实现城镇化。而高淳、宜兴、溧阳、金坛、句容等地区工业化水平相对较低。苏中地区农村工业化较高的地区集中在如东、仪征、姜堰以及扬州和泰州市辖区，乡村从业人员中非农比重均在 80%以上，兴化、启东、宝应、高邮等地区则相对较低，但总体来看，苏中地区除兴化以外，农村从业人员中的非农比重基本在 70%以上，也具有较高的农村工业化水平，为城镇化提供了很好的产业支撑。苏北地区农村就业人员中的非农比重除建湖、大丰、沭阳、邳州、沛县以及盐城和宿迁市辖区以外，其他区县这一比重普遍在 50%~60%，连云港市的东海、灌云、灌南三个县在 40%~50%，丰县、泗洪两个地区仅在 30%~40%，农村工业化水平还较低，农村城镇化缺少产业支撑。

表 1-10　2013 年江苏省分区县农村非农就业与非农户籍人口比重

区县	非农户籍	非农就业	区县	非农户籍	非农就业
全省	5.73%	70.31%	淮安市辖区	1.52%	57.86%
南京	17.54%	78.08%	涟水县	1.01%	57.58%
无锡市辖区	16.53%	90.66%	洪泽县	2.68%	63.05%
江阴市	4.95%	85.52%	盱眙县	4.89%	60.48%
宜兴市	6.11%	71.90%	金湖县	5.07%	61.43%
徐州市辖区	4.52%	61.77%	盐城市辖区	3.31%	66.09%
丰县	1.96%	51.94%	响水县	2.10%	57.46%
沛县	2.94%	65.99%	滨海县	2.29%	61.39%
睢宁县	1.35%	59.48%	阜宁县	2.65%	58.07%
新沂市	1.78%	59.62%	射阳县	4.13%	62.93%
邳州市	1.60%	67.14%	建湖县	7.00%	69.33%
常州市辖区	4.86%	85.20%	东台市	4.62%	58.16%
溧阳市	4.28%	74.38%	大丰市	5.59%	67.44%
金坛市	5.72%	73.87%	扬州市辖区	5.28%	84.90%
苏州市辖区	13.53%	83.68%	宝应县	2.94%	75.89%
常熟市	11.08%	90.30%	仪征市	3.65%	84.84%
张家港市	13.94%	89.38%	高邮市	4.06%	75.55%
昆山市	15.32%	91.29%	镇江市辖区	9.60%	77.82%
太仓市	8.10%	80.03%	丹阳市	6.52%	77.84%
南通市辖区	5.58%	78.57%	扬中市	9.19%	83.17%
海安县	6.72%	80.40%	句容市	3.40%	67.07%
如东县	4.24%	81.55%	泰州市辖区	6.17%	85.40%
启东市	5.06%	73.58%	兴化市	2.84%	66.91%
如皋市	3.54%	76.47%	靖江市	5.28%	79.63%
海门市	4.30%	75.48%	泰兴市	4.45%	83.71%
连云港市辖区	16.21%	58.15%	宿迁市辖区	3.37%	65.99%
赣榆区	13.62%	56.38%	沭阳县	2.96%	65.50%
东海县	1.15%	54.85%	泗阳县	2.49%	61.32%
灌云县	1.33%	49.19%	泗洪县	2.37%	42.67%
灌南县	2.52%	48.26%			

其次，不同区域之间的农村城镇化水平也存在显著差异。我们这里仍采用农村非农户籍人口比重来反映农村城镇化水平。从表 1-10 可以看出，2013 年，全省农村地区非农户口比重为 5.73%，远低于全省农村劳动人员 70.31% 的非农就业水平，而苏南地区农村地区非农户口比重为 10.23%，苏中地区农村这一比重为 4.54%，而苏北地区仅为 3.27%。三大地区之间的农村城镇化存在很大差异。分区县来看，苏南地区农村城镇化水平较高的地区以苏州的昆山、张家港、常熟以及各地级市辖区为主，农村地区非农户籍比重均在 10% 以上，最高的为南京市辖区 17.54%。苏中地区农村城镇化水平较高的地区以海安县、靖江市以及各地级市辖区为主，农村非农户籍比重均在 5%以上，而兴化、宝应则较低。苏北地区农村城镇化水平较高的区县以连云港市辖区、赣榆、建湖、大丰为主，农村非农户籍比重均在 5%以上，其中连云港市辖区达到 10%以上，农村城镇化水平已经到达一些苏南地区的水平，这与连云港港区和赣榆港区的发展密切相关。而苏北地区大部分区县农村城镇化水平都很低，较低的地区以泗洪、丰县、睢宁、新沂、邳州、东海、灌云、涟水等为主，农村非农户籍比重均在 3%以下，有些地区如东海、涟水最低刚过 1%。可见苏北地区内部农村城镇化也存在着较大差异。总体来看，农村城镇化的区域差异与农村工业化的区域差异基本一致，农村工业化较高的地区农村城镇化水平也较高，这也反映了农村工业化是农村城镇化的核心动力这一观点。

3. 推进农村服务业发展是未来农村城镇化的重要任务之一

首先，近几年农村第三产业发展缓慢，服务业是未来农村产业发展的重点。根据农村就业人员分行业的历年变化趋势来看(图 1-14)，2000~2004 年，江苏省农村就业人员中第三产业从业人员比重上升较快，从 19.31%上升到 26.24%，这与农村居民生活水平提高导致对生活服务业需求增加有关。但是到了 2004 年以后，与工业和建筑业从业人员比重上升相反，农村第三产业从业人员比重就开始呈现下降趋势，从 2004 年的 26.24%下降到 2013 年的

24.74%，这说明农村第三产业近几年的发展十分缓慢。当然，这与农村工业化过程具有很大关系，一般来说在工业化初期阶段，随着工业和建筑业就业比重的增加，第三产业就业比重会出现一段时间的下降过程，也就是说第三产业的发展与工业化过程相比具有一定的滞后性，只有当工业化到达一定阶段的时候，才会带动第三产业的迅速发展。因此，第三产业是未来农村城镇化的重要产业支撑。

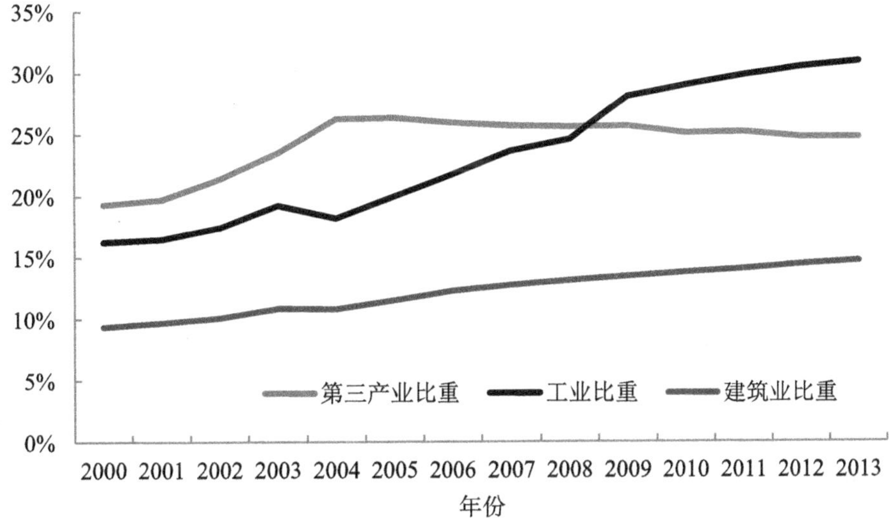

图 1-14　江苏省农村就业人员分行业变化趋势图

其次，农村第三产业具有较好的发展潜力和前景。当前江苏省农村地区已经有 70%以上的劳动力从事非农生产活动，人民生活水平也得到了较大提高，其对第三产业的需求也进一步提高，但是很多农村及周边集镇的第三产业供给相当薄弱，缺少规模较大的餐饮、娱乐、文化服务场所，很多居民要去当地县城进行消费活动。另外，很多农村地区还缺少农村合作组织，与农业生产相关的种子及农产品销售、加工等农业服务业还没有形成规模。

第三，农村第三产业以低端为主。从结构上看 2013 年江苏省农村第三产业就业比重较大的行业包括批发零售业、交通运输仓储及邮政业、居民服务业以及住宿餐饮业，基本与全国农村第三产业就业结构一致(图 1-15)。其中批发零售业比重最高，达 40.35%，居民服务业和交通仓储邮政业分别占 16.12%和 16.30%。较为高端的金融、地产、广告、信息服务等第三产业发展滞后，当然这与第三产业的空间布局规律有很大关系，高端的第三产业一般布局在较为发达的大城市。但从目前农村第三产业的就业结构来看，住宿餐饮和居民服务业占比明显偏低，未来应成为农村第三产业发展的重点。

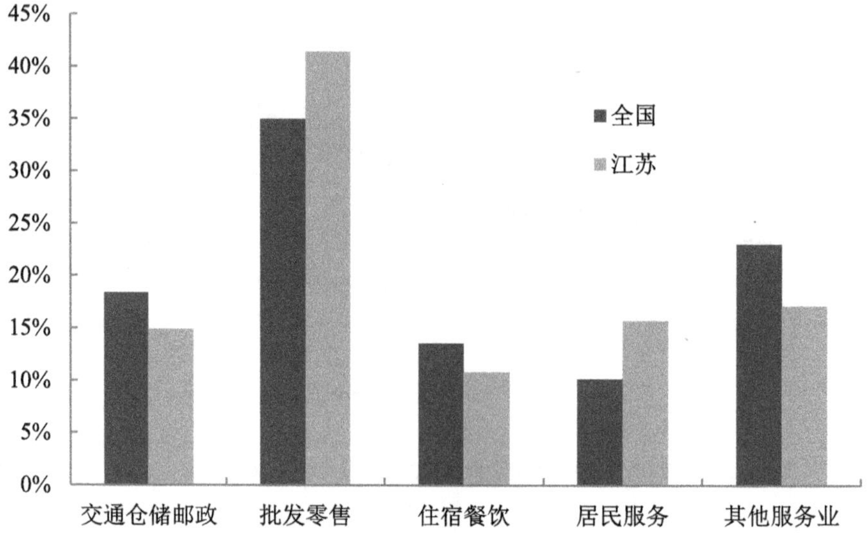

图 1-15　2013 年江苏农村第三产业分行业就业比重图

第四，农村第三产业发展也存在着较大的区域差异。与农村工业化的区域差异有所不同，农村第三产业发展的区域差异有一个很有意思的现象是苏南地区农村第三产业比重相对较低，为 21.98%，而苏中地区的农村第三产业比重是最高的，为 31.64%，苏北地区居中，为 24.98%(表 1-11)。分析其原因，可能是苏南地区工业较为发达，大部分非农就业人口分布在工业和建筑业行业，2013 年苏南地区农村就业人员中 60.13%分布在第二产业，分别比苏中和苏南地区高 11.3 和 27.2 个百分点。分区县来看，也存在很大差异，最高的兴化市农村第三产业就业比重高达 42.58%，而最低的丰县这一比重仅为

10.73%。

表 1-11　2013 年分区县江苏省农村第三产业就业人员比重

地区	区县	第三产业就业比重	地区	区县	第三产业就业比重	地区	区县	第三产业就业比重
苏南地区	全省	25.97%	苏中地区	启东市	29.02%	苏北地区	新沂市	17.84%
	南京市辖区	29.24%					邳州市	24.17%
	无锡市辖区	21.56%		如皋市	26.25%		连云港市辖区	20.32%
	江阴市	19.55%		海门市	31.61%		赣榆区	15.34%
	宜兴市	17.07%		扬州市辖区	35.29%		东海县	18.59%
	镇江市辖区	23.24%		宝应县	26.34%		灌云县	22.26%
	丹阳市	14.45%		仪征市	32.87%		灌南县	21.56%
	扬中市	16.99%		高邮市	24.44%		淮安市辖区	25.10%
	句容市	17.85%		泰州市辖区	32.87%		涟水县	38.68%
	常州市辖区	28.30%		兴化市	42.58%		洪泽县	19.69%
	溧阳市	20.22%		靖江市	24.29%		盱眙县	39.51%
	金坛市	18.41%		泰兴市	36.57%		金湖县	31.00%
	苏州市辖区	24.90%		合计	31.64%		盐城市辖区	30.75%
	常熟市	23.41%	苏北地区	宿迁市辖区	23.71%		响水县	25.57%
	张家港市	21.09%		沭阳县	27.94%		滨海县	40.64%
	昆山市	23.46%		泗阳县	21.26%		阜宁县	31.12%
	太仓市	14.42%		泗洪县	12.59%		射阳县	34.46%
	合计	21.98%		徐州市辖区	22.83%		建湖县	28.29%
苏中地区	南通市辖区	33.77%		丰县	10.73%		东台市	24.29%
	海安县	33.28%		沛县	25.46%		大丰市	36.94%
	如东县	32.14%		睢宁县	18.34%		合计	24.98%

二、江苏农村工业化与农村城镇化关系的定量分析

由于缺少江苏省分地区农村的统计数据，这里采用县域城镇化水平与县域工业化水平来代替农村城镇化水平和农村工业化水平进行分析。这也比较

符合我们调研过程中发现的实际情况，实际中农村地区的非农就业都是在附近的县城或者小城镇，农村的工业化与县域经济的发展密切相关，因此在考察农村城镇化时采用县域城镇化水平比较合适。具体指标选取如图 1-16。

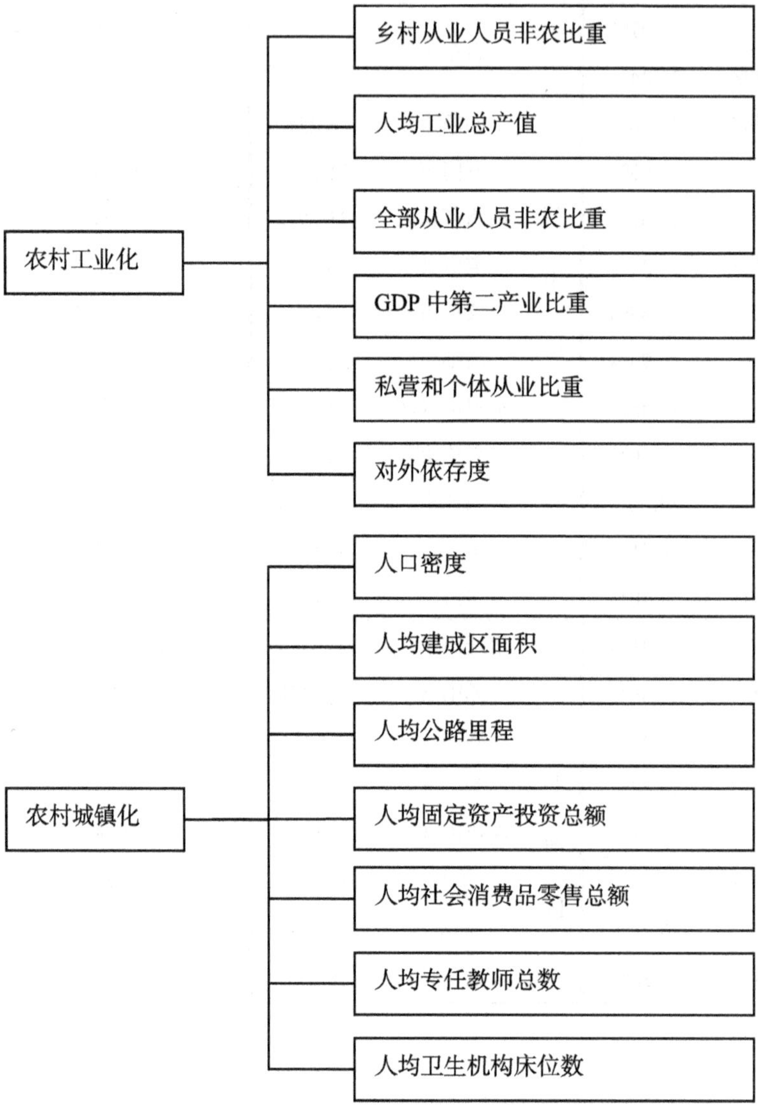

图 1-16　农村工业化与城镇化综合评价指标体系

1. 县域城镇化水平综合评价

根据江苏省统计年鉴 2014 可以整理出分县市县域城镇化指标数据，如表 1-12 所示。

表 1-12　江苏省 2013 年县域城镇化原始数据

指标	人口密度	人均建成区面积	人均公路里程	人均固定资产投资	人均社会消费品零售总额	人均专任教师数	人均卫生机构床位数
单位	人/平方公里	平方公里/万人	公里/万人	万元/人	万元/人	人/万人	张/万人
江阴市	1651	0.34	14.49	5.82	3.57	63.45	45.41
宜兴市	626	0.60	18.74	4.44	3.35	62.53	36.60
丰　县	655	0.25	19.13	1.53	0.83	95.07	37.49
沛　县	825	0.32	20.56	2.98	1.28	76.26	36.70
睢宁县	579	0.32	24.05	1.71	0.95	105.07	34.25
新沂市	577	0.37	30.89	3.39	1.04	83.44	31.06
邳州市	686	0.30	21.23	3.13	0.91	88.51	31.58
溧阳市	495	0.34	33.04	5.42	2.99	69.81	36.45
金坛市	572	0.39	36.90	3.84	3.17	72.94	37.26
常熟市	1182	0.65	20.93	4.74	3.72	50.83	45.53
张家港市	1265	0.54	12.30	6.09	3.28	52.73	62.95
昆山市	1763	0.44	12.20	5.11	3.42	40.37	36.30
太仓市	859	0.68	18.33	7.08	3.09	50.37	46.63
海安县	782	0.31	27.27	4.32	2.37	65.81	45.65
如东县	568	0.23	25.79	3.65	2.30	52.95	32.87
启东市	793	0.25	36.68	4.25	2.67	62.21	35.34
如皋市	843	0.25	25.37	2.98	2.05	64.21	38.08
海门市	961	0.27	27.30	4.69	2.95	71.93	37.78
赣榆区	629	0.34	29.68	2.13	1.30	110.21	29.41
东海县	468	0.29	30.74	1.96	1.27	101.73	28.87
灌云县	517	0.35	32.26	2.00	1.13	82.82	29.82
灌南县	608	0.38	30.73	2.49	0.98	98.40	42.00

续表

指标	人口密度	人均建成区面积	人均公路里程	人均固定资产投资	人均社会消费品零售总额	人均专任教师数	人均卫生机构床位数
单位	人/平方公里	平方公里/万人	公里/万人	万元/人	万元/人	人/万人	张/万人
涟 水 县	502	0.39	30.08	1.98	0.87	90.01	44.20
洪 泽 县	240	0.54	43.84	3.16	2.00	76.75	43.39
盱 眙 县	259	0.49	41.34	3.14	1.11	98.90	47.36
金 湖 县	244	0.64	42.25	3.03	1.93	60.52	39.20
响 水 县	344	0.42	35.07	3.25	0.95	91.88	40.28
滨 海 县	492	0.34	22.67	2.28	0.84	72.90	41.04
阜 宁 县	583	0.46	21.95	2.18	1.10	81.82	32.67
射 阳 县	312	0.25	27.85	2.12	1.39	68.11	31.46
建 湖 县	636	0.34	23.90	2.78	1.67	71.40	35.22
东 台 市	306	0.35	32.29	3.32	1.82	63.30	44.73
大 丰 市	229	0.38	43.84	3.64	1.76	68.25	41.26
宝 应 县	515	0.41	29.19	2.98	1.60	74.95	27.24
仪 征 市	623	0.69	26.41	5.01	2.24	64.03	35.81
高 邮 市	385	0.34	34.22	3.76	1.68	65.82	33.27
丹 阳 市	933	0.27	21.90	3.30	2.34	66.82	34.02
扬 中 市	1031	0.38	29.32	5.11	2.99	60.89	28.44
句 容 市	450	0.38	39.43	3.32	1.66	57.09	28.94
兴 化 市	524	0.29	21.44	1.87	1.01	72.45	36.52
靖 江 市	1047	0.50	19.06	4.99	2.02	72.82	50.28
泰 兴 市	920	0.23	19.46	3.01	1.50	79.21	36.29
沭 阳 县	669	0.41	22.15	2.02	0.80	84.34	35.78
泗 阳 县	612	0.43	20.05	2.72	0.86	91.97	46.81
泗 洪 县	337	0.37	26.45	2.49	0.81	82.08	38.94

第一步：对原始数据进行标准化处理。这里采用标准差标准化方法，使各指标的均值为 0，方差为 1。

第二步，计算标准化后的样本相关矩阵 R，求 R 的特征值λ及特征向量 T，并按$\lambda_1 \geqslant \lambda_2 \geqslant \cdots \geqslant 0$排序。根据特征值大于 1 及累计贡献率大于 75%的原则，提取主因子 F_1，F_2，F_3，F_4……。如果确定的主成分不能很好地说明问题，则对其进行旋转，直到能较好地说明问题为止，经过几次尝试，本书最终采取具有 Kaiser 标准化的正交旋转法对原矩阵进行旋转，并得到 3 个主成分，结果如表 1-13 所示。

表 1-13　主因子的特征值及贡献率

主成分序号	特征值	贡献率	累计贡献率
1	3.463	49.478	49.478
2	1.377	19.674	69.152
3	1.036	14.807	83.959

第三，根据对应的特征向量确定各主因子的荷载矩阵。由荷载矩阵(表 1-14)可知，主成分 1 在固定资产投资、社会消费品零售总额等因子上荷载均较高，主要反映城镇化的经济因素和建设因素，我们称为经济城镇化因子，主成分 2 在人口密度上荷载最大，主要反映城镇化的人口集中因素，我们称之为人口城镇化因子，主成分 3 则在卫生机构床位数、建成区面积上荷载较高，主要反映城镇化的质量与内涵因素，我们称为建设城镇化。

表 1-14　主因子荷载矩阵

因子	主成分		
	1	2	3
人口密度	0.462	0.827	0.032
建成区面积	0.276	−0.183	0.794
公路里程	−0.021	−0.938	−0.066
固定资产投资	0.821	0.218	0.388
社会消费品零售总额	0.910	0.210	0.174
专任教师数	−0.875	−0.109	−0.088
卫生机构床位数	0.034	0.273	0.848

最后，根据各主因子荷载矩阵，计算县域城镇化水平得分，并以各主因子的信息贡献率为权数，计算综合评价值。最后排序结果如表 1-15 所示。

表 1-15　江苏省县域城镇化综合评价结果一览表

	经济城镇化		人口城镇化		建设城镇化		综合得分	
	得分	排名	得分	排名	得分	排名	得分	排名
张家港市	5.621	3	4.868	3	5.401	1	0.318	1
昆 山 市	6.134	1	5.168	1	1.315	10	0.297	2
太 仓 市	5.839	2	2.460	6	4.481	2	0.283	3
江 阴 市	5.117	5	5.131	2	1.852	7	0.267	4
常 熟 市	5.337	4	2.703	4	3.586	3	0.259	5
宜 兴 市	3.213	7	1.100	10	1.913	6	0.146	6
靖 江 市	2.048	11	2.501	5	2.783	4	0.134	7
扬 中 市	3.347	6	0.911	13	−0.423	22	0.124	8
仪 征 市	2.548	8	−0.149	23	2.316	5	0.110	9
海 门 市	2.130	10	1.359	9	−0.218	21	0.090	10
海 安 县	1.541	13	1.007	11	0.833	13	0.076	11
溧 阳 市	2.257	9	−0.477	26	0.260	15	0.074	12
启 东 市	1.803	12	−0.291	24	−0.841	28	0.050	13
金 坛 市	1.492	14	−1.027	29	0.224	17	0.040	14
丹 阳 市	0.869	16	1.429	8	−1.141	32	0.038	15
如 东 县	1.240	15	0.230	18	−1.381	35	0.032	16
如 皋 市	0.367	18	0.892	14	−0.947	31	0.015	17
金 湖 县	0.516	17	−3.089	45	1.576	8	−0.008	18
东 台 市	−0.073	21	−1.127	31	0.526	14	−0.013	19
泰 兴 市	−0.922	26	1.493	7	−1.383	36	−0.026	20
沛 县	−0.925	27	0.973	12	−0.791	26	−0.027	21
建 湖 县	−0.619	24	0.132	19	−0.869	29	−0.029	22
高 邮 市	−0.067	20	−1.558	37	−0.898	30	−0.033	23
句 容 市	0.282	19	−2.263	41	−1.241	34	−0.034	24
洪 泽 县	−0.446	23	−3.041	44	1.375	9	−0.043	25
大 丰 市	−0.292	22	−2.837	42	0.253	16	−0.047	26

续表

	经济城镇化		人口城镇化		建设城镇化		综合得分	
	得分	排名	得分	排名	得分	排名	得分	排名
宝应县	−0.818	25	−1.214	34	−1.395	37	−0.059	27
泗阳县	−2.382	34	0.502	15	0.857	12	−0.067	28
滨海县	−2.027	31	−0.141	22	−0.482	23	−0.077	29
阜宁县	−1.943	30	−0.367	25	−0.694	25	−0.080	30
新沂市	−1.573	28	−1.172	33	−1.213	33	−0.083	31
邳州市	−2.146	32	0.244	17	−1.679	39	−0.088	32
兴化市	−2.182	33	−0.043	20	−1.448	38	−0.091	33
沭阳县	−2.483	37	−0.087	21	−0.793	27	−0.095	34
射阳县	−1.828	29	−1.289	36	−2.229	44	−0.104	35
泗洪县	−2.580	38	−1.129	32	−0.549	24	−0.111	36
响水县	−2.418	35	−2.040	40	0.027	18	−0.112	37
灌南县	−2.913	40	−0.930	28	−0.178	20	−0.116	38
盱眙县	−2.636	39	−2.846	43	1.291	11	−0.117	39
涟水县	−2.997	41	−1.094	30	0.010	19	−0.119	40
灌云县	−2.480	36	−1.705	39	−1.924	42	−0.129	41
丰　县	−3.719	44	0.381	16	−1.782	41	−0.142	42
赣榆区	−3.616	43	−1.246	35	−2.128	43	−0.164	43
睢宁县	−4.008	45	−0.620	27	−1.749	40	−0.165	44
东海县	−3.607	42	−1.699	38	−2.504	45	−0.174	45

从评价结果可以发现：

首先，在经济城镇化方面，苏南地区的昆山、太仓、张家港、常熟、江阴、扬中、宜兴等县市排在前列，苏中地区的仪征、海门、靖江、启东等县市紧跟其后，苏北地区除金湖县位列前 20 之外，其余的大部分区县均较为落后。

其次，在人口城镇化方面，苏南地区的江阴、昆山、张家港、常熟等县市排在前列，而经济城镇化较高的太仓、宜兴、扬中、仪征等县市在人口城镇化方面表现较差，人口城镇化与其位于前列的经济城镇化相比极不相称，因此，这几个县市应通过户籍制度改革和行政区划调整加快人口城镇化进程。苏中地区的靖江、泰兴、海门等区县人口城镇化水平也相对较高，而苏北地区除沛县、丰县、邳州、泗阳、沭阳等县市以外，其余县市的人口城镇化相对落后，其中沛县、丰县、邳州等人口城镇化水平分别位列第 12 位、第 16 位和第 17 位，人口城镇水已经处于相对较高的水平，而其经济城镇化相对落后，究其原因可能是这两个县域内有些工矿企业单位，如沛县大屯煤电公司、徐州李堂煤矿公司等，其就业人员基本属于城镇人口，但因距离县城较远，因此对于县城的经济城镇化促进力度有限，因此未来丰县和沛县应采取强中心城镇化战略加强县城经济实力建设，增强县城吸引力。

第三，而在设施建设城镇化方面，我们可以发现苏南地区大部分县区仍处于领先地位，如位于前三位的分别为张家港市、太仓市、常熟市。但对于少数县市如昆山、扬中等县市其设施建设城镇化方面则表现不佳。而苏中的靖江、仪征等县以及苏北的金湖、洪泽等县设施建设城镇化水平反而相对较高，都在设施建设城镇化的前十位，盱眙县在设施建设城镇化方面也表现不错。这主要反映了有些工业化程度较高的苏南地区，由于城镇化速度过快，也出现了城镇扩张过快，基础设施和医疗卫生等配套设施还相对滞后的局面。而苏中和苏北有些中小县城，虽然工业基础不是十分雄厚，但城镇化质量较高。但整体来看，苏北地区设施建设城镇化仍相对落后。

第四，综合来看，2013 年苏南地区的县域城镇化水平明显高于苏中和苏北地区，苏南地区的张家港、昆山、太仓、江阴、常熟等县市分列综合城镇化水平的前 5 位，与 2012 年相比没有变化，但位次稍微有变。其他县市除句容外，也都位于前 20 位。而苏中地区除仪征、靖江城镇化水平较高而兴化市城镇化水平较低以外，其他县市基本居中。苏北地区综合城镇化水平明显偏低，除金湖县以外，没有其他县市位于综合水平前 20 位，其中涟水、灌云、丰县、赣榆、睢宁、东海等县城镇化水平最低，提高这些落后地区的城镇化水平是亟待解决的问题之一。

2. 县域工业化水平综合评价

根据 2014 年江苏省统计年鉴可以整理出 2013 年江苏省分县市工业化指标数据，如表 1-16 所示。

表 1-16　江苏省 2013 年县域工业化原始数据

指标	非农从业人员比重	乡村非农从业人员比重	GDP 中第二产业比重	人均工业产值	个体和私营就业比重	对外依存度
单位	%	%	%	万元/人	%	%
江阴市	94.83%	85.52%	56.10%	37.67	67.34%	45.8
宜兴市	87.75%	71.90%	52.90%	23.17	73.33%	30.2
丰县	49.33%	51.94%	45.40%	4.49	19.89%	4
沛县	60.56%	65.99%	46.10%	10.90	28.59%	3.3
睢宁县	67.62%	59.48%	44.10%	6.86	23.45%	12.4
新沂市	51.36%	59.62%	42.40%	13.36	52.64%	7.8
邳州市	55.56%	67.14%	43.00%	13.16	28.54%	7.6
溧阳市	77.01%	74.38%	53.10%	20.81	51.12%	11.7
金坛市	80.47%	73.87%	52.10%	11.79	59.58%	22.4
常熟市	95.97%	90.30%	52.90%	23.75	55.89%	58.3
张家港市	94.03%	89.38%	55.60%	39.33	76.20%	93
昆山市	98.37%	91.29%	57.90%	49.63	61.31%	188.7
太仓市	94.10%	80.03%	53.10%	28.21	54.49%	78.8
海安县	77.90%	80.40%	49.50%	17.86	73.04%	26.3
如东县	76.55%	81.55%	49.20%	15.07	57.89%	33.2
启东市	70.16%	73.58%	50.60%	14.16	51.85%	30.4
如皋市	71.96%	76.47%	52.30%	11.23	67.33%	29.7
海门市	72.07%	75.48%	55.10%	18.06	82.40%	15.7
赣榆区	68.01%	56.38%	49.80%	11.45	16.04%	6.9
东海县	67.02%	54.85%	45.20%	6.51	17.54%	6.1
灌云县	58.93%	49.19%	46.20%	6.37	14.44%	4.5
灌南县	53.85%	48.26%	49.70%	8.00	20.51%	5.9

续表

指标	非农从业人员比重	乡村非农从业人员比重	GDP 中第二产业比重	人均工业产值	个体和私营就业比重	对外依存度
单位	%	%	%	万元/人	%	%
涟 水 县	63.04%	57.58%	40.70%	4.46	22.56%	6.3
洪 泽 县	67.23%	63.05%	42.60%	13.23	52.87%	7
盱 眙 县	68.54%	60.48%	42.50%	9.37	23.15%	8.5
金 湖 县	68.00%	61.43%	40.50%	10.39	42.03%	11.5
响 水 县	65.43%	57.46%	49.50%	10.29	23.60%	12.3
滨 海 县	64.93%	61.39%	43.80%	5.21	51.74%	5.7
阜 宁 县	64.80%	58.07%	46.60%	5.81	56.08%	4.2
射 阳 县	67.50%	62.93%	39.10%	5.55	27.41%	4.8
建 湖 县	69.30%	69.33%	46.50%	8.83	46.82%	6.4
东 台 市	70.39%	58.16%	44.70%	8.75	48.12%	6.3
大 丰 市	68.63%	67.44%	43.80%	9.38	66.30%	12.3
宝 应 县	69.62%	75.89%	46.30%	10.09	36.06%	12.2
仪 征 市	76.35%	84.84%	56.50%	22.39	35.91%	15
高 邮 市	71.09%	75.55%	45.40%	11.92	48.45%	6.2
丹 阳 市	89.95%	77.84%	52.30%	23.17	60.37%	17.3
扬 中 市	93.30%	83.17%	54.50%	30.98	71.24%	7.2
句 容 市	73.20%	67.07%	50.80%	17.59	48.46%	9.9
兴 化 市	68.02%	66.91%	43.10%	9.28	30.81%	5.7
靖 江 市	80.20%	79.63%	54.90%	28.18	50.99%	25.2
泰 兴 市	70.01%	83.71%	52.80%	15.63	40.61%	25.2
沭 阳 县	61.50%	65.50%	46.30%	6.22	61.63%	8
泗 阳 县	61.35%	61.32%	51.40%	5.84	34.46%	12.6
泗 洪 县	42.51%	42.67%	43.20%	5.72	32.29%	9.2

第一步：对原始数据进行标准化处理。这里采用标准差标准化方法，使各指标的均值为 0，方差为 1。

第二步，计算标准化后的样本相关矩阵 R，求 R 的特征值 λ 及特征向量 T，

并按 $\lambda_1 \geqslant \lambda_2 \geqslant \cdots \geqslant 0$ 排序。根据特征值大于 1 及累计贡献率大于 75%的原则，提取主因子 F_1，F_2，F_3，F_4……。如果确定的主成分不能很好地说明问题，则对其进行旋转，直到能较好地说明问题为止，经过几次尝试，本文最终采取具有 Kaiser 标准化的正交旋转法对原矩阵进行旋转，并得到 2 个主成分，结果如表 1-17 所示。

表 1-17　主因子的特征值及贡献率

主成分序号	特征值	贡献率	累计贡献率
1	4.125	60.282	60.282
2	1.830	30.903	91.185

第三，根据对应的特征向量确定各主因子的荷载矩阵。由荷载矩阵(表 1-18)可知，主成分 1 在个体和私营从业人员比重、乡村非农从业人员比重、非农从业人员比重以及 GDP 中二产比重等因子上的荷载较高，反映了人口非农化程度，我们称之为人口工业化主因子；主成分 2 在外贸依存度、人均工业总产值等因子上荷载最大，反映了对外贸易和工业经济发展水平，我们称之为外贸工业化主因子。

表 1-18　主因子荷载矩阵

因子	主成分	
	1	2
非农从业人员比重	0.893	0.308
乡村非农从业人员比重	0.882	0.452
GDP 中第二产业比重	0.502	0.683
人均工业总产值	0.498	0.793
个体和私营就业比重	0.623	0.342
外贸依存度	0.215	0.856

最后，根据各主因子荷载矩阵，计算县域工业化水平得分，并以各主因

子的信息贡献率为权数，计算综合评价值。最后排序结果如表 1-19 所示。

表 1-19　江苏省 2013 年县域工业化综合评价结果一览表

	人口工业化		外贸工业化		综合排名	
	得分	排名	得分	排名	得分	排名
昆 山 市	7.804	1	10.280	1	0.510	1
张家港市	6.482	2	6.684	2	0.390	2
江 阴 市	5.606	3	5.063	3	0.324	3
常 熟 市	4.729	4	3.868	5	0.266	4
扬 中 市	4.709	5	3.229	6	0.253	5
太 仓 市	4.178	6	4.340	4	0.252	6
宜 兴 市	3.182	8	2.503	8	0.177	7
丹 阳 市	3.185	7	2.109	9	0.170	8
靖 江 市	2.889	9	2.731	7	0.169	9
海 门 市	2.541	10	1.944	11	0.140	10
仪 征 市	2.305	12	2.049	10	0.133	11
海 安 县	2.486	11	1.596	12	0.132	12
如 东 县	1.846	13	1.254	14	0.099	13
溧 阳 市	1.654	15	1.275	13	0.092	14
如 皋 市	1.576	16	1.160	16	0.086	15
金 坛 市	1.670	14	0.941	17	0.086	16
泰 兴 市	1.307	17	1.182	15	0.076	17
启 东 市	0.695	18	0.737	18	0.042	18
句 容 市	0.363	19	0.245	19	0.019	19
高 邮 市	−0.009	20	−0.770	20	−0.014	20
宝 应 县	−0.460	22	−0.879	21	−0.035	21
大 丰 市	−0.415	21	−1.056	22	−0.036	22
建 湖 县	−0.681	23	−1.161	23	−0.049	23
沭 阳 县	−1.139	24	−1.405	25	−0.073	24
洪 泽 县	−1.254	25	−1.509	27	−0.079	25
东 台 市	−1.567	26	−1.786	29	−0.097	26
泗 阳 县	−1.844	29	−1.274	24	−0.099	27

续表

	人口工业化		外贸工业化		综合排名	
	得分	排名	得分	排名	得分	排名
阜宁县	–1.659	27	–1.801	30	–0.101	28
兴化市	–1.812	28	–2.029	34	–0.112	29
滨海县	–1.854	30	–2.144	36	–0.116	30
响水县	–2.187	33	–1.444	26	–0.117	31
沛县	–2.104	32	–1.809	31	–0.120	32
金湖县	–2.006	31	–2.141	35	–0.122	33
赣榆区	–2.292	34	–1.576	28	–0.123	34
邳州市	–2.539	35	–2.019	33	–0.142	35
新沂市	–2.618	38	–2.016	32	–0.145	36
盱眙县	–2.542	36	–2.399	38	–0.149	37
睢宁县	–2.604	37	–2.324	37	–0.150	38
射阳县	–2.847	39	–3.117	42	–0.174	39
东海县	–3.133	40	–2.668	40	–0.178	40
灌南县	–3.900	42	–2.445	39	–0.206	41
涟水县	–3.591	41	–3.339	43	–0.209	42
灌云县	–4.128	43	–3.047	41	–0.226	43
丰县	–4.581	44	–3.341	44	–0.250	44
泗洪县	–5.440	45	–3.689	45	–0.292	45

根据计算结果我们可以发现：

首先，从人口工业化来看，苏南地区明显较高，苏中居中，苏北最差。苏南地区的昆山、张家港、江阴、常熟、扬中、太仓、宜兴、丹阳分别位于全省县域工业化水平前八位，其余县市也均位于前 20 位，句容也从去年的 20 名以外上升到了 19 名。苏中地区除了靖江、海门分别居第 9 位和第 10 位，兴化市人口工业化水平较差以外，其余县市基本位于第 10~25 位之间。而苏北地区基本所有县市工业化水平均相对落后，没有一个县市位列前二十位。其中泗洪、丰县、灌云、涟水、灌南等县最差，这些县区要么工业基础十分薄弱，要么有一定的工业基础，但其工业基本以煤炭、石化等采掘和重工业为主，对劳动力的吸纳能力有限，而建湖、沭阳、大丰等县因近几年承接了苏南地区的纺织服装等产业，人口工业化在苏北地区相对较高。

其次，从外贸工业化水平来看，苏南、苏中、苏北同样存在着较大的梯度差异。苏南地区的昆山、张家港、江阴、太仓、常熟等发达县市的对外贸易工业化分别位列前 5 位，而其他县市也基本都位列前二十位。苏中地区相对居中，其中靖江较高，位列第 7 位，兴化最低，仅位列第 34 位，其余各县市基本位于第 10~23 位。而苏北地区县市外贸工业化水平普遍较差，没有一个县市位列前 20 位，其中泗洪、丰县、涟水、射阳、灌云最差，建湖、大丰等县相对较好。

第三，综合来看，江苏省县域工业化水平也基本与人口工业化和外贸工业化水平的区域差异相似，苏南最好，苏中居中，苏北最差。至此我们可以发现，综合工业化水平、外贸工业化水平与人口工业化水平的区域差异基本相似，这也说明了江苏省县域经济工业化的外向型特征，即对外贸易是县域工业化发展的重要动力。未来进一步扩大内需，充分发挥两个市场的重要作用是江苏省县域工业化发展的重要任务。

3. 县域工业化与城镇化协调发展分析

根据前述对江苏省县域工业化水平和城镇化水平综合评价结果我们可以将县域城镇化水平综合评价结果作为横轴，将县域工业化水平综合评价结果作为纵轴，可以做出如图 1-17 所示的散点图，从图中可以发现，首先江苏省县域工业化与城镇化基本呈正相关关系，从相关系数看，二者的相关系数 r=0.873，相关系数较高，也就是说随着工业化水平的提高，县域城镇化也相应提高，这也反映了江苏省县域城镇化的核心动力来源于工业化的发展。其次，县域工业化与城镇化的协调发展存在较大的区域差异。分区域来看，苏南地区的县市基本位于第 I 象限，具有较高的县域工业化和城镇化水平，苏中地区县市基本居于原点附近，县域工业化与城镇化居中，而苏北地区则居于第Ⅲ象限，说明工业化和城镇化水平均较落后。从分区域的相关系数来看，苏中、苏南地区的县域工业化与县域城镇化相关系数相对较高，分别为 0.742 和 0.789，而苏北地区这两个指标之间的相关系数则较低，仅为 0.562。可见苏北地区工业化对城镇化的促进作用还没有苏南和苏中地区大，进一步加大苏北地区的工业化，特别是劳动密集型工业，是推进其城镇化的重要途径。

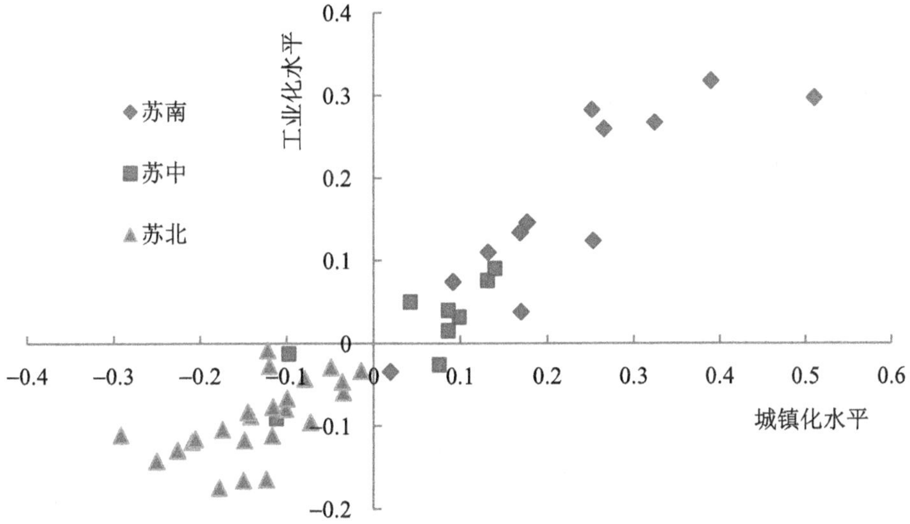

图 1-17　江苏省 2013 年县域工业化与城镇化相关关系散点图

三、促进江苏农村工业化与农村城镇化协调发展的政策措施

1. 进一步提升苏南地区农村城镇化质量

在过去较长时期里，苏南的农村城镇化快速发展存在的缺陷就是重速度有余、重质量不足。一些城镇沿袭我国大城市“摊大饼”式、人为扩容的外延扩张模式，城镇的规划区大幅度地扩展，城镇变大了，人口变多了，城镇化率提高了，但教育文化卫生等公共设施配套不足，招致交通拥堵，污染严重，看病难，上学难等问题。这样的城镇化给城市居民日常生活带来不便，

而且弱化了城镇带动农村的内在功能和承载能力，适应不了“减少农民、致富农民”的迫切需要。客观形势要求我们必须坚持以科学发展观为指导，突出内涵式城镇化的发展理念，切实抓牢转变经济发展方式这条主线，按照统筹规划、合理布局、完善功能、以大带小的原则，着力提升城镇文化功能，下工夫进一步扭转城镇建设中偏重规模扩张、忽视功能提升的倾向，切实治理“城镇化虚胖症”，使城镇化由偏重速度向着力提升质量转变，走向资源利用集约化和城镇功能良性化。

2. 加快苏北地区农村工业化进程

苏北地区城镇化要发展首先必须加快发展苏北的工业，目前江苏的经济工作重心已由“沿江开发”向“沿海经济带”转变。同时江苏实施多年的苏南—苏北之间的产业转移促进措施也使得许多苏南地区的工业，特别是劳动密集型工业大量向苏北地区转移。以上全省的发展趋势对苏北的经济发展和城镇化、工业化发展都是很好的契机。一方面，苏北应重点依靠连云港的崛起，依靠港口优势，通过大力发展临港工业，带动苏北整个地区工业的发展。另一方面，淮安、宿迁、徐州等地区应积极承接苏南地区劳动密集型产业转移，按照高标准、高起点规划相应产业园区，通过工业发展带动农村人口向工业区和中心城镇转移，提高城镇化水平。徐州还应积极整合布局工矿城镇，合理规划，将零散的城镇功能集中在几个重要的中心城镇，进一步扩大乘数效应，提高工矿业发展对城镇化的带动作用。

3. 大力推进产业集群发展，提升中心城镇产业竞争力

产业集群在我国充满活力，不仅吸收了当地的剩余劳动力，加快了农村工业化与城镇化的进程，还推动了整个区域的经济增长，提高了区域竞争力。近几年随着苏北地区工业的发展，已经发育了众多的产业集群雏形，如泗阳石材产业、丰县果蔬产业、沭阳木材加工、泗阳化纤纺织等，在这些雏形产

业集群的基础上进行有力的集群引导,其必将会得到迅猛发展，进而带动县域第二、三产业的发展，创造更多的就业机会，带动县域城镇化发展。而苏南地区的产业集群，应该进一步提高产业集群的质量，提升产业创新能力和整体竞争力，为推进区域产业转型升级做出贡献。

4. 进一步促进苏南、苏北之间的产业联动发展

苏南与苏北的资源禀赋存在一定差异，经济技术水平存在明显差距，两地主导产业也存在不同，具有很强的互补性，实施产业联动具备一定的客观基础。为实现全省经济共同发展，近年来，江苏省不断加大对南北产业联动的政策支持力度。苏南面临产业升级的压力。必然要把部分劳动密集型产业转移出去，而苏北恰好具备土地、劳动力资源丰富的优势，能够接收苏南产业的转移。随着南京二桥、江阴长江大桥等的建成，江苏南北的交通运输联系越来越紧密，越来越便捷。同时，苏北地方政府积极转变思想观念，不断创新投资发展环境，大力营造重商、亲商、富商、安商的社会氛围，为江苏南北产业联动发展带来极大方便。因此，未来苏南与苏北要统筹规划，联合投资建设，联合开发与经营，要加强交通和通信等基础设施的共建共享，以此带动区域间产业联动发展。

第四节　江苏农村商贸及消费市场潜力分析

一、江苏农村商贸服务业与消费水平现状分析

2013 年,江苏省社会消费品零售总额达到 20657 亿元,比上年增长 13.4%(图 1-18)。2014 年上半年江苏省社会消费品零售总额 11304 亿元，同比增长12.6%，比去年同期回落了 0.6 个百分点，占全省社会消费品零售总额的90.8%。从消费形态看，批发零售增速放缓，住宿和餐饮业回落明显。2013年以来，受三公消费遏制、成本提升以及禽流感疫情等影响，餐饮业业绩普

遍下滑。2013 年全省高档餐饮消费下降 30%~50%，中档餐饮消费下降 10%~20%，大众餐饮或将成为今后餐饮业主流。当前的消费热点，仍主要集中在建材类、金银珠宝类上。

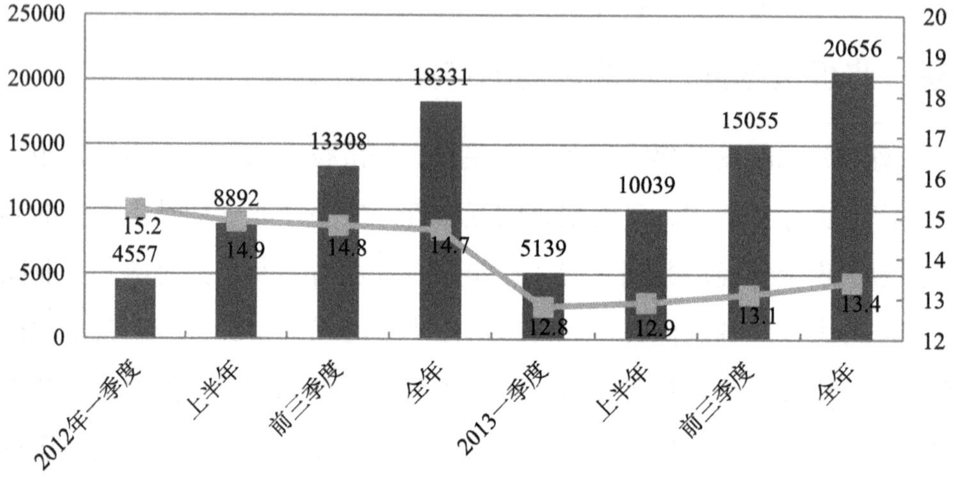

图 1-18　2012~2013 年江苏省分季度社会消费品额

江苏省统计局开展的消费者信心季度调查表明，2013 年四季度，江苏消费者信心指数(CCI)为 101.9，在三季度止跌回升后有所下行，总体下降 2.9 点。分城乡看，城镇和农村消费者信心指数分别为 102.5 和 101.0，分别比三季度下降 2.5、3.4 点。体现消费者对当前经济形势满意程度的满意指数为 97.3。从趋势看，自一季度满意指数高开后，二、三、四季度的满意指数均在临界线以下，总体上保持平稳，但有下行趋势，四季度的满意指数分别比二、三季度下降 1.3、1.2 点。其中就业满意指数为 101.8，仍然保持在临界线以上，但与三季度相比下降 5.2 点；家庭收入满意指数为 101.8，继续保持在临界水平之上，与三季度相比，略升 0.3 点；消费时机指数为 88.3，在二、三季度持续下滑后开始回暖，比三季度上升 1.2 点，但仍然低于临界值。受季节和刚性消费等因素的带动，购买意愿仍继续保持上扬态势，表示未来三个月有购买大件商品计划的比例占到 40.8%，比三季度上升 1.7 个百分点。从计划购买的大件商品看，城镇占比较高的是汽车、住房、手机、电脑、电视、空调等，农村占比较高的是电脑、汽车、空调、住房、手机等。

1. 农村消费品市场发展情况

2013 年年底，江苏省城镇市场实现零售额 18564.43 亿元，同比增长 13.4%，占全省社会消费品零售总额的 89.9%。其中，乡村市场实现零售额 2092.10 亿元，增长 13.6%，占全省社会消费品零售额的 10.1%。与 2012 年相比，城镇与乡村的社会消费品零售增长速度都有所下降。乡村社会消费品销售比例基本保持稳定。

从总量看，农村消费量偏小。从市场环境看，农村市场建设投入不足，商业网点布局不合理，消费市场单一，适合农村居民消费的产品少，售后服务差。从收入水平看，农村居民收入低于城镇居民。这些都成为制约农村消费增长的不利因素。城乡之间的消费总量差距较大。

自 2005 年以来，江苏省持续加快“农改超”的步伐，以连锁企业为龙头，实现农贸市场经营主体的组织化，经营方式的超市化，产品的标准化和服务的规范化。以江苏省苏果超市为例，在商务部“万村千乡”市场工程和相关政策措施的鼓励下，苏果超市作为供销社系统的企业，经营产品 70%与农村和农产品关系密切，其中 70%的网店扎根县城和乡镇。不仅给农村带来了现代化的流通方式，也改善了农村消费环境，吸纳众多农村就业人口。城市连锁超市设施不断向农村地区延伸。以农村消费品连锁经营为主要形式的农村商贸服务业得到大力发展。

2006 年为加强农产品现代流通体系建设，商务部在全国实施“双百市场工程”。在此工程的引导下，江苏省农产品市场建设取得了很大的进展，特大型和大型市场成为农产品批发市场的骨干。至 2012 年 10 月，经认定的省级重点农产品批发市场共 68 家，包括南京农副产品物流配送中心有限公司、无锡朝阳股份有限公司、新沂市北方农副产品批发市场有限公司、南通丰源食品城有限公司、淮安市清江农副产品批发市场、宿迁南菜市农副产品批发市场管理有限公司等，覆盖了苏南、苏中、苏北三大片区。

2. 乡村旅游市场发展情况

乡村旅游发展呈现良好格局。全省各级党政部门重视和大力支持乡村旅游的发展，成为促进经济转型发展、推进农业结构调整、统筹城乡发展的积极举措，推进旅游强省、强市、强县建设的有力抓手。旅游与财政、农业、建设、交通、文化、环保、卫生、水利、林业、海洋渔业等多部门协同推进乡村旅游富民工程，为农业转型、农民致富注入新活力。

另一方面在乡村旅游市场的发展方面，江苏省是全国乡村旅游发展较早，产品和市场成长比较成熟的地区之一。至 2011 年江苏省有一定规模的乡村旅游景点已突破 2000 家，年接待游客突破 7000 万人次，占全省旅游业接待游客人次的 20%。已拥有全国农业旅游示范点 124 个，总数居全国第一。

乡村旅游特色产品优势明显。江苏在乡村旅游规模、乡村旅游收入、乡村旅游接待人数、乡村旅游从业规模等方面具有明显的区域竞争优势；在产品研发、特色化经营、业态创新、乡村旅游管理规范和多元综合效益上，质量竞争优势明显。全省乡村旅游覆盖农、林、牧、副、渔等业态，乡村旅游产品类型丰富、特色鲜明、复合性强，形成现代新农村、高科技农业、古镇古村落、休闲观光、度假休闲、农俗节庆、农家乐等多种形态的优势产品集群。高淳区整合丘陵生态和农村风貌资源，按照国际标准精心打造了绵延 50 公里的桠溪“国际慢城”乡村生态旅游带，创造了中国乡村旅游首个国际品牌。省和各市县通过联手举办江苏乡村旅游节、千岛菜花旅游节、乡村美食旅游节、乡村旅游推广月等丰富多彩的旅游活动，大力推广乡村旅游特色产品。以种植樱桃、蓝莓等特色农业闻名的赣榆区厉庄镇，多年来连续举办樱桃采摘文化节，不仅打造了“樱桃之乡”品牌，还让农民获得“樱桃不出门、在家能致富”的直接效益。

乡村旅游富民惠民效益明显。乡村旅游成为社会主义新农村建设的有效途径。2012 年全省乡村旅游接待人次超 1 亿人次，旅游年收入超 180 亿元，约占全国乡村旅游总收入的 15%左右，居全国前列。乡村旅游点成为农村富余劳动力安置的重要载体，同时还促进农民的生活方式和思想观念发生重大变化。全省 30 万乡村旅游从业人员中，农民直接从业 24 万人，还带动 200 万农民受益。农村富余劳动力离土不离乡，不少转型成为乡村服务业的经营者和劳动者。镇江市乡村旅游的发展吸纳劳动力 5 万余人，年实现经济收入 20 亿元，带动相关产业实现收入 50 亿元，涉及农民人均增收万元左右。溧阳翠谷庄园的用工 80%以上为当地农民，年季节性用工 5000 人次以上。苏州旺山钱家坞农家乐的经营户年均收入达 10 万元以上，最好的超过了 30 万元。不少乡村旅游点通过土地流转补偿、收购加工农副产品、为农民提供生产技术等方式促进农民增收。

乡村旅游发展多种模式并举。江苏乡村旅游经过多年培育、壮大和创新，在全省旅游产业中几乎占三分之一，在苏南旅游业发达地区已占半壁江山，形成特有的发展模式。①发展产业化：立足农业资源，依靠市场拉动，形成产业融合，延长农业产业链，使乡村旅游产品向特色化、产业化、规模化和集聚化方向转变。苏州吴江玫瑰园通过土地租赁，发展特色花卉农业、旅游业和精细加工业，带动广大农户形成规模种植、深度加工，形成吃住行游购娱等相关旅游服务全要素集聚。②产品特色化：乡村旅游产品的同质化矛盾逐渐缓解，在同类资源中力求特色发展，在同业竞争中注重错位发展，逐步形成一村一品、一县一色的乡村旅游品位和策划，构建差异化、特色化的产品体系。南京以建设美丽乡村为切入点，综合自然生态、民俗文化、产业基础和区位条件，立足村庄特色，突显农耕民俗，集聚优势资源，打造了以江宁石塘人家为代表的“五朵金花”，构筑起都市乡村休闲旅游带。各地还陆续推出乡村酒店、国际驿站、采摘篱园、生态渔村、休闲农庄、山水人家、养生山吧、民族风苑等新业态产品。③经营组织化：乡村旅游经营运作模式不断转变，开始向合作化方向发展，初步形成“政府+农户”、“政府+公司”、“政府+公司+农户”、“农企+旅行社”、“农民合作社”“龙头企业+农户”等发展模式。旅游产品结构不断改善，适应市场和抗击经营风险的能力增强。宜兴篱笆园按“公司+基地+农户+市场”模式成立“大地春农产品合作社”，依靠政府优惠政策，引导农户开辟荒田，统一收购农产品，鼓励农户改造闲置房屋，以加盟方式形成“篱笆驿站”农家乐品牌，推动村民自主开发、统一经营、利益共享，吸引 38 人直接就业，180 人间接就业，通过专业运营与规模经营，2011 年接待旅游者 13 万人次，营业收入 1320 万元。④管理标准化：全省已经形成国家行业标准、省级和市级地方标准与专项质量规范相配套的标准化管理体系，乡村旅游正逐步转型为标准规范引导、市场综合驱动、示范带动作用明显的模式，正在朝着建立准入机制方向发展。⑤投资多元化：目前，民间资本、工商资本、外商资本聚焦乡村旅游，通过多种渠道、多种形式参与乡村旅游开发。江苏创导集团反哺农业，投资 6 亿元建设徐州月亮湾乡村生态园。南京江宁区推动国有资本参与旅游资源整合开发，组建投融资平台，合力建设乡村旅游项目。省有关部门的政策创新与公共财政的引导投入，调动了各方发展乡村旅游的积极性，促进了江苏乡村旅游的持续、健康发展。

江苏省旅游局《乡村旅游点等级划分和评定标准》已正式成为地方标准在全省全面推开，目前江苏已有 99 家形态各异、特色鲜明的乡村旅游点分获三星、四星等级。全省三、四星级乡村旅游区(点)99 家，此外，还有各具特色、业态丰富的农庄、农户型休闲点 5000 余个。发展乡村旅游市场不仅能够拓宽农民增收的途径，也能够增加农民就业岗位，对于扩大农民的消费需求有重要的促进作用。

3. 农民收入及消费总体情况

2013 年江苏农村居民人均纯收入 13598 元，比上年增加 1396 元，增长 11.4%；人均生活消费支出 9607 元，比上年增加 952 元，增长 11.0%。增幅连续 4 年超过城镇居民，江苏城乡居民收入比缩小为 2.39:1，成为全国收入比最小的省份之一。

农民增收，工资性收入增长仍是主动力。最低工资标准和企业工资指导线上调带动农民打工工资收入较快上涨，2013 年外出农民工月收入水平 2998 元，比上年提高 12%；部分农村事业单位职工和村干部等的工资和补贴标准提高。多因素促进农民家庭经营收入增长。2013 年江苏粮食总产量实现“十连增”，农产品价格回升，同时主要农资价格下降，农业生产效益提高。农村土地流转加快，农村合作经济组织分红和农业补贴增加，新农保基础养老金、失地农民保险和农村低保标准持续提高，以及部分地区城乡保障接轨等因素，促进江苏农民财产和转移性收入快速增加。

2013 年，江苏农村居民人均纯收入增幅高于城镇居民人均可支配收入增幅 1.8 个百分点，城乡收入比为 2.39:1，比上年缩小 0.04，城乡收入比于 2010 年后连续第四年下降，江苏成为全国城乡差距较小的省份之一。同时低收入群体收入增速快于高收入组，最高收入组与最低收入组之比已由上年的 6.73 倍下降到 6.57 倍。2013 年江苏农村居民纯收入比全国平均水平多 4702 元，高 52.9%，在各省市区中位列上海市(19595 元)、北京市(18337 元)、浙江省(16106 元)、天津市(15841 元)之后，排名第五。江苏收入增幅比全国平均增幅低 1 个百分点，高于浙江、广东各 0.7 个。

4. 农民收入及消费构成情况

2013 年农村家庭收入的结构(图 1-19)中，工资性收入 7272 元，占 53.48%，家庭经营性收入占 33.25%，随着农村就业结构的变化，工资性收入逐渐成为家庭收入结构中的主体要素和重要的来源，农业收入在总收入结构中失去了主体地位。从 2013 年家庭经营收入本身构成情况来看，农业收入占比仍较高，达到 38.60% (图 1-20)。

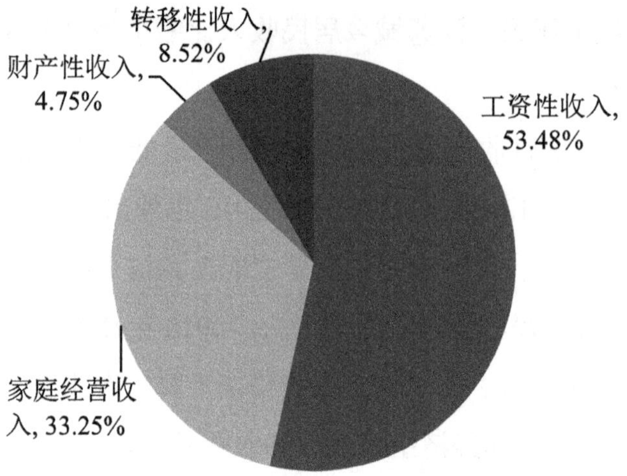

图 1-19　2013 年农村居民家庭收入结构

数据来源：《江苏统计年鉴—2014》

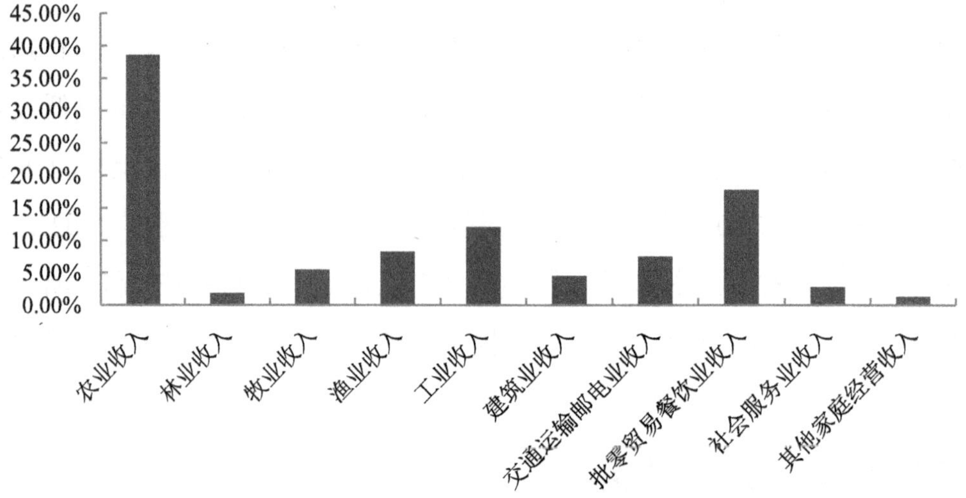

图 1-20　2013 年农村居民家庭经营收入结构

数据来源：《江苏统计年鉴—2014》

农村人均家庭支出结构中各项指标均有一定程度的增长，其中食品、居住和文教娱乐用品和交通通信为主要构成要素(图 1-21)，同时家庭消费中农村居民家庭恩格尔系数为 36.3，与城镇居民的差距进一步缩小，2013 年城镇居民恩格尔系数为 34.7。

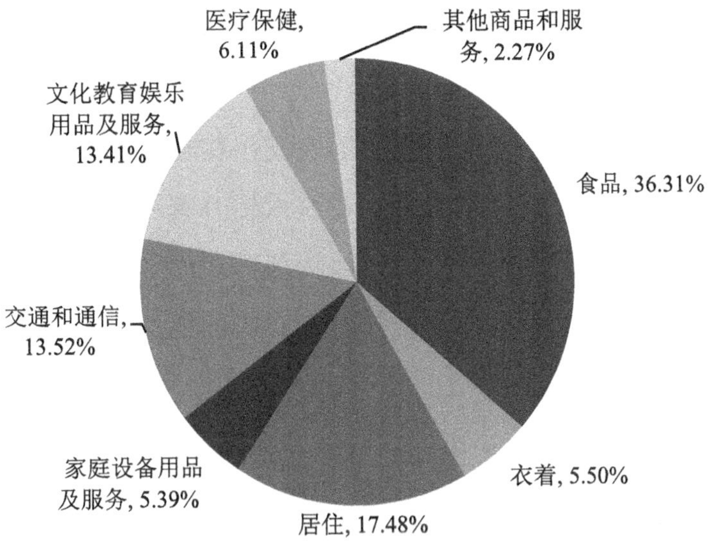

图 1-21　2013 年农村人均家庭支出结构

数据来源：《江苏统计年鉴—2014》

不同收入的农村家庭在家庭收入构成方面(图 1-22)也略有差异，其中收入水平在较高的 20%中的农村居民家庭经营收入与财产性收入组分相比明显增多，主要源于现代农业、高效农业的发展使得一部分农民回归到农业，农业规模化发展的优势逐步凸显，不仅为农民带来了高于外出打工的工资性收

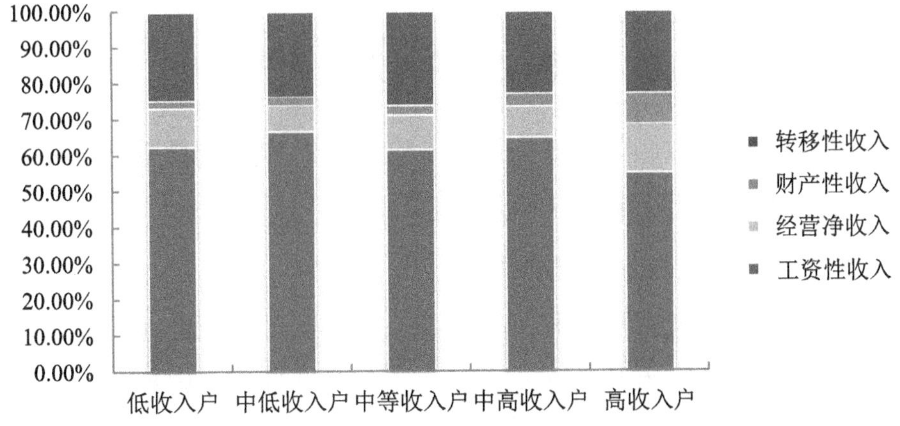

图 1-22　2013 年农村不同收入组人均家庭收入构成

数据来源：《江苏统计年鉴—2014》

入，同时也进一步改善了农村风貌，保持了其农业特色。与之相比，中等收入农户仍旧以打工收入为主。

不同收入的农村家庭在家庭生活消费支出构成方面(图 1-23)主要表现在食品和居住两个方面，食品消费随着收入提升有所下降，而这部分减少的支出一方面转移到改善居住，一方面转移到交通和通信设备的改善中。从不同收入人群的消费总量来看，高收入农户的消费支出是低收入农户的 2.4 倍。

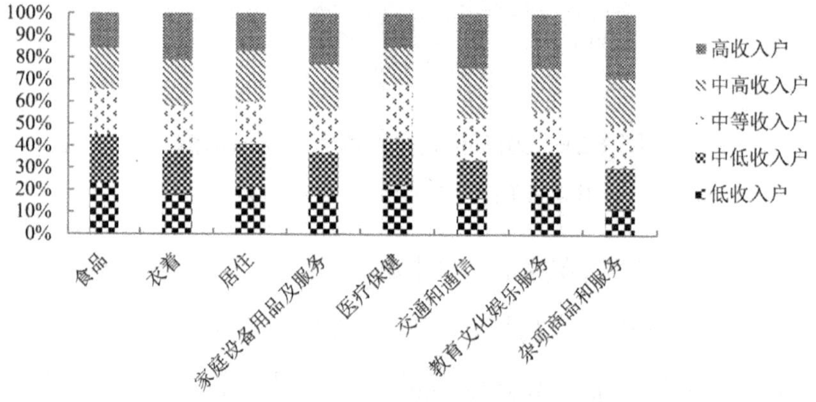

图 1-23　2013 年农村不同收入组人均家庭消费构成

数据来源：《江苏统计年鉴—2014》

5. 分地区及典型城市、地区农村收入及消费现状

江苏省苏南、苏中、苏北三大地区不仅在收入和消费总量上，在收入和消费构成中都表现出明显的地区性差异。

(1) 分地区农村收入及消费现状

从江苏省三大片区的发展中，苏南的工资性收入是苏北地区的 2.1 倍，是苏中地区的 1.5 倍，约占总收入的 66%，而苏北地区工资性收入略高于家庭经营收入，苏中地区介于两者之间(图 1-24)。

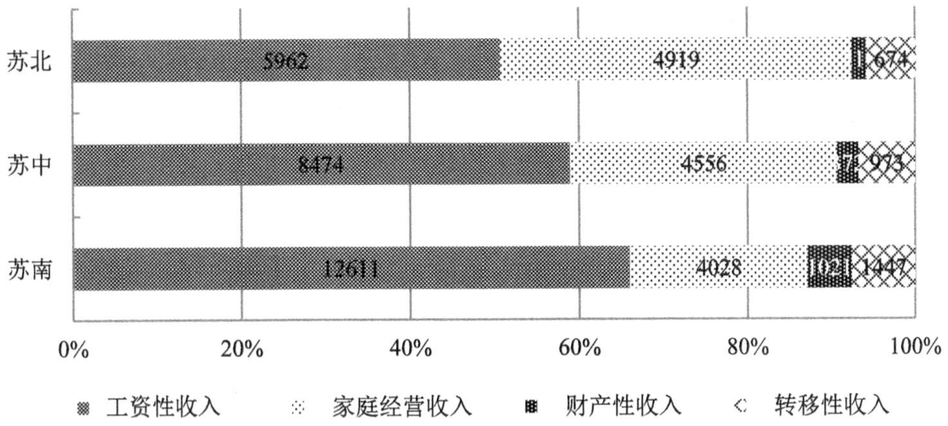

图 1-24　2013 年苏南、苏中、苏北人均收入构成情况

数据来源：《江苏统计年鉴—2014》

2013 年江苏省三大片区的人均总支出从苏南到苏北分别为 19341 元，11263 元，10951 元。生活性消费构成也表现出相似比例下的总量差距，苏南地区在各项支出中都高于苏中和苏北地区(图 1-25)。

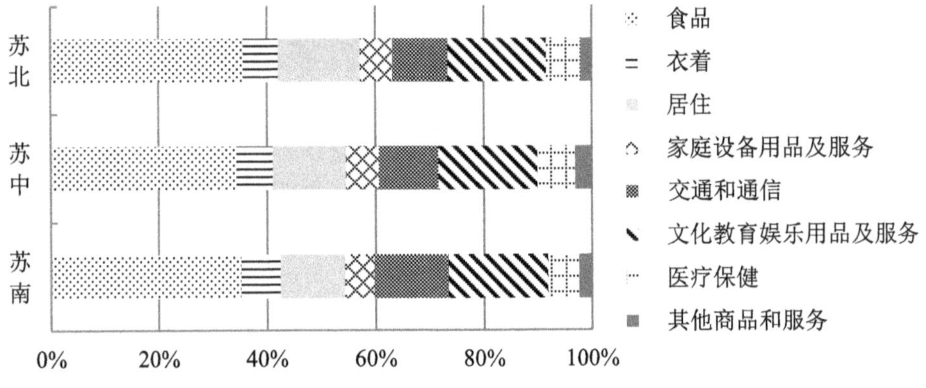

图 1-25　2013 年苏南、苏中、苏北人均生活性消费构成

数据来源：《江苏统计年鉴—2014》

(2) 典型城市农村收入及消费现状

江苏省 13 个城市中，苏州市人均家庭总收入超过 25000 元，成为苏南地区农村地区人均家庭收入、纯收入以及人均总支出最高的城市。苏中地区三

个城市水平基本保持一致，南通市人均家庭总收入略高；苏北地区 5 个城市盐城市的收入和支出水平相对较高(图 1-26)。从不同城市的收入和支出水平来看，两者之间基本保持了较高的相关性，人均纯收入越高的城市的总支出水平也越高。

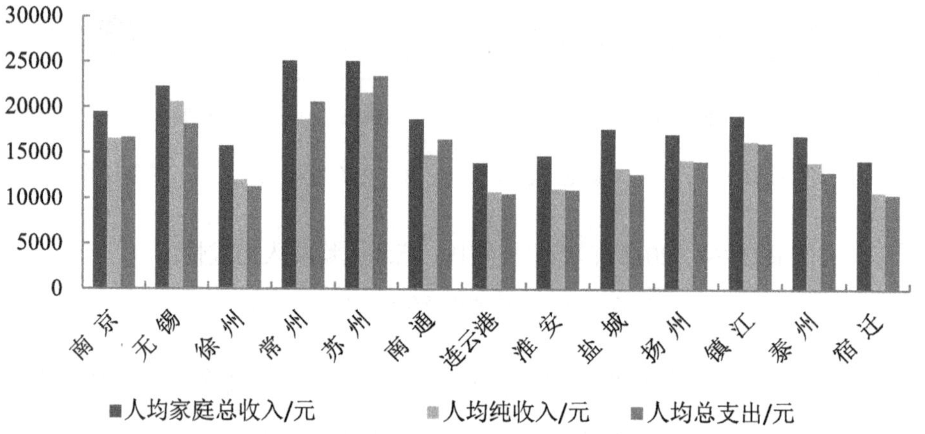

图 1-26　2013 年江苏省 13 个城市农村人均收入、支出情况

数据来源：《江苏统计年鉴—2014》

二、江苏农民收入与消费水平发展趋势分析

2013 年江苏把增加收入作为增进民生幸福的核心任务，并扎实有效实施城乡居民收入七年倍增计划，使城镇居民人均可支配收入和农民人均纯收入实现增长。

1. 总体趋势

自 2003 年到 2013 年，江苏省农民收入与消费水平呈线性增长态势，收入水平从 2003 年的 4239 元增长到 2013 年的 13598 元，消费水平从 2003 年的 2704 元增长到 2013 年的 9607 万元(图 1-27)。首先，从城乡居民差距来看，以 2009 年为转折点，城乡居民收入比在 2009 年达到峰值，之后有所回落，城乡居民收入差距逐渐减小。第二，从城乡居民家庭消费恩格尔系数来看，农村居民的逐渐回落，与城镇居民的差距也逐渐缩小。

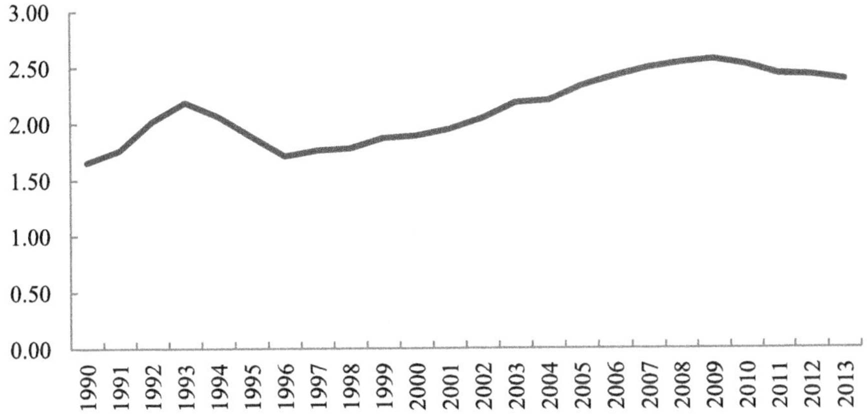

图 1-27　1990~2013 年江苏省城乡居民收入比

数据来源：《江苏统计年鉴—2014》

农村居民人均收入增长比例在 2011 年达到峰值为 18.5%，首次突破万元大关，且增幅继 2010 年之后持续超过城镇居民。虽然收入实际增长指数水平在很多年份增长较慢，甚至在个别年份出现下降，但是和收入绝对水平相比，总体上同样随着时间推移，呈现收入增加的特征，只是增长的幅度相对趋缓(图 1-28)。

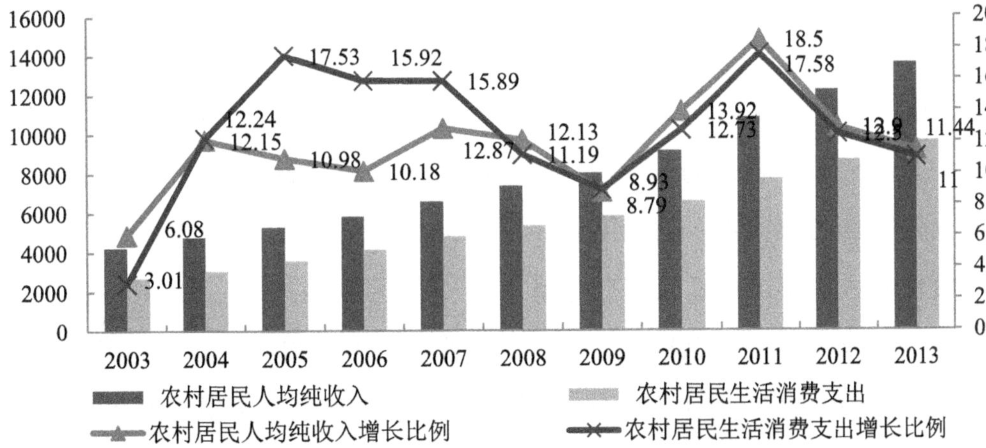

图 1-28　2003~2013 年江苏省农民人均纯收入、生活消费支出及其增长比例

数据来源：《江苏统计年鉴—2014》

2010 年，江苏省省委、省政府出台了《关于大力推进民生幸福工程的意见》，意见中江苏省的民生幸福工程以“七年倍增计划”为核心，突出农民、企业职工、中低收入和困难家庭四个群体的增收，其中促进农民收入的增加是重中之重。同时 2011 年第十一届全国人民代表大会第四次会议的召开也提出要巩固和加强农业基础地位，确保农产品供给，多渠道增加农民收入。特别强调了农民收入的增长是实现社会公平尤其是收入分配公平的一个极为重要的方面。2011 年农产品的收购价大幅度提升，同时，国家也进一步推进户籍制度改革，着力解决农民工生活和工作存在的一系列问题，这些政策都促进了农民收入的进一步提高。

2013 年江苏把增加收入作为增进民生幸福的核心任务，并扎实有效实施城乡居民收入七年倍增计划，使城镇居民人均可支配收入和农民人均纯收入实现 11.44%的增长。在农村工作中着力增加城乡居民工资性收入，大力提高经营性收入，多渠道增加财产性收入，稳步增加转移性收入，并突出抓好农民、企业职工、中低收入者和困难家庭、重点群体增收工作。同时，实施就业优先战略和更加积极的就业政策，确保城镇登记失业率控制在 4%以内，努力实现更高质量的就业。

2. 分结构发展趋势

2000 年江苏省农村居民工资性收入总量小于家庭经营性收入总量，在总收入中家庭经营性收入仍旧为农户收入的重要组成和稳定来源，也就是说农业收入依旧作为农民收入的主体而存在，2000 年之后即从 2001 年起农村居民工资性收入逐年迅速增长并在总量上超过家庭经营性收入，尤其是在 2005 年在收入构成中已超过 50%，成为农户的首要收入，2013 年家庭经营性收入进一步缩小(图 1-29、图 1-30)。同时农民财产性收入也处于稳健上升的态势，包括土地征用补偿收入、租金收入以及红利收入等几个方面。

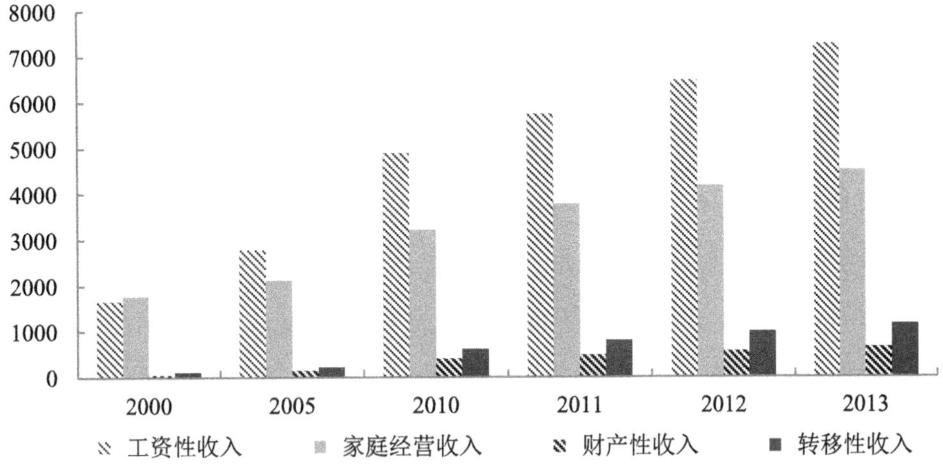

图 1-29　2000~2013 年江苏省农民各项人均纯收入统计(元)

数据来源：《江苏统计年鉴—2014》

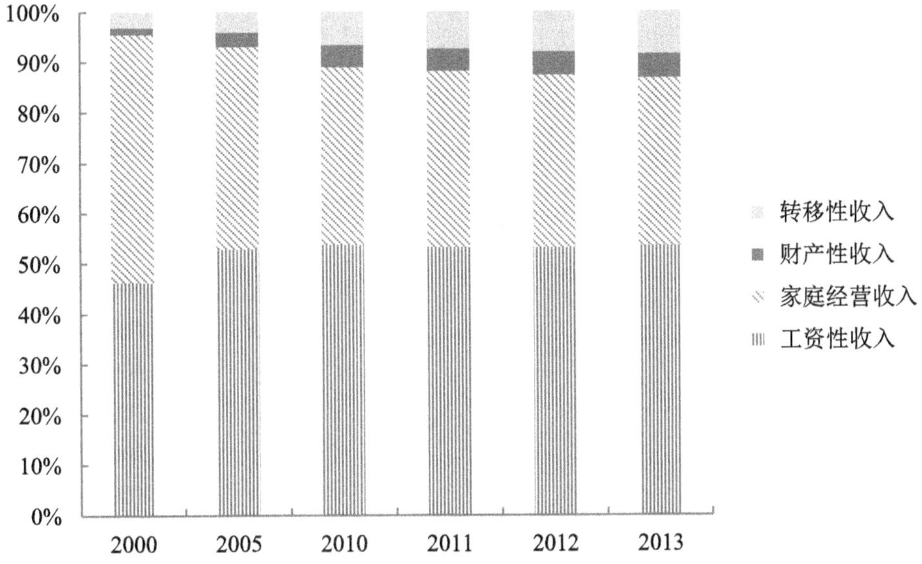

图 1-30　2000~2013 年江苏省农民各项人均纯收入占比

数据来源：《江苏统计年鉴—2014》

以江苏省苏州市为例，2013 年苏州市农民财产性纯收入 1643 元，增长 18.3%，财产性纯收入对农民人均纯收入增长的贡献率进一步提高，达 11.7%，农民收入结构进一步优化。

财产性纯收入主要表现于三个方面：一是苏州市三大合作经济组织不断壮大，农业适度规模经营面积 212.1 万亩，占比已达 90%，这些土地主要由 15176 个农业规模经营主体在经营运作，初步形成了以承包大户(家庭农场)为基础，各类合作社为主要组织形式，农业企业等为补充的具有苏州特色的农业经营体系，2013 年苏州市农民人均股息和红利收入 443 元，同比增长 28%；二是住房和门面出租依然火热，人均租金收入达 790 元，同比增长 24.2%；三是随着农民理财意识的逐步提高，尤其近年以来余额宝等理财方式的出现，大幅提高了存款利率，调查数据显示，农民人均利息收入达 173 元，比上一年度翻一番，增幅高达 109.7%。

2000 年农民人均纯收入 5000 元以上的总共占到 20%，而到 2012 年 5000 元以上的人数接近 80%，其中 10000 元以上的占到总数的 50%以上，2013 年 10000 元以上的户数占到 60%以上，增长幅度巨大(图 1-31)。

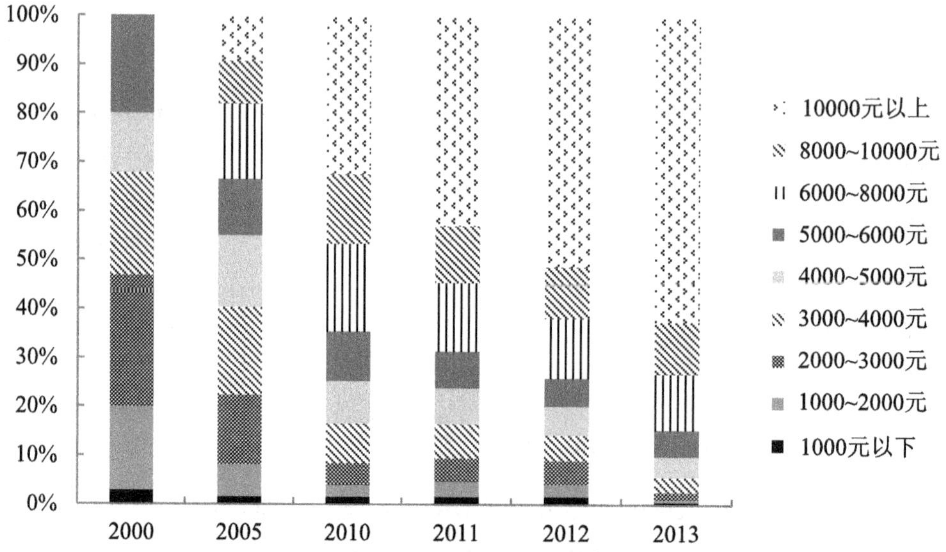

图 1-31　2000~2013 年江苏省农民人均纯收入水平分组的户数占调查总户数的比重

数据来源：《江苏统计年鉴—2014》

农民人均全年支出结构比例变化不大，近三年来基本保持一致(图 1-32)。从数量上来看，生活消费支出、家庭经营性费用支出以及转移性支出增加，购置生产性固定资产支出减小。

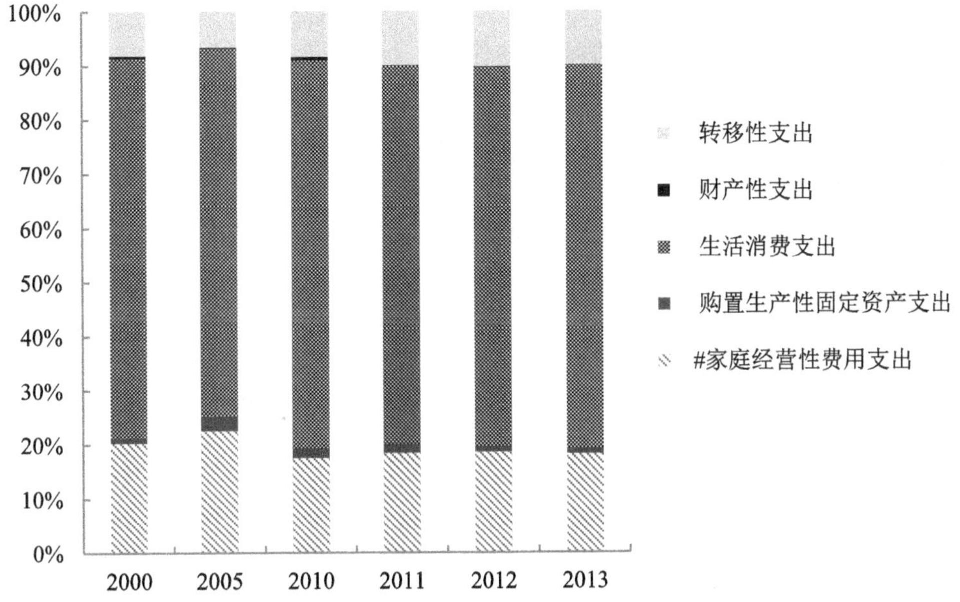

图 1-32　2000~2013 年江苏省农民人均全年支出结构比例变化

数据来源：《江苏统计年鉴—2014》

3. 农村消费市场潜力

近几年网络电商的发展已经开始将目光投向农村市场。京东、阿里等电商都启动了“千县万村”计划，也先后与中国邮政合作进入农村市场，据其研究中心预测，2014 年全国农村网购市场总量将达 1800 亿元以上，2016 年将突破 4600 亿元。按照国际上对恩格尔系数的划分，江苏省从 2011 年已经达到富裕型生活水平的标准。近年来，自行车、彩电、洗衣机等耐用消费品的普及率在农村地区大幅上升，已经成为农村家庭必不可少的生活用品。同时，电脑、电冰箱、微波炉、汽车等高档产品的拥有率也开始提升，在苏南农村地区汽车拥有率已经超过 30%。伴随着一系列家电下乡等政策的影响，农村地区消费品更新换代的速率也开始加快，农村消费市场的发展呈现良好的态势，随着农村居民收入水平的提升，农村消费市场的完善以及新农村建设环境下农村居民自身消费心理、消费观念的变化等，未来农村消费市场的发展潜力巨大。

(1) 收入水平的提升对消费的带动作用

收入是决定消费行为的重要因素，近几年来江苏省农村居民的收入水平持续增加，尤其是在 2011 年第十一届全国人民代表大会第四次会议的推动下农民收入水平的增加达到了峰值。2009 年之后，农村居民人均收入水平与消费支出之间存在着明显的正相关关系。农村居民的恩格尔系数逐步减小，按照马斯洛需求层次理论，随着农民收入水平的提高，农民生活消费结构中满足基本生活需要的食品和衣着的绝对量保持平稳，在消费结构中所占比重呈现下降趋势。而医疗保健、交通通信、文教娱乐比重开始上升。农村家庭小型化、核心化带来的家务活动社会化对现代生活服务的需求使得农民消费支出中排序发生变化，开始由吃、住、穿、用、文、医、交的顺序，向吃、住、文、交、医、穿、用转变。农村居民对交通、娱乐、休闲、文化的需求不断增加。同时，随着江苏省农村居民收入倍增计划的实施，农村居民的就业渠道逐步扩大，农村居民的收入渠道多元化发展，农村居民的工资性收入和家庭经营收入都将在一定程度上得到提升，这将大大带动农村消费市场的发展。

(2) 相关政策和规划的出台不断完善对农村消费市场的发展

近几年来，各项相关政策出台也进一步完善农村消费市场的发展。《商务部办公厅关于 2013 年加强农产品流通和农村市场体系建设工作的通知》提出 2013 年中央财政将继续支持加强农产品流通和农村市场体系建设，并围绕这两个体系的建设开展“集中连片推进农产品流通和农村市场体系建设”、“跨区域或反季节农产品产销衔接链条建设”、“农超对接”、“万村千乡市场工程” 4 个项目。这 4 个项目提升了农村市场体系的信息化、标准化和规模化发展，推进了连锁超市与农产品生产基地的有效对接，畅通了农产品跨区域流通渠道，增强了农产品错峰上市的能力，完善了农村现代化流通网络，分别从改善农村地区消费环境、消费安全、消费网络、消费种类、消费便捷度等方面完善和优化了农村消费市场环境，大力推动并保障了农村地区居民消费的增长。

(3) 新农村建设的进一步推进对农村消费市场的带动

三中全会提出要进一步加强农村基层组织建设，完善村民自治制度，切实保障农民民主权利；随着新农村建设的进一步推进，农村居民的生活将逐步向城市居民靠拢，生活习惯和消费观念都会发生改变，伴随着生产方式的变化，农村地区的生活水平进一步提高，乡村生活方式正在由传统的“日出而作、日落而息”型的农村生活方式向现代型生活方式转变。伴随着生活、生产方式的转变，乡村居住模式也进一步分化，农村居民开始由传统的分散型村庄居民点向城市、镇集中居住区、新型农村社区转变。在这一转变的过程中，各项政策都积极地推动着新型农村社区的完善与发展，包括三中全会中提出的城乡基本公共服务均等化明显推进，农村文化的进一步繁荣，农村人人享有接受良好教育的机会，农村基本生活保障、基本医疗卫生制度更加健全，农村社会管理体系进一步完善；资源节约型、环境友好型农业生产体系基本形成，农村人居和生态环境明显改善，可持续发展能力不断增强。社会生活的进一步和谐稳定将提升农村居民的消费信心，同时生活习惯的改变以及交通网络和通信技术的发展，将使得农村居民快速接受城市文化，新思想，新技术，改变农民的消费观念，这些变化将会有力地带动农村消费市场的发展。

(4) 农村网购市场开发对农村消费市场的推动

相比农村传统购物渠道，网购具有价格优势、商品丰富性、便捷性等优势。这得益于近年来农村基础设施的改善，尤其是互联网普及率从 2008 年的 11.6%提升到 2013 年的 27.5%，以及物流业的快速发展。抽样调查显示，农村居民对网购模式接受率达 84.41%，人均年网购消费金额估算在 500～2000 元。30 岁以下各年龄段的农村网民网购比例均高于城镇网民，其中，20～29 岁是农村网民的最大群体，占比为 32%。长期以来，制约农村网购发展的因素在技术上包括宽带设施、物流基础设施建设，还包括传统的消费观念、对网络购物存在的不信任、产品标准与质量安全等问题。与此同时，大多数农村年轻人外出求学、打工，留下的老弱妇孺使用网络的概率并不高。但是随着未来农村网络市场的进一步开发，电商也将加速布局，政府也会统筹推动宽带、物流等基础设施的建设，随着农村居民生活习惯的改变也必将影响其购物观念的逐步转变，这些都将促进未来农村网络消费市场的不断扩大。

三、江苏农民收入水平与农村工业化、城镇化的关系分析

农村工业化、城镇化是现代农村社会经济现代化发展的重要动力，工业化与城镇化两者之间存在着相互促进和相互阻碍的关系，工业化的水平与城镇化的推进与农村居民收入紧密相关。江苏省农村工业化发展呈现明显的南强北弱的特征，苏南地区早在 20 世纪 80 年代便在全国创立了农村工业化、城镇化的典型发展模式即“苏南模式”，这种模式通过以乡镇企业为代表的农村工业的蓬勃发展，延长了农村产业链，吸纳了大量的农村剩余劳动力，加快了农村城镇化的进程，同时也增加了农村居民的工资性收入，提升了农民的收入水平，成功实现了农村居民的非农化转型。从农村居民的收入发展来看，2010 年之前，农民收入增幅一直落后于城镇居民，但从 2010 年开始农村居民人均收入的增长比例开始超过城镇居民人均收入的增长比例，城乡差距逐渐缩小，江苏走向缩小城乡差距的拐点(图 1-33)。这个拐点标志着江苏省城乡结构、农村劳动力就业结构、农村产业结构和农民收入结构正在发生积极变化。这些变化都与江苏省农村工业化和城镇化的发展紧密相关。

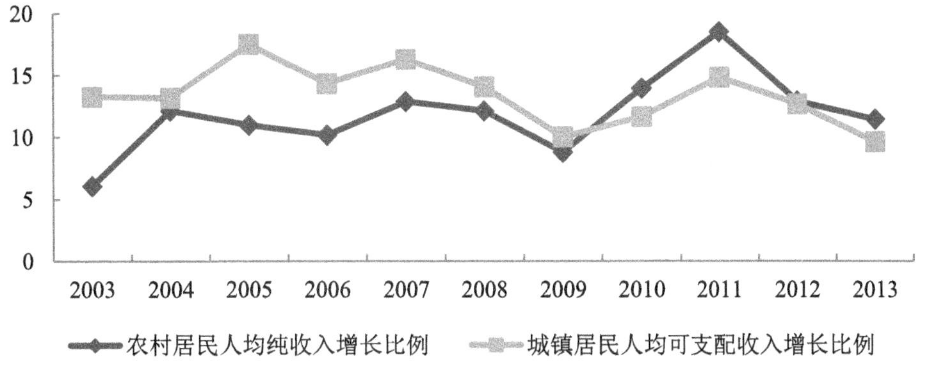

图 1-33　2003~2013 年江苏省农村与城镇居民收入增长比例(%)

数据来源：《江苏统计年鉴—2014》

1. 农村工业化促进农民收入的提升

从 2013 年江苏省各市乡村从业人员以及农村人均收入之间的相互关系可以看出(图 1-34)，农村地区非农业就业的人员占比越高，或者说非农业就业人员中工业人员的占比越高，人均纯收入的份额越大。这一方面说明农民目前的收入与其外出打工的工资性收入紧密相关，另一方面也说明了乡镇企业

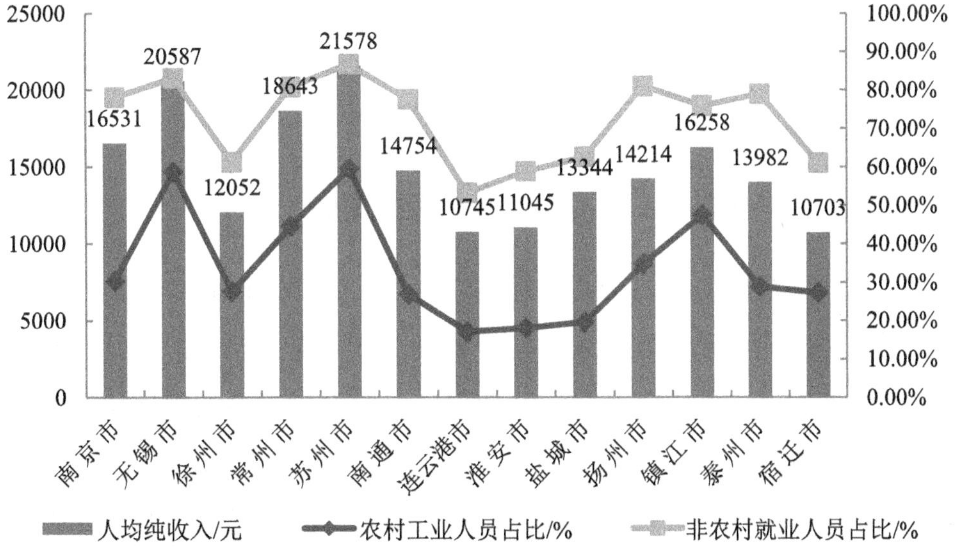

图 1-34　2013 年江苏省各市乡村从业人员与人均收入统计

数据来源：《江苏统计年鉴—2014》

的发展为农民的增收起到了重要的作用。尤其是在苏南地区，农村城镇化的发展在很大程度上获益于乡镇企业，乡镇企业提供了农村地区基础设施建设所需要的大部分资金，同时乡镇企业的发展也导致了农村人口向城镇不断集中。

江苏省苏北五市的农业和牧渔业乡村农业从业人员仍旧大于工业从业人员数(图 1-35)，农业从业人员大于工业从业人员也说明苏北地区农村工业化的发展要落后于苏南、苏中地区，仍旧以农业发展为主，其收入也低于苏南、苏中几个城市农村居民的人均纯收入。

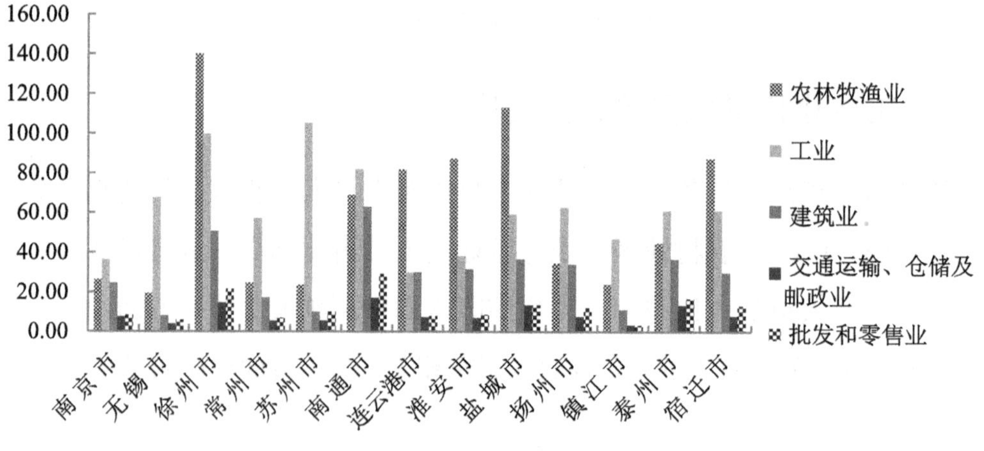

图 1-35　2013 年江苏省各市不同行业乡村从业人员统计

数据来源：《江苏统计年鉴—2014》

2. 农村工业化城镇化推动农业农村转型发展

农村工业化在推动农村交通、邮电、通信、金融、商贸、房地产等第三产业发展同时也能带动农业、农村的转型发展。首先，农村工业化的发展使大批农民离开农村，进城创业或在企业打工，为农村土地的规模化经营创造了条件；同时农村工业的兴起也逐步改变着农民的观念，使其不断尝试农业发展的专业化、现代化生产，并开始主动创办自己的主导产业和品牌产品。其次，一些农民企业家在完成自身的资金原始积累之后也开始把目光转向农村、把资金投向农业，投资农业开发项目或创办农产品加工企业，这又进一步推动了农村地区的工业发展水平，在提供更多就业岗位的同时，提高了农村居民的收入，也带动了农村城镇化的发展。

伴随着农村企业的发展，农业生产方式由主要依赖自然生产向设施生产和机械化转型升级，大幅度提高了土地产出率和劳动生产率。同时农业产业的功能也开始从单纯注重农产品生产向生产、生活和生态多功能并重，江苏省苏南、苏中、苏北三大地区都出现了众多新兴农业的类型，将农业发展与工业、旅游业相结合，大力发展集生产、生态、文化、休闲、观光于一体的新兴农业，实现三产协调发展，实现经济效益、生态效益和社会效益的有机统一。

江苏省泰州市兴化市戴南镇董北村在近几年的发展中有效地实现了工业、农业和旅游业的协调发展。首先是农业示范，为促进农业结构调整和产业升级，建设国家级农业高效示范园，流转土地 2000 亩，投资 1.2 亿元，高起点高标准打造国家级农业示范园。二是突出工业转型。目前董北村全村共 110 家民营企业，村里组建了钢丝绳行业协会，帮助企业改进生产工艺、研发新产品、拓展销售市场。三是狠抓商贸致富。董北村以不锈钢废品市场为载体，以十二大公司为抓手，努力实现服务和效益的“双轮驱动”。四是推进旅游兴村。利用水乡特色传统文化，规划了“现代乡村旅游”，总投资两亿元。建成水上娱乐岛，筹建 68 米高的水乡之星，打造新世纪公园，建设地下生态商场。

无锡市滨湖区马山街道和平社区近几年全力进行产业转型，实现了对村级企业的全面转制，工业企业也已从原村辖区迁入工业园区，村级经济由依靠工业支撑转型到依托新型生态农业休闲旅游创新。在现有国家级生态园的基础上，社区成立了慕湾生态园有限公司。和平社区从当年单纯依靠工业的发达村，成长为现在多元发展的幸福村。

苏北地区盐城市盐都区郭猛镇杨侍村在农村工业化的发展基础上也开始注重乡村旅游特色产业和设施观光高效农业的发展，在不断培大育强支柱产业的基础上，大力发展乡村旅游特色产业。江苏杨侍农业生态园由商务服务区、体验互动区、休闲娱乐区、旅游观光区和科技示范区五个部分组成，截至 2013 年 9 月已接待游客 50 多万人次。同时，不断做特做优设施观光高效农业，杨侍路两侧千亩连片设施果蔬基地现已建成，全村形成了“一业特强，多业跟进”的态势，给杨侍村的建设注入了新的活力。

原有以农业发展为主的农村地区伴随着农村发展多元化的转型，形成了农业、旅游业协调发展的态势，而原来以工业为主的地区则开始注重农村地区的工业化转型，将工业发展和农业发展相结合，并延伸拓展特色旅游业的发展。

3. 农村工业化、城镇化与新农村建设

农村工业化和城镇化是建设新农村、实现农村现代化的原始动力和持续推动力。而新农村的形成和发展，动力主要则来源于乡村经济的发展。随着农村工业化的推进，工业企业在农村地区的发展引起了农村社会结构的变化，农村的生产领域拓宽，经济结构调整，生产方式改变，农村地区开始由传统的单纯农业社会向工业社会演进，大量农民向产业工人转变。新农村的发展使得农村居民具有了更好的平台，而且随着农民收入的提升，更多的农村居民开始选择在本地就业，在一定程度上拉动本地经济的发展，农村的发展和产业的扩大为城镇化奠定了物质基础。但同时农村工业化的发展也制约和影响新农村建设，苏南模式下乡镇企业的发展使得土地资源过度浪费，环境受到污染，原有的乡村环境遭到破坏，乡村景观千篇一律，缺乏特色。2011 年江苏省的村庄建设和环境整治规划即针对农村环境脏乱差的问题所提出，这一规划是改善农村环境的重要举措，是加快新农村建设，优化农村产业发展环境的重要手段。可以说农村工业化带来了农村经济的快速发展，并推动了农村城镇化的进程，新农村建设在此基础上应运而生，与农村工业化和城镇化是相生相伴、互相促进又相互影响的关系。

第五节　江苏农村城镇化区域差异分析

一、江苏农村城镇化发展空间演变影响因素

1. 城镇化空间格局

不同学科对“空间”有不同的认识。经典物理学中将浩瀚宇宙之中的物质实体之外统称为空间(刘源，2013)，数学中的空间是指一种具有额外结构和特殊性质的集合，社会学中认为空间是个人需求、交流需求等形成的空间，不一定是物质空间，而地理学对空间的描述的特色在于将空间认为是自然属性与社会属性的统一，主要研究自然、人文现象的关系和一般规律。

城镇化空间格局常体现在城镇化水平和城镇体系的发育程度上，即区域范围内城镇化率的空间差异以及城镇在空间上不断组织嬗变而形成的城镇体系格局。由于城镇化内涵丰富，还有一些学者将经济空间格局、生态空间格局等也作为城镇化格局的内容。以上研究均为认识城镇化的空间格局提供了十分重要的参考，能够为区域产业布局、人口合理流动、生态环境保护提供理论依据。在我国，由于特殊的历史行政建制背景，小城镇数目众多，承载人口比重大；且小城镇具备承载大、中城市人口和产业的能力，能够有效规避部分大都市过快城镇化发展伴生的诸如“城市病”等若干问题，因而小城镇在我国城镇化进程中发挥着重要的作用，也是不可忽视的一支关键力量。因此我国学者们常用“城镇体系”而非“城市体系”来凸显城镇的地位(吕园，2014)。

2. 城镇化发展空间格局演化影响因素

城镇化作为一种复杂的经济社会现象，其影响因素是多方面的。城镇化是一个历史范畴，是一个动态过程。城镇化作为伴随区域经济社会发展水平

提高而出现的一种城乡结构关系的变动过程，具体体现为随着非农业的发展和区域经济中非农业经济比重的提高，越来越多的人在经济特征上由农业转向非农业，在空间上由农村转向城镇，在社会组织方式上，越来越多地纳入到城市型的社会组织关系之中。在城乡结构变化上呈现为城镇人口比重不断增大，城镇数量不断增多，城镇实体地域面积不断扩大。城镇化过程中城镇建设和城镇经济发展要以区域自然条件为基础，以经济社会发展为支撑，因此受到自然、经济、社会等多方面要素的影响。在城镇化进程中，由于各种影响因素在空间上的差异，城镇化水平、速度和具体的表现形式在空间上呈现出不同的特征。

城镇是坐落在具有一定自然地理特征的地表上，地理位置、地质、地形地貌、气候、水文、资源等自然条件要素相互组合在一起，共同构成城镇存在和发展的物质基础。①自然地理条件。地形地貌、工程地质条件、土地和水等关键要素条件以及生态环境容量等这些与城镇建设和发展直接相关条件影响着一个城镇的最初的形成与后来的发展；其次是气候条件、水热组合状况、地形地貌、工程地质条件、自然资源状况等会影响城镇所在的区域的综合发展。②区域地理位置。城镇作为一个开放复杂的系统，各种资源要素和产品的对外交流，需要在空间上展开，区域位置则直接影响了各区域对外联系和区域发展过程中的必要要素。良好的区域位置会给城市和区域带来更多的发展机会和较低的发展成本，为区域带来比较优势，可以明显促进较快发展。农村经济体制改革初期，苏南地区依托临近上海的区位优势，苏南村社自力更生兴办起各类工业企业，形成“村村点火、户户冒烟”的农村工业化浪潮，乡镇企业得到迅速发展，城镇化水平得到显著提高，创造了区域经济率先发展的“苏南模式”。③社会经济发展阶段。城镇是生产力发展到一定阶段的产物，城镇化也是经济社会发展到一定阶段之后才得以开始的。从城镇化与社会经济发展的关系来看，已有研究证明，城镇化水平与经济发展水平之间呈正相关关系，二者相互促进，共同发展。从社会经济与城镇化之间的互动关系来看，在城镇化进程的前期，城市经济发展提供的就业岗位吸引人口进入城镇，更多地呈现为经济社会发展促进城镇化；后期，当城镇化进程推进到一定程度，城镇聚集了较多的人才和技术，更多地体现为城镇化带来技术创新而推进经济社会发展。④市场组织关系与政府管理体制。市场组织关系和政府管理体制都会通过影响城乡经济运行而影响区域城镇化进程。区域经济社会发展和城乡经济联系过程中，按照市场组织规律会有城乡间、区域间劳动力、资金、土地资源的空间匹配和要素流动。各种经济要素资源组合条件较好的地区城镇发展优越，城镇化进程也较快，而条件较差的地区则反之。在城镇化进程中，要素集聚和城镇化互动发展。城镇化进程中，城乡产业发展对劳动力和人口由乡村向城镇转移提出要求并提供载体，但人口的流动则涉及必要的社会保障和管理体制。同样，城乡经济发展也需要有相应的管理体制提供保障。必要的人口流动制度(户籍制度)、土地开发和流转制度、促进城镇区域发展的政策支持、金融制度，都会对城镇化进程的顺利推进产生影响。

作为区域经济社会发展的结果和体现，城镇化进程的推进受到自然、经济、社会、技术、制度等多方面各种因素的直接或间接影响。这些因素在空间上的不同表现会对城镇化产生综合影响，从而使得区域城镇化水平和进程在空间上表现出不同的特点。

3. 城镇化空间过程

区域空间格局的演化过程分为空间扩散与空间集聚两个过程(陆大道，2002)。在物理学中，事物之间物质、能量交换的前提是存在势能差，否则处于能量守恒状态。那么在地理学研究中，每个城镇也有属于自己的势能，势能的差异引起能量流动，城市的势能流动表现为物质、信息、劳动力、资本、技术等要素的流动。这些要素通过扩散效应由高势能地区向低势能或零势能地区流动，会在某个低势能或零势能地区形成新的高势能点，即要素集聚扩大原有城镇规模或形成新的城镇。当集聚发展到一定规模时，由于集聚的边际效益降至零甚至为负，则会出现扩散发展或平衡发展(表 1-20)。由此形成城镇空间过程的集聚和扩散的交替演化(陆大道，2001；王莉等，2006；杨青生等，2007)，即区域内城镇自组织与他组织相互作用的过程。

表 1-20　聚集与扩散示意图

类型	示意
扩散	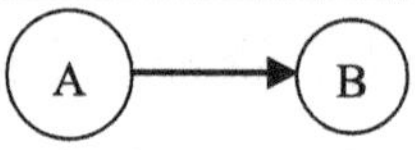
集聚	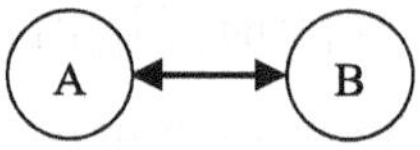
再扩散	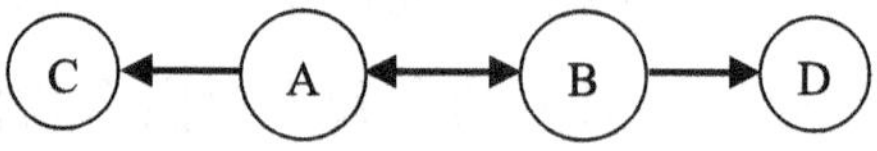
……	……

注：字母表示不同的城镇，圆大小表示不同的城镇规模；资料来源：吕园，区域城镇化空间格局、过程及其响应

因而区域城镇化的空间组织过程表现为在集聚与扩散机制作用下，区域内城镇化率的变化、城镇的兴衰演替及由此形成的城镇等级规模的变化、城镇职能的完善以及区域城镇空间结构的演化。从某种意义上说，在区域城镇发展过程中一定会形成某种发展格局，多个格局的不断演替即为区域城镇化的空间过程(吕园，2014)。

二、江苏农村城镇化发展的空间特征

1. 城镇化整体概况

江苏总体上已进入工业化中后期，处于全面建成小康社会并向率先基本实现现代化迈进的关键时期。推进新型城镇化和城乡发展一体化，对江苏加快转型发展、实现“两个率先”目标具有重大现实意义和深远历史意义。截至 2013 年底，江苏省人口规模为 7939.49 万人，城镇人口达 5090.01 万人，

城镇化率已经达到 64.1%。全省以特大城市和大城市为核心，与中小城市相结合，以小城镇为纽带，初步形成基本健全的城镇体系结构和“三圈五轴”的城镇空间结构。从 1978 年到 2013 年，江苏省城镇化率由 14.8%提升至 64.1%，平均每年提高 1.41 个百分点。在这期间，江苏城镇化进程历经两次重要转折。第一次转折出现在 1997 年，在总人口增加 38 万的情况下，城镇人口增加 196 万，乡村人口则相应减少 157 万，城镇人口增长绝对规模首次超过总人口增长绝对规模。第二次转折出现在 2005 年，城镇化率达到 50.5%，城镇人口的比重首次超过 50%，城镇人口的绝对量超过乡村人口。一般来说，出现这两种情况，特别是城镇人口的比重超过 50%，这是农业社会走向城市社会演变的规律性表现。从江苏省主要年份城镇化率的曲线图 1-36 可以看出上述的两次转折特别是第二个转折曲线比较陡峭，这表明江苏城镇化进入良性循环、持续推进的势头走向强劲。

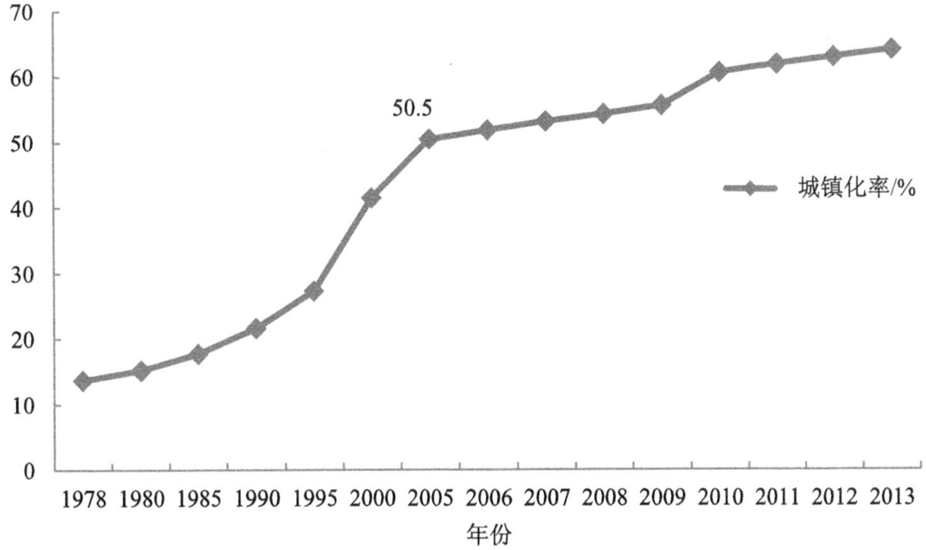

图 1-36　江苏省主要年份城镇化率

数据来源《江苏省统计年鉴—2014》

2. 城镇化质量空间差异及结果分析

(1) 新型城镇化质量的内涵

中央城镇化工作会议于 2014 年 12 月 12 日至 13 日首次在北京举行，会议要求，要以人为本，推进以人为核心的城镇化，提高城镇人口素质和居民生活质量，把促进有能力在城镇稳定就业和生活的常住人口有序实现市民化作为首要任务。要优化布局，根据资源环境承载能力构建科学合理的城镇化宏观布局，把城市群作为主体形态，促进大中小城市和小城镇合理分工、功能互补、协同发展。要坚持生态文明，着力推进绿色发展、循环发展、低碳发展，尽可能减少对自然的干扰和损害，节约集约利用土地、水、能源等资源。要传承文化，发展有历史记忆、地域特色、民族特点的美丽城镇。

城镇化质量是个内涵丰富的综合性概念，叶裕民认为城镇化的质量包括城镇现代化和城乡一体化(叶裕民,2001),方创琳认为城镇化质量应该是经济、社会、空间的有机统一(方创琳，2011)，李明秋则认为城镇化的质量应该包含城镇自身发展的质量、城镇化推进的效率以及实现城乡一体化的程度三个方面的内涵(李明秋，2010)，而袁晓玲则从物质文明、精神文明和生态文明等三个角度对城镇化质量进行解释(袁晓玲，2008)。

根据新型城镇化的内涵及新型城镇化建设的要求，结合我国当前城镇化建设过程中出现的主要问题以及在国内外学者对城镇化质量研究的基础上，笔者认为城镇化质量的具体涵义应该包括以下几个方面的内容：一是城镇的经济发展水平。新型城镇化必须要以信息化为引擎，以工业化为动力，以农业为基础，通过工业化和城镇化的良性互动，达到以工业化增加供给、引领提升城镇化发展和以城镇化推动扩大内需、实现工业转型升级的双重目标，从而为城镇化健步推进提供持久动力。二是城镇居民幸福度。新型城镇化道路要体现“以人为本”的精神，从过去以“要素城镇化”和“空间城镇化”

为核心向以“人的城镇化”为核心转变，注重改善人居和生产环境，提高人们的生活品质；注重保障居民权益，提升保障水平；注重社会主义精神文明建设，不断提高居民的思想道德、科学文化、劳动技能和身体素质，促进人的全面发展。城镇化丰富深刻的内涵在城镇社会生活方面有着深刻的体现，伴随着人口、经济等城镇化进程，人们的生产方式、行为习惯、社会组织方式乃至精神要素不断地向城市转化。城镇居民生活水平是居民的幸福指数的重要体现，作为城镇化过程有机的组成部分，也是城镇化发展的最终目的。三是城乡统筹发展水平。城镇化是城乡一体化的基础，城乡统筹发展是城镇化的最终目的。通过城乡资源及生产要素的自由流动，充分发挥城镇和乡村各自的优势和作用，协调发展，达到城乡之间在经济、社会、文化、生态上协调发展。四是环境资源可持续发展水平。新型城镇化是资源集约型条件下的城镇化，是循环经济指导下的城镇化，通过环境资源集约化提升城镇化质量，这也是城镇化持续健康发展的保障。以城镇可持续发展为方向，正确认识城镇发展与资源环境支撑能力的关系，将城镇经济的发展、规模的扩张建立在资源环境承载能力允许的范围内。

(2) 江苏省城镇化质量评价

1) 江苏省城镇化质量评价指标体系的建立

为能全面而准确地综合评价江苏省城镇化质量，结合新型城镇化以及新型城镇化质量的内涵，参考其他学者在新型城镇化方面所取得的研究成果，根据江苏省经济社会发展特点并遵循综合指标体系的构建原则，构建江苏省城镇化质量评价指标体系(见表 1-21)，设四级指标、25 项具体指标，涵盖经济发展、人口就业、城乡建设、社会发展、居民生活水平和环境生态等方面。

表 1-21　江苏省城镇化质量评价指标体系

一级指标	二级指标	三级指标	四级指标
城镇化质量	经济发展水平	发展水平	人均 GDP(元/人)
			GDP 增长率(%)
			二三产业产值占 GDP 的比重(%)
			当年人均实际使用外资金额(美元/人)
		经济效益	城镇经济密度(亿元/km^2)
			GDP 与城镇固定资产投资的比重(%)
			各类技术人员与二三产业从业人员的比重(%)
	民生幸福度	居民生活	城镇居民人均可支配收入(元/人)
			城镇居民人均消费支出(元/人)
			城镇居民文教娱乐消费支出占总支出的比重(%)
			城镇居民人均住房面积(m^2/人)
		社会服务	城镇居民万人拥有公交车辆(辆/万人)
			城镇居民万人拥有医生数(人/万人)
			城镇互联网宽带用户普及率(%)
	城乡统筹发展度	城乡统筹	城镇人口占总人口的比重(%)
			城镇用地占土地面积的比重(%)
		城乡发展差距	城乡居民人均可支配收入之比
			城乡居民人均生活消费支出之比
			城乡居民人均住房建筑面积之比
	资源环境可持续发展水平	资源节约	城镇人均土地面积(m^3/人)
			城镇人均固定资产投资(元/人)
			城镇人均绿地面积(m^3/人)
		环境友好	工业废水排放达标率(%)
			工业固体废物综合利用率(%)
			城市生活垃圾无公害处理率(%)

2) 评价方法

综合评价法是在确定研究对象评价指标体系的基础上，运用一定方法对各指标在研究领域内的重要程度即其权重进行确定；根据所选择的的评价模型，利用综合指数的计算形式，定量地对某现象进行综合评价的方法。目前该方法已在环境污染综合评价研究、生态环境质量评价等领域得到广泛的应用，其具体评价模型为

$$ESI=\sum_{i=1}^{m}W_i\cdot C_i \tag{1-1}$$

式中，ESI 为综合评价指数；W_i 为第 i 个指标的权重值；C_i 为其无量纲量化值，m 为评价指标个数。

在应用综合评价法时，在评价模型确定的前提下，最关键的就是确定各评价指标的权重。确定各评价指标权重的方法比较多，常用的有层次分析法、主成分分析法和专家评分法等。专家评分法中由于主观因素、专家个人认识程度不同导致对评价指标中权重的赋值会不同，主观因素较多，最终得出的权重有时候很难真实体现研究对象的实际情况；而主成分分析法会丢失部分信息。

熵值法是一种在综合考虑各种因素提供信息量的基础上计算一个综合指标的数学方法。作为客观综合确定权重的方法，其主要根据各指标传递给决策者的信息量大小来确定权重。熵值评价法是一种比较客观、全面、无需检验结果的综合评价方法。本书拟采用熵值法对江苏省城镇化质量进行测评。

熵值法的计算步骤为：

① 构建原始指标数据矩阵：有 h 个年份，m 个城市，n 项评价指标，则原始指标矩阵为 $X=\{x_{\lambda ij}\}_{h\times m\times n}(1\leqslant\lambda\leqslant h,1\leqslant i\leqslant m,1\leqslant j\leqslant n)$，$x_{\lambda ij}$ 是第 λ 个年份第 i 个城市第 j 项指标的指标值。

② 原始指标值的标准化处理。

③ 各项指标的归一化处理：

$$p_{\lambda ij}=x_{\lambda ij}/\sum_{\lambda=1}^{h}\sum_{i=1}^{m}x_{\lambda ij} \tag{1-2}$$

④ 计算各项指标的熵值：

$$e_j = -k\sum_{\lambda=1}^{h}\sum_{i=1}^{m} p_{\lambda ij} \ln p_{\lambda ij} \tag{1-3}$$

其中，$k = 1/\ln(h \times m)$。

⑤ 计算各项指标熵值的冗余度：

$$d_j = 1 - e_j \tag{1-4}$$

⑥ 计算各项指标的权重：

$$w_j = d_j / \sum_{j=1}^{n} d_j \tag{1-5}$$

⑦ 计算每年各个城市城镇化质量的综合得分：

$$C_{\lambda i} = \sum_{j=1}^{n} w_j \times x_{\lambda ij} \tag{1-6}$$

3. 城镇化质量空间差异结果分析

根据上面建立的江苏省城镇化质量评测指标体系，运用熵值法对江苏省各地市 2005~2013 年城镇化质量进行测评得出各地市城镇化质量的综合得分如表 1-22，其中原始指标数据来自 2005~2013 年《江苏省统计年鉴》和 2005~2013 年各地市统计年鉴。

表 1-22　江苏省分年度各地市城镇化质量综合得分

区域	城市	2005	2006	2007	2008	2009	2010	2011	2012	2013
苏南	苏州	0.5573	0.5750	0.5945	0.6079	0.6180	0.6420	0.6689	0.6953	0.7002
	无锡	0.5658	0.5679	0.5781	0.5918	0.6061	0.6266	0.6510	0.6618	0.6749
	南京	0.5737	0.5807	0.5875	0.5946	0.6052	0.6196	0.6489	0.6631	0.6683
	常州	0.5357	0.5489	0.5660	0.5814	0.5970	0.6138	0.6287	0.6514	0.6572
	镇江	0.5134	0.5254	0.5411	0.5526	0.5681	0.5797	0.6057	0.6252	0.6513
苏中	扬州	0.5009	0.5271	0.5335	0.5457	0.5576	0.5665	0.5948	0.6036	0.6212

续表

区域	城市	2005	2006	2007	2008	2009	2010	2011	2012	2013
苏中	南通	0.4804	0.4997	0.5104	0.5242	0.5391	0.5434	0.5679	0.5788	0.6030
	泰州	0.4754	0.4868	0.4889	0.5034	0.5126	0.5264	0.5463	0.5632	0.5816
苏北	徐州	0.4629	0.4809	0.4921	0.5121	0.5311	0.5416	0.5586	0.5641	0.5872
	淮安	0.4743	0.4942	0.4932	0.5030	0.5153	0.5248	0.5388	0.5538	0.5726
	盐城	0.4530	0.4704	0.4774	0.4897	0.5009	0.5099	0.5315	0.5442	0.5624
	连云港	0.4563	0.4749	0.4863	0.5084	0.5222	0.5294	0.5377	0.5464	0.5606
	宿迁	0.4622	0.4842	0.4818	0.5033	0.5051	0.5130	0.5268	0.5350	0.5565
	省平均	0.5077	0.5201	0.5307	0.5426	0.5515	0.5659	0.5869	0.6023	0.6125

(1) 趋势分析

根据江苏省城镇化质量综合测评结果(表 1-23)及趋势图(图 1-37)可以得出，江苏省城镇化质量总体上处于上升趋势。全省的平均得分由 2005 年的 0.51 上升至 2013 年的 0.61，平均综合得分每年上升 1.2 个百分点。从表 1-21 和图 1-40 均可以看出，13 个地级市的城镇化质量均处于上升状态，其中苏南

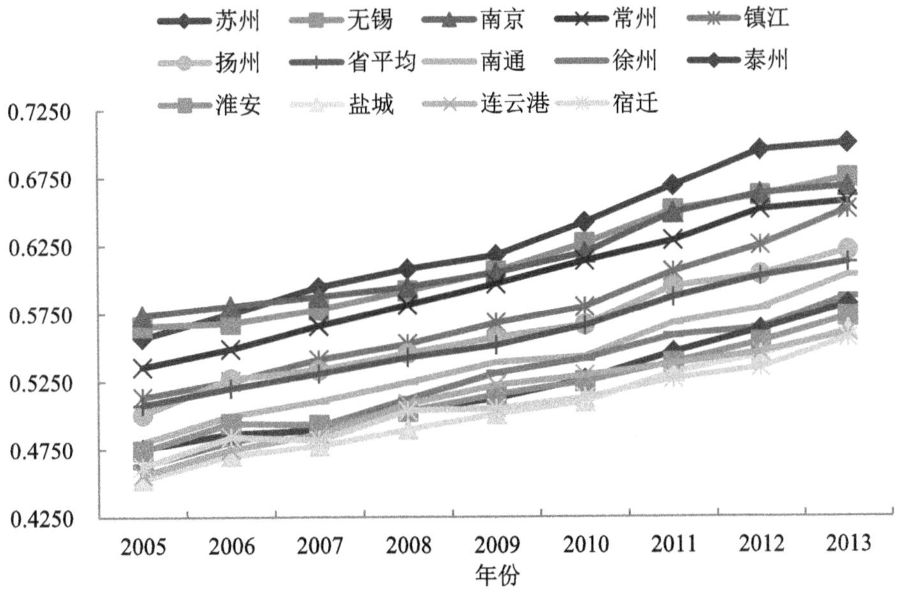

图 1-37　江苏省分年度城镇化质量趋势图

5 市苏州、无锡、南京、常州和镇江城镇化质量综合得分均显著地超过全省的平均得分，苏中 3 市扬州、南通和泰州城镇化质量综合得分与全省平均得分大约相近，苏北 5 市徐州、淮安、盐城、连云港和宿迁的城镇化质量综合得分均低于全省的平均得分。

(2) 空间差异

将 2013 年江苏省 13 个地市城镇化质量的综合测评结果进行聚类分析，城镇化质量可以分为较高、中等和较低三大类，江苏省 13 地市城镇化质量类型划分如表 1-23。

表 1-23　江苏省城镇化质量类型划分

类型	城市
城镇化质量较高	苏州、无锡、南京、常州
城镇化质量中等	镇江、扬州、南通、泰州
城镇化质量较低	徐州、淮安、盐城、连云港、宿迁

为了更直观地展现江苏省 2013 年城镇化质量空间差异，利用 ArcGIS 软件将聚类结果进行可视化，得出江苏省 2013 年城镇化质量分级图，如图 1-38。

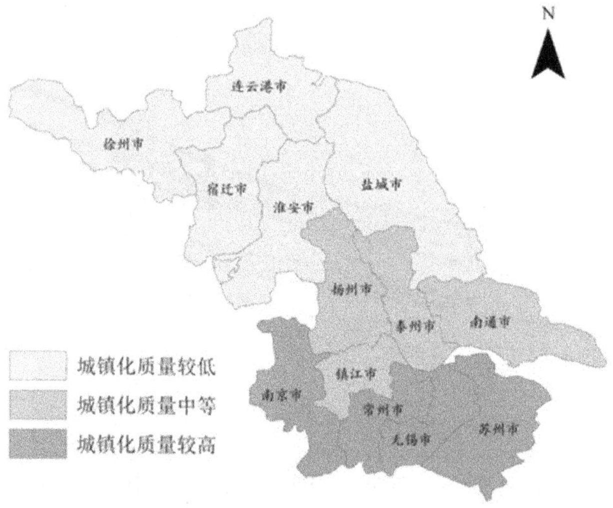

图 1-38　2013 年江苏省城镇化质量空间差异

由于江苏省社会经济发展呈现比较明显的区域差异，江苏省的城镇化质量水平在空间上存在着明显的差异。2013 年苏南、苏北、苏中城镇化质量大致呈由高到低的阶梯状分布。苏州、无锡、常州城镇化进程起步于改革开放之初，20 世纪 80~90 年代初，在乡镇企业快速发展时期以小城镇建设为标志的城镇化阶段，乡镇企业的蓬勃兴起使苏南百万农民实现了非农转移。20 世纪 90 年代初，在经济国际化进程中以开发区建设为载体的城镇化建设快速发展阶段，苏州、无锡、常州凭借紧邻上海的地理优势，吸引外资，先后建立起一大批各类各级开发区，在此基础上注重城镇民生建设，改善环境和城乡关系，顺利地成为城镇化质量较高的地区。南京作为江苏省的省会，在各方面都具有得天独厚的优势，在努力发展经济的同时注重城镇民生建设，改善环境和城乡关系，也成为城镇化质量较高的成员之一。镇江、扬州、南通和泰州凭借临江的地理位置和紧邻苏锡常的区位优势成功地接收了产业转移并注重改善城镇居民生活质量、环境和城乡差异，城镇化质量处于中等的位置。徐州、淮安、盐城、连云港和宿迁 5 市由于自身发展的基础较差且没有突出的优势条件，在城镇化发展过程中动力不足，城镇化质量处于较低的位置。

(3) 各组成部分测评结果分析

根据新型城镇化质量的内涵，从新型城镇化质量的四个组成部分即经济发展水平、民生幸福度、城乡统筹水平和资源环境可持续发展水平对测评结果进行分析，各地市在四个组成部分的得分及综合得分如图 1-39。从图 1-39 中可以看出，各个组成部分得分和综合得分的趋势并不一致，这说明城镇化质量高的地区各个组成部分不一定都高。从图 1-39 还可以看出城镇化质量的四个组成部分在对城镇化质量的贡献度各不相同，经济发展水平和民生幸福度这两个部分对 13 个地区的城镇化质量进行综合得分计算中的贡献度比较大，而资源环境可持续发展水平和城乡统筹水平对当前城镇化质量的贡献作用较小。由此可见，在今后的城镇化质量建设过程中，应该重点发展城乡统筹建设，提高资源环境可持续发展水平。

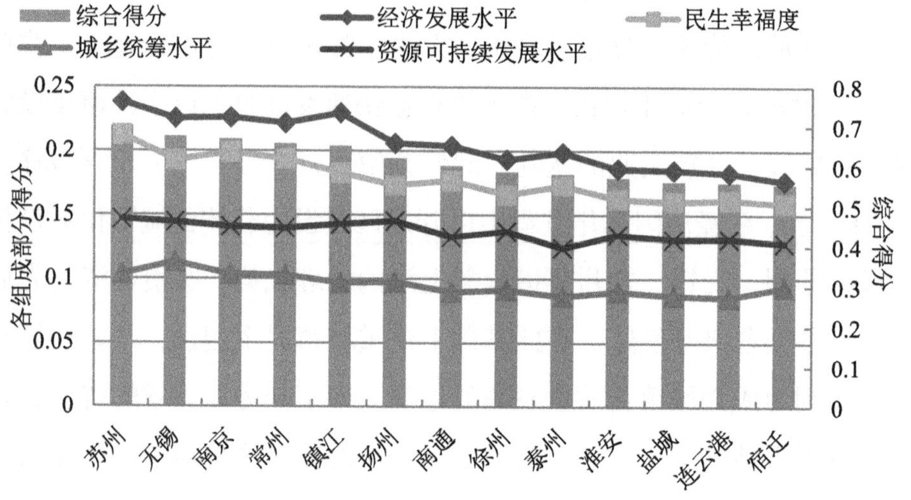

图 1-39 2013 年江苏省城镇化质量各组成部分得分和综合得分

通过对江苏省城镇化质量空间差异的研究可以看出江苏省城镇化质量的空间差异与江苏省社会经济区域发展水平差异完全一致。因此，对于经济基础较差的苏北地区而言，加快经济发展是其提高城镇化质量水平的内在要求，同时需要注重改善基础设施条件，提高居民的生活质量，提高城乡统筹发展水平。苏中三市地处长江北岸，地域优势比较明显，有着良好的社会经济基础，但与长江南岸的苏南地区有着明显的差异，对于苏中地区要充分利用好优越的自然条件和苏南经济的辐射作用，积极参与沿江区域的开发开放和承接苏南的产业转移之中，以增强城镇化的经济基础，同时要加强公共服务质量、城乡统筹发展和环境品质的建设，以促进城镇化质量的提高。苏南地区城镇化进程开始较早，城镇化质量水平较高，苏南地区应该继续强化特大、大城市的核心功能，积极地发展区域内的中小城镇，并与苏中地区共同构建沿江城镇带；积极发展创新型经济和低碳经济，提升公共服务质量，注重环境品质的文化内涵，走健康的城镇化道路。

第六节　江苏村镇规划与居民点建设

一、江苏村镇建设规划现状分析

2005 年党的十六届五中全会提出“建设社会主义新农村是我国现代化进程中的重大历史任务”，并把社会主义新农村建设的目标和要求概括为：“生产发展、生活宽裕、乡风文明、村容整洁、管理民主”。在中央提出推进社会主义新农村建设的战略决策后，江苏把加快新农村建设作为实现“两个率先”的重中之重，在统筹城乡发展的思路下，按照五中全会的目标要求，按照以工促农、以城带乡的方针，提出以工业化致富农民、以城市化带动农村、以产业化提升农业，全面实施一系列支农扶农的新举措，全面推进农村经济、政治、文化、社会、党建“五大建设”。并进一步解决快速城市化进程中农村地区基础设施和公共设施薄弱、布局散乱以及环境脏乱差等突出的矛盾，改变农村落后的面貌。同时也于 2005 年在全省统一部署开展镇村布局规划，在全国率先开始了镇村布局规划的编制，为社会主义新农村建设奠定了基础。

江苏省本次的“城乡规划全覆盖”的行动对全国提高对城乡规划的意义和作用以及推动城乡规划编制和管理水平的提升起到了重要的作用。全域覆盖的城乡规划体系既包括镇村布局规划也包括针对村庄的详细规划。

2014 年 6 月江苏省人民政府出台了关于加快镇村布局规划的指导意见，文件中提出了镇村布局规划的四大基本原则，提出要力争用 2~3 年左右时间完成新一轮镇村布局规划优化工作。其中，苏州等试点市、县(市)于 2014 年完成，南京、无锡、常州、镇江、扬州等市于 2015 年完成，南通、泰州和苏北地区于 2016 年完成。

2014 年 9 月 25~26 日，第一届全国村镇规划理论与实践研讨会在银川召开，各地规划主管部门和规划编制单位的专家学者参加了会议。这次会议总结了全国各个地区在探索镇村布局规划以及村庄规划方法的过程中所遇到的问题以及所做出的创新。如《新型城镇化背景下江苏省镇村布局规划的实践探索与思考——以高邮市为例》,《时效指向型村庄规划方法的实践探索与流程化解析——以江苏省宜兴市湖汊镇张阳村村庄规划为例》。

江苏省镇村布局规划遵循“适度集聚、节约用地、有利农业生产、方便农民生活”的原则，注重城镇与农村建设的协调，有效实现农村与城市统筹发展、城市化与工业化联动发展，统筹了城乡空间利用；规划符合科学发展、集约发展的要求，可以有效地节约土地，最大限度地优化配置各类生产要素，增强农村发展后劲，提升发展层面，更快更好地实现农村的可持续发展。按照镇村布局规划，全省近 25 万个自然村将合并为 4 万多个农村居民点，同时，通过合理的村庄布点，完善村庄的基础设施，提高公共设施配套水平，改善村容村貌，改善农村人居环境，促进社会和谐；第三，通过规划明确村庄空间布局，引导长期稳定从事二、三产业的人员进城进镇，加强对农民建房的规划引导与控制；第四，整合城乡空间资源，为农业规模化生产创造有利条件。一方面以镇村布局规划为依据进行农村建设用地整理，严禁在村镇规划建设用地以外私搭乱建，另外一方面，根据镇村布局规划转移村级工业，集中布局工业企业，便于污染集中治理。

除了镇村布局规划之外，2005 年到 2008 年江苏省全省共编制完成了近 5000 个规模较大、历史文化遗存丰厚且地形地貌复杂的村庄和 3.5 万个一般村庄的平面布局规划，实现了城乡规划的全覆盖。2011 年到 2015 年作为“十二五”时期“美好城乡建设行动”的重要内容，提出了“村庄环境整治”的目标，这也是“美丽乡村”建设的开始的标志性事件。

二、江苏村镇建设规划存在的问题

江苏省镇村建设规划在有效指导村庄建设的过程中也暴露了很多问题，包括村镇管理体制，村庄撤并规划方法，村庄特色的保留，规划协调等几个方面。

1. 村镇规划人员和经费没保障，村庄规划管理空白多

许多地方乡镇无村镇规划管理机构，承担村镇规划管理工作的多为无编制、无经费的建管所或规划站临时人员，人力严重不足且经费没有保障。同时，许多乡镇只对乡镇驻地规划进行管理，村庄农民建房没有按照要求进行报批及规划管理，乱规划、乱建设、严重违规现象比较突出。

2. 撤并力度难以把握，缺乏科学依据

镇村布局规划中需要在原有自然村的基础上进行撤并，村庄的撤并需要针对原有村庄的经济社会发展水平、设施配套情况、人口用地规模、生态安全情况等问题进行综合考虑建立评价体系，但由于村庄发展的复杂性，不仅涉及自然发展的差异，同时也受到行政管理的局限，难以完全按照统一的标准进行取舍。统一撤并标准和技术规范的缺乏使得村庄撤并力度存在很大的弹性空间，因此也很难得到村民的普遍认同。

3. 规划雷同性较强，缺乏对实地村庄特色和农民需求的深入调查

镇村布局规划多次强调需要注意与当地经济社会发展的要求相适应，充分考虑地形地貌，兼顾民风习俗，切实重视并保护村庄特色，防止千村一面。但是在实际的规划过程中，由于规划任务多，时间紧，规划编制单位大多缺乏对实地村庄特色和农民需求的深入调查，短平快的规划编制成果雷同性较强，缺乏对村庄特色的挖掘，不利于未来村庄的多样化发展。

4. 乡村领导规划意识不强，相关规划缺乏协调

根据城乡规划法规定，村镇规划在报送审批前，应当依法进行公告。但在实际操作中，许多乡镇村没有对编制的规划草案予以公示。在抽查中发现，许多村民不知道本村规划的内容及具体实施措施，特别是有的乡镇放弃村庄规划管理后，其规划实施管理权下放给了村委。由于村干部对规划法规理解

不透，致使出现了不按规划建设或违规建设的现象。同时由于领导的重视度不够，很多村镇规划编制完成之后并没有在各部门得到重视，与其他相关规划进行协调，从而导致了很多规划矛盾的出现，成为未来村庄发展的隐患。

三、江苏新一轮村镇规划原则

1. 统筹城乡，尊重规律

优化镇村布局规划应准确把握城乡人口结构、劳动力就业结构变化趋势，以积极稳妥推进城镇化为导向，促进农业转移人口市民化，为合理减少农民数量、推动农民致富创造有利条件。优化镇村布局规划要尊重乡村演变的自然客观规律，合理确定规划发展村庄，严防一味追求拆并村庄、强推农民集中和上楼。

2. 多规融合，相互协调

优化镇村布局规划应统筹考虑城乡发展、产业布局、公共资源配置、基础设施建设、基本农田保护、生态环境建设、乡村风貌保护等因素，加强与经济社会发展、土地利用、交通运输、环境保护、旅游发展等相关规划的衔接，增强规划的协调型和实用性。

3. 因地制宜，分类指导

根据村庄区位、规模、产业发展、风貌特色、设施配套等现状，在综合分析研究其发展条件和潜力基础上，可以将自然村庄分为“重点村”和“一般村”，也可以将自然村庄分为“重点村”、“特色村”、“一般村”，其中“重点村”和“特色村”是规划发展村庄。现状规模较大、公共服务设施配套条件较好、具有一定产业基础和已撤并的老集镇镇区、原行政村村部所在地可以优先考虑作为“重点村”；对镇村基本公共服务难以覆盖的边缘地区，应当择优培育“重点村”，促进基本公共服务均等化。在乡村产业、历史文化、自然景观、建筑风貌等方面具有特色的村庄，可以作为“特色村”。其他因纳入城镇规划建设用地范围以及生态环境保护、居住安全、区域基础设施建设等因素，主要实施规划控制和未列入近期发展计划的村庄，作为“一般村”。

4. 注重服务，完善设施

“重点村”应作为城镇基础设施向乡村延伸、公共服务向乡村覆盖的中心节点，着重加强基础设施、公共服务设施综合配套建设，培育建设“康居村庄”。“特色村”应在既有村庄特色基础上，着力发展壮大特色产业、保护历史文化遗存和传统风貌、协调村庄和自然山水融合关系、塑造建筑和空间形态特色等，并补充完善相关公共服务设施，引导建设“美丽村庄”。“一般村”应通过村庄环境整治行动，达到“整洁村庄”标准。

四、江苏省镇村布局规划案例

本节选择苏南地区南京市高淳区以及苏北地区徐州市贾汪区的镇村布局规划进行案例分析。

1. 南京市高淳区镇村布局规划

高淳区地处苏皖边境，属南京市管辖，距南京市区 106 公里，是南京市域最南端的县，属南京一小时都市圈范围。它北接溧水区，东邻溧阳市，西南部与安徽省郎溪、宣州、当涂三县(市)毗连。

规划目的：贯彻落实科学发展观，引导农民集中居住、工业向镇以上工业片区集中，促进村庄适度集聚和土地等资源节约利用，促进农村基础设施和公共设施集约配置，促进整合农业生产和生态空间，促进城市化加快推进。

规划原则共六点：①积极引导以从事第一产业为主的农户在村庄集中居住，鼓励以从事二、三产业为主的农户进城镇居住，合理推进城市化进程；②基础设施以县为单位，可以跨镇形成网络，按照“线路最短、管径最小、覆盖最广”的原则进行配置；③村庄布局应因地制宜，体现“保护、利用、改造、发展”的原则，保护农村生态环境，合理利用资源；有利于现代农业生产的组织，尊重地方习俗，满足农民小康和现代化生活的需求，促进集约经营；以规模大、区位好的现有村庄进行整治、集聚为主，以新建村庄为辅，村庄选址应考虑地质、基础设施条件和防洪、历史文化和生态保护的要求，便于农业机械化作业，耕作半径合理；④充分考虑丘陵、平原、水网等不同自然地理条件的要求，因地制宜，灵活选址；保留古村落，保护历史文化遗址，充分利用地形地貌和历史文化遗存，突出地方特色；⑤按照公共设施、基础设施的经济配置规模以及村庄布局规划要求进行公共设施布局和基础设施配置；规划保留村庄应加强配套完善，规划撤并村庄以维持基本设施条件为原则。落实好清理、整理、保护的任务，对多余的基础设施进行清理，对农业生产空间进行整理，对生态文化进行保护；⑥以人为本，根据各镇的经济水平和社会实际情况，分阶段实施镇村布局规划，保障社会稳定发展。

高淳区原有 989 个自然村，村庄分布比较零散，该规划对有特色、特殊地形地貌、有历史文化遗存的保留村庄均予以了保留，规划保留村庄 377 个，社区 8 个，共计 385 个。基本按照约 0.6~1.0 公里的耕作半径布置，规划村庄密度为 56 个/100 平方公里，平均每个村庄规划人口为 367 人。具体各镇的相关数据详见表 1-24。

表 1-24　高淳区各镇规划村庄一览表

镇名	规划村庄个数/个	规划村庄密度/(个/100 平方公里)
淳溪镇	12	18
东坝镇	85	83
固城镇	44	53
桠溪镇	92	62
漆桥镇	19	36
阳江镇	91	75
砖墙镇	28	42
古柏镇	14	40
合计	385	56

2. 徐州市贾汪区镇村布局规划

贾汪区位于徐州市区东北 38 公里，苏鲁交界处，属边缘区位。东部与邳州相邻；东南部、南部及西北部与铜山区和徐州市区接壤；北部和东北部与山东省枣庄市的微山县及台儿庄区毗连。贾汪区是徐州市区东北方向与山东省相联系的重要通道。

规划目的：为加快乡村城镇化进程，协调贾汪区域内城乡建设发展，促进村庄适当集聚和土地资源的合理利用，科学布局村庄和工业用地，完善镇村公共设施和基础设施的集约配置，实现城乡统筹发展，特编制本规划。

规划原则：①贯彻党和国家关于实现富裕型小康社会的战略目标和关于“三农”的有关政策决定，实现城乡统筹发展的原则；②坚持可持续发展战略，实现人口、经济、环境协调发展的原则；③坚持城镇村经济、社会一体化，区域基础设施和公共设施集约化配置的原则；④坚持集聚、集约发展的原则。工业向工业小区集聚，从事二、三产业的人口向城镇集聚，小村向大村集聚，耕地向种田大户集聚等；⑤坚持立足贾汪、因地制宜、科学布局、突出特色的原则。

贾汪城市规划区内实际 78 个自然村全部撤掉。贾汪区共有自然村 404 个，经规划后保留 218 个，撤并 186 个，占原自然村数的 54% (表 1-25)。

表 1-25　贾汪区各镇规划村庄一览表

建制镇名称	现状总人口/万人	规划总人口/万人	现有自然村数	保留自然村数	撤并自然村数	现有村庄人口/万人	规划村庄人口/万人	2020 年前迁出村庄人口/人
大吴镇	7.54	9.2	28	11	17	3.44	2.9	9681
青山泉镇	5.46	5.17	46	27	19	3.56	2.67	9011
紫庄镇	5.87	5.09	58	48	10	4.58	3.79	9551
汴塘镇	5.13	5.04	74	58	16	4.33	3.54	9253
塔山镇	6.7	6.28	120	74	46	5.293	4.28	12486
合计	30.7	30.78	326	218	108	21.2	17.18	48942

五、江苏农村居民点建设现状分析

本节分别从农村居民点建设的基本情况、市政公用设施、村庄房屋建设、建设投资几个方面对江苏省农村居民点的建设情况进行分析。

1. 基本情况

至 2013 年江苏省村庄现状用地面积 719628.36 公顷，村庄户籍人口 3522.81 万人，暂住人口 293.51 万人，行政村个数 14658 个(图 1-40)。其中已编制村庄规划的行政村个数 12830 个，占行政村比例的 87.53%，已开展村庄整治的行政村个数 12044 个，占全部行政村的 82.17%。自然村个数 139143 个，2013 年度被合并的自然村个数 3325 个，其中已编制村庄规划的自然村个数 46256 个，占全部自然村比例的 33.24%。200 人以下的村庄 65616 个，占村庄总数的 47.16%。2013 年一年合并的自然村个数 3325 个，其中被合并到城镇建成区的为 942 个。

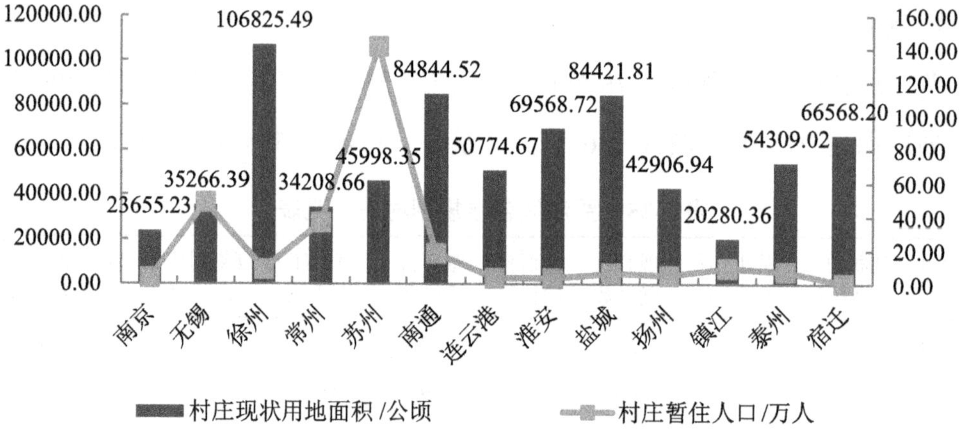

图 1-40 2013 年农村居民村庄房屋建设情况及人口数据

数据来源：《2013 年江苏省村镇建设年报》

从江苏省各市的发展情况来看，苏州市村庄暂住人口最多达到 141.40 万人，远远超过其他城市，但苏州市的村庄现状用地面积仅为 45998.35 公顷，并不是最高，农村人口密度较高，与之相反苏北地区的徐州市村庄暂住人口仅为 8.69 万人，但村庄现状用地面积达到 106825 公顷，农村人口密度远远小于苏州市。

这也体现了在村庄撤并的过程中苏北地区的撤并力度最大，其次为苏中和苏南两个区域。

2. 市政公用设施

2011 年 6 月，为推进江苏省社会主义新农村建设，提升村庄基础设施和公共服务水平，进一步改善村容村貌，建设农民安康宜居的美好家园，江苏省开展村庄建设与环境整治的试点。整治内容主要围绕生活垃圾、生活污水、乱推乱放等六个方面。两年来通过各市的共同努力，村庄环境得到了大幅度的改善。

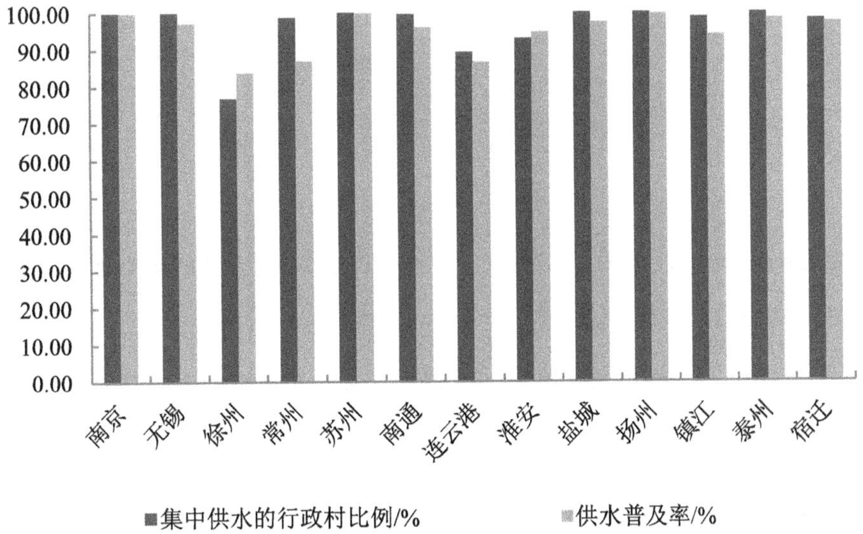

图 1-41　2013 年农村居民村庄供水及用水情况

数据来源：《2013 年江苏省村镇建设年报》

2013 年江苏省十三个城市集中供水行政村比例除徐州市、连云港市之外，都达到了 90%以上。南京、无锡、盐城、扬州以及泰州都实现了全覆盖的集中供水(图 1-41)。

大部分城市都有超过 50%的行政村开展了生活垃圾的收集和处理。生活垃圾的收集和处理相关性较高，苏北几市生活垃圾处理的行政村比例略低于生活垃圾收集的行政村比例，说明有一部分农村居民点的生活垃圾收集后还未进行有效处理。而对生活污水进行处理的行政村比例南京和苏州达到 95%以上，镇江超过 50%，徐州、连云港和宿迁三个城市的生活污水处理的行政村比例不足 10%，还有待进一步的发展(图 1-42)。

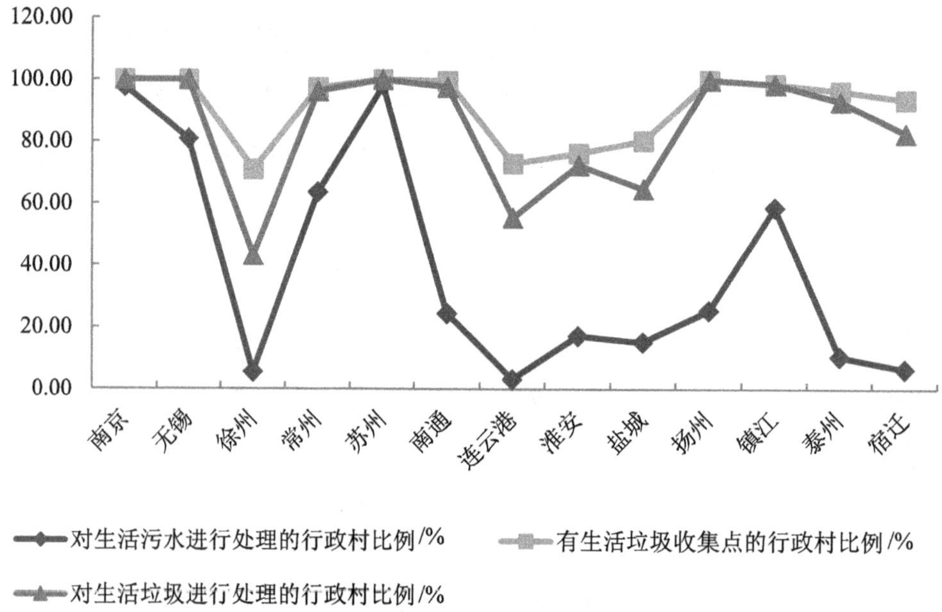

图 1-42　2013 年农村居民生活污水及生活垃圾处理情况

数据来源：《2013 年江苏省村镇建设年报》

燃气普及率南京、苏州两市达到 99%以上，80%以上的有无锡、镇江；而连云港市仅为 18.39%，其他城市均在 60%~80% (图 1-43)。连云港与其他各市差距较大。

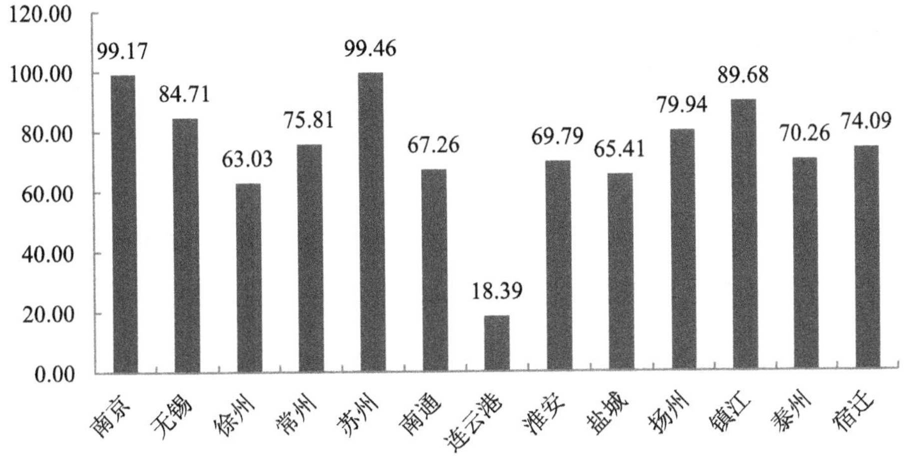

图 1-43　2013 年农村居民村庄燃气普及率(%)

数据来源：《2013 年江苏省村镇建设年报》

3. 村庄房屋建设

人均住宅建筑面积苏南五市均达到或超过 50 平方米，南通市领先于其他苏中苏北地区，也达到了 56.57 平方米。而苏北地区的人均住宅建筑面积普遍偏低，其中连云港、淮安和宿迁人均面积在 30~35 平方米(图 1-44)。

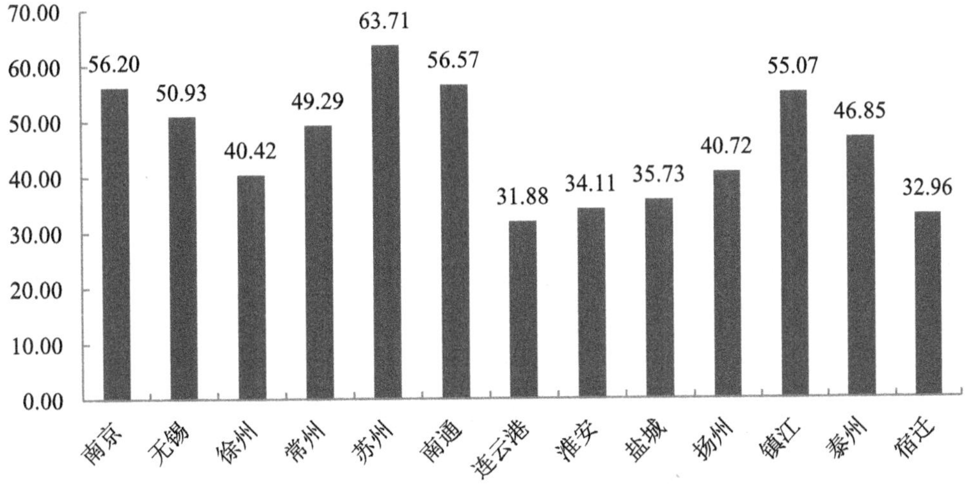

图 1-44　2013 年农村居民村庄房屋建设人均住宅建筑面积统计

数据来源：《2013 年江苏省村镇建设年报》

4. 村庄建设投资

在江苏省村庄建设和环境整治的过程中提出公共服务设施适度、实用，满足行政管理、便民服务、教育、医疗卫生、文化体育、社会福利与保障等基本公共服务的需求。提出了公益性公共服务设施的配套指标按每服务千人500 平方米左右建筑面积配建。公共建筑的配套标准如表 1-26 所示。

表 1-26　江苏省村庄建设公共建筑配套标准

内容	设置条件	建设规模
1. 村委会	村委所在地设置	200~400m^2
2. 卫生室、计生站	结合村委会设置	单独设置时不小于 80 m^2
3. 文化活动是	可结合公共服务中心设置	不小于 50 m^2
4. 幼儿园、托儿所	可单独设置，也可附设于其他建筑	满足实际需求
5. 便民服务中心	可结合公共服务中心设置	70~150 m^2
6. 农资超市	可结合公共服务中心设置	50 m^2 以内
7. 公共活动及健身场地	可与绿地或公共服务中心结合设置	总用地面积不超过 0.5 m^2/人

2013 江苏省村庄建设投资中无锡市村庄建设公共建筑投资占总投资比例最大为 14.29%，其次为徐州市超过 10%。环境卫生投资占总投资的比例南京市排名第一，其次为扬州、无锡和常州，与 2012 年的投资情况类似(图 1-45)。

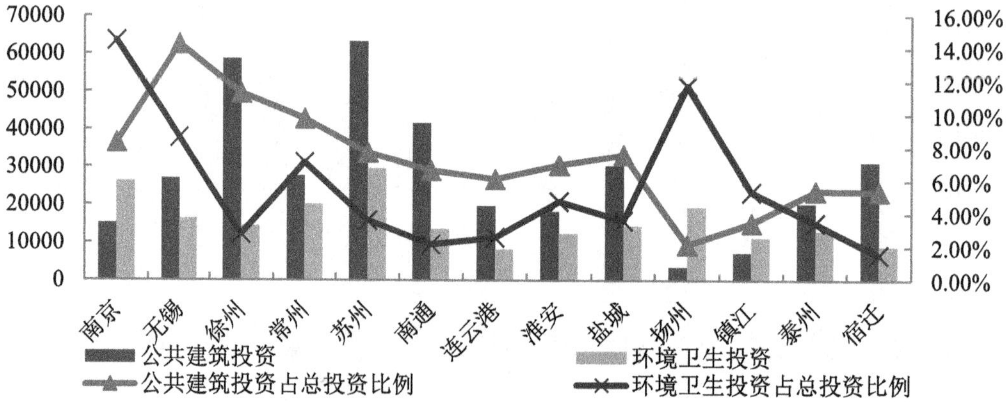

图 1-45　2013 年农村居民村庄建设投资公共建筑及环境卫生投资情况

数据来源：《2013 年江苏省村镇建设年报》

从 2013 江苏省村庄建设财政性投资来源来看，将其分为五类，分别包括镇(乡)本级预算资金、县级预算资金、地级预算资金、省级预算资金和中央预算资金。比较江苏省内的 13 个城市，总体情况镇(乡)本级的预算资金在这五类中比例最高，分区域来看，苏北地区的省级预算资金比例相对较高(图 1-46)。

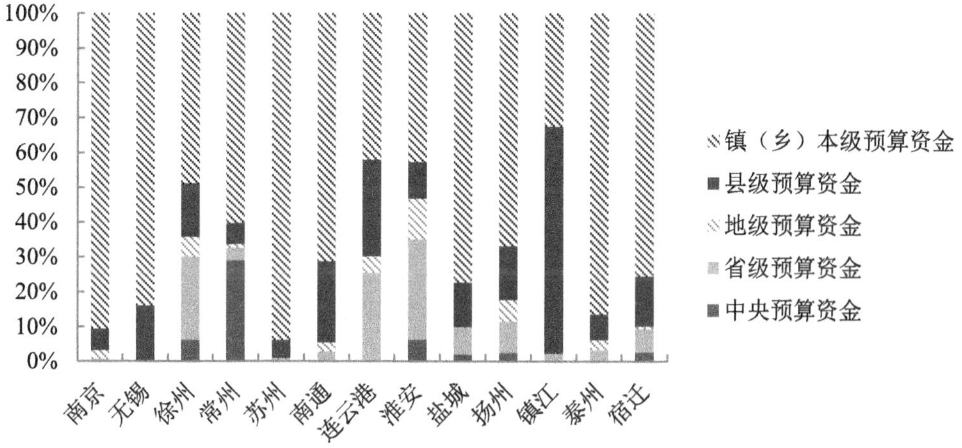

图 1-46　2013 年农村居民村庄建设财政性投资来源比例情况

数据来源：《2013 年江苏省村镇建设年报》

六、江苏省新农村建设案例

在镇村布局规划的指引下，新农村建设也如火如荼地展开，在新农村建设过程中，江苏引导各地从实际出发，因地制宜，形成各具特色的发展路径。例如，在村庄建设上，各地或是规划导向，或是典型引路，分类引导，循序推开。苏州从抓各具特色的示范点入手，总结出城郊社区型、集中居住型、乡村别墅型、古村保护型、老村落改造型、自然生态型等多种模式。镇江、常州、扬州、盐城的一些县特别注重老村改造，对农民住宅，按照总体规划，区别建筑质量，该保留的保留，该拆除的拆除，统一功能配套，将老村整治一新。在全省层面上，按照区域共同发展的战略思路，大力倡导南北协作，推动发达地区支持欠发达地区，在全省形成了南北挂钩合作的新热潮。苏南市县在苏北、苏中先后建立了苏州宿迁工业园、张家港(宿豫)工业园、昆山常熟(泗洪)工业园等十多个工业园区。针对全省还有农民可支配收入不足 2500 元的 1011 个经济薄弱村的情况(全部分布在苏北 25 个县区)，大力实施“千村万户帮扶”工程，进一步加快了苏北的工业化、城市化进程，使以工哺农、以城带乡由南到北在全省范围迅速扩展。

近年来，江苏省坚持依靠工业化来致富农民、依靠城市化带动农村、依靠产业化提升农业、城乡二元分割的格局正在逐步打破。通过统筹城乡发展规划，推进城乡经济融合、产业联动、设施共享。各个村镇根据自身的不同发展特点选择适合自己的发展道路与模式，出现了很多典型的发展案例。

1. 以乡镇企业带动农村全面发展——江阴华西村

华西村是以农村工业化成功带动城镇化和现代化发展的典型实例。华西村位于江苏省江阴县，1996 年全村共有 80 户、1520 人，面积 0.96 平方公里。从 2001 年起，华西村合并了周边的 16 个村，组成面积达 30 平方公里、人口达 3 万多人的大华西村。目前，华西村已经形成钢铁、纺织、旅游三大支柱产业，并拥有八家上市公司，1000 多个产品，固定资产达 62.77 多亿元。2004 年，华西村人均工资收入 12.26 万元，是全国农民收入的 41.76 倍、城镇居民收入的 13.01 倍。全村农民已经住进了第五代、第六代别墅，并且全村已实行农村养老、医疗保障和免费教育、口粮补贴、职工送股等制度措施，使农民生老病死有了保障。华西村还建设了各种文化娱乐设施，建立了全国独一无二的精神文明开发公司、华西特色艺术团、华西之路展廊等宣传教育载体，丰富了农民的精神文化生活，提高了农民思想道德素质。

2. 以工带农发展——张家港永联村

永联村位于江苏省张家港市南丰镇东北角，面积 7.6 平方公里，辖 64 个村民组，常住人口 8134 人，暂住人口 3000 多人。在 20 世纪 70 年代，永联村用农业积累的集体资金兴办村集体企业，后又通过贷款办起了永联钢厂，也就是目前的永钢集团，实现了落后农村的跨越式发展。到2005年底，永钢集团已发展成为具有轧钢252万吨和炼钢193万吨的年生产能力，销售收入达127亿元，利税达9.5亿元，居全国冶金行业30强，在全国500强企业中名列第206位。

发展起来的永钢集团，确立了“工农互动、以工带农、以工奖农、以工促农”的发展方针。一是实施农业产业化。投资2300万元组建“永联苗木公司”，将全村可耕地经营权全部流转到集体，由苗木公司统一运作。农民除每亩地每年获得1200元流转金外，土地经营权和劳动力还作为股份，参与苗木公司利益分红。农民也可进入苗木公司上班，按月领取工资。二是实行辐射带富。2005年永联村将邻近3个村21个村民组和长江岸边的一个渔业队并入，通过辐射带动使更多群众走上了富裕道路。三是推动农村社区化。永联村充分利用永钢集团的经济实力优势，统一规划，互动发展，积极推进社区化建设。总投资4亿元的现代化农村小区——“钢村嘉园”正在实施，该小区建成后可供8100多名村民住上联体别墅和公寓楼。永联村还投资1500万元将原来永钢商场改造成“社区服务中心”，为村民提供高档娱乐、休闲和系列社区服务。永联村通过以工哺农实现了农业产业化生产和集约化发展，也使农民收入水平和生活水平得到了很大的提高。同时合作医疗、社会保障、文明家庭奖、老年人及老年党员生活补贴、农民最低生活保障、不流转土地的补贴等政策措施的实行使农民生活更加有了保证。

3. 农业、旅游业协调发展——南京竹镇镇大泉村

大泉村位于南京市六合区竹镇镇中部，自然环境优美。生态旅游资源丰富，以大泉湖—止马岭为核心的休闲旅游度假区。大泉村以建设“都市美丽乡村、农民幸福家园”为目标，以创建美丽乡村为载体，以增加农民收入为基础，大力实施特色产业发展工程，形成了万亩鲜桃、万亩有机大米、万亩彩色苗

木基地、千亩茶园、千亩紫心山芋、千亩冬瓜等一批现代农业生产基地。

为争创南京最美乡村，着重打造“都市美丽乡村、农民幸福家园”。形成了万亩鲜桃、万亩有机大米、万亩彩色苗木基地、千亩茶园、千亩紫心山芋、千亩冬瓜等一批现代农业生产基地，拥有“金万方”、“润泉”等品牌；依托青山绿水，打造旅游品牌，鲜果采摘、生态观光，乡村体验，民族风情，特色美食。

在美丽乡村建设过程中，按照规划，全面实施环境整治工程，新建绿地面积 8600 平方米，完成大泉中心路、同心路、下大路等道路亮化、绿化、美化工程；新建徐庄、蔡井等生产组 5 个电灌站、铺设了 6 公里渠道硬质化、清理河塘淤泥 3 万余方；对生活污水、生活垃圾实行集中收集处理，村庄生态环境得到有效保护，太阳能路灯、便民超市、停车场、休闲广场等各项服务设施配套齐全，如今，整个村庄山清水秀，居民的生活方式更加文明健康，形成了“村在园中、房在林中、人在景中”的独特宜居环境。

4. 工、农、旅游业协调发展——泰兴黄桥镇祁巷村

祁巷村位于中国历史文化名镇——黄桥镇南首，东临如皋市，南界靖江市，西濒姜八线，北接 334 省道。2001 年，全村由东小湖、丁庄、周堡、祁巷四个自然村合并而成，现有 25 个村民小组，1498 户，5516 人，耕地面积 6341 亩，养殖水面 600 亩。2012 年，村集体经济收入 135 万元，GDP 9.23 亿元，农民人均纯收入 13968 元，超过全市人均纯收入 2000 多元。近年来，祁巷村依托传统猪鬃加工基础产业，充分发挥村庄核心区四面环水的区位优势，大力发展“一村一品”，初步形成现代生态农业观光旅游特色产业。

坚持以人为本，强化乡村在创建工作中的主体地位，坚持把农民群众利益放在首位，发挥农民群众的积极性和创造性，尊重农民群众的知情权、参与权、决策权和监督权，引导发展生态经济、自觉保护生态环境、加快建设生态家园。按照人与自然和谐发展的要求，遵循自然规律，切实保护农村生

态环境，彰显农村生态特色，统筹推进农村生态人居、生态环境、生态经济和生态文化建设。规划先行，因地制宜，制定各类乡村的创建目标，统筹编制“美丽乡村”建设规划，形成模式多样的“美丽乡村”建设格局。

以创建“美丽乡村”为契机，大力推进村庄环境综合整治工作，不断加快美丽乡村的建设步伐。2011 年，投资 260 万元建成了集办公、健身、文体活动、学习培训、议事、服务为一体的村综合大楼，580 米的景观河工程、村综合服务中心、农民健身广场相继建成，农民河滨休闲公园、农家书屋、社区卫生服务站等基础设施已全部到位。基本形成了以“小南湖”为中心，人造南山、亭台楼阁、大型垂钓中心，休闲茶庄，游船娱乐中心；生态旅游区已建成果蔬采摘场、鱼类观赏厅、度假休养所、会务中心等；培训体验区已建成 400 米跑道的跑马场、军事体验林、科普教育等，以本地乡土种植的土特农产品为主的农家乐园等已建成，使得旅游观光的游客流连忘返。娱乐健身为一体的乡村观光旅游景点，使得村庄面貌焕然一新。如今的祁巷，村组道路硬化、河塘整洁、超过 95%的主体路道绿化，景色宜人，构成了一幅美丽乡村风景园区。

七、江苏农村居民点建设存在的问题

1. 基础设施、公共服务设施不完善，居民生活质量有待提高

江苏省城乡人均基础设施投入差距在 10∶1 以上，农村基础设施没有固定的投资渠道，加上村庄基础设施和公共服务设施规模小、配置的经济性差，造成村庄基础设施严重短缺。目前公共服务设施的配套包括教育设施、医疗设施以及文化体育设施等大多停留在行政村层面，自然村层面的农村居民点公共服务设施及基础设施配套严重缺乏，虽然有些村庄有简单的私人卫生所，但设备简陋，医疗器械老化，医务人员的整体素质还有待提高。同时，农村地区通过大规模的撤并后带来教育设施使用的矛盾，学校的服务半径明显增

大，小学的上学时间大多在 1 个小时左右，与城市地区的差距明显，很多学校也存在着师资不足以及教育乱收费的现象。

2. 农村居民点数量多，集约化水平低

目前，江苏省农村居民点仍存在着数量多、人口规模小、布局分散的特征。以行政村组织产业和人口布局不能形成合理的产业和人口规模，居民点规模小造成土地利用粗放，也难以发挥村镇的集聚和辐射效应。行政合并并没有带来预想的空间利用的整合，绝大多数合并后的乡镇形成了“一镇两区”的格局，为了照顾被撤并乡镇，许多小城镇空间拓展违背客观规律，人为地促进两个片区相向连接，空间分散的局面并没有改善。在追求发展的思维引导下，虽然村镇行政区划已经撤并，但是开发区、各类产业园区、工业小区依然延续原有分散格局，继续就地无序发展，占用了大量的村镇土地，导致了土地利用的快速蔓延。

3. 居民点用地规划的制定和执行不到位

由于受条件的限制和各方面因素的影响，长期以来农村居民点规划一直未引起足够的重视，农村居民点基本上处于自然形成、自我发展的无序状态，导致了绝大多数农村居民点布局不合理。在乡镇撤并的执行过程中，虽然村镇行政建制密度有所下降，但是村镇建设用地的斑块密度依然较大，与撤并前相比变化不大，因此建设空间的分散、碎片化依然严重。如圩区地区普遍存在的大量条状居民点，山区和丘陵地区存在的大量点状居民点，给建设和管理带来了很大的难度。与此同时，已有的土地利用总体规划或城镇规划通常只考虑城镇建成区范围内的用地,，而对村镇规划很少提及，即使已编制了村镇规划的村庄，其落实规划的措施力度也不够，从而进一步带来村庄、民房选址的随意性。

八、江苏村镇规划与农村居民点建设的对策与耕地资源的关系

1. 促进公共服务均等化，实现公建指标达到要求

加大城乡基本公共服务投入，使乡村基础设施投入方面实现与城市同质、同权、同标准，努力实现城乡基本公共服务均等化。加大对各种公共设施、基础设施的投入力度，努力使人均道路面积、人均公共绿地面积、人均体育场馆面积达到国家相应标准，实现土地集约方面公建指标达到标准。有序引导乡村人口按规划居民点集聚，按功能和需求合理配置公共服务设施，充分听取村民意见，尊重村民意愿，正确处理村庄的近期建设和长远发展的关系，使乡村居民享受优质便捷的公共服务，实现城乡基本公共服务均等化。

2. 科学规划推进乡村空间整理，引导乡村建设用地集约使用

以新一轮城乡统筹为抓手，以乡村空间整理为切入点，压缩撤并小而分散的农村居民点，集中开展“空心村、空心户”整治，重新梳理村庄居民点，引导农民居住向社区集中；清理整顿分散的小型工业集中区、工业作坊，引导工业向开发园区集中；通过农田标准化改造，引导农业向规模经营集中。通过“农地重整、镇村重建、要素重组”，引导乡村建设用地集约使用。按国家下达的耕地和基本农田保护目标，严格保护耕地和基本农田。

3. 完善土地流转制度，提高土地利用效率

农村土地流转是提高土地利用率、实现土地规模化、加快农村剩余劳动里转移的重要方式。在提升土地流转力度的同时应给农民创造更多的就业机会，提高农民工资性收入，减少农民对农地的依赖。同时进一步培育和完善农地流转制度和农村劳动力就业市场。通过积极的宣传和正确的引导，鼓励农民大胆探索，积极创新，协调发展现代高效农业，促进农业结构的调整，提高农业的市场化、组织化和规模化，提高土地利用效率。同时建立健全农

村社会保障体系，做好失地农民的就业安置工作，加强技术培训和职业教育，为农民身份的转型奠定良好的基础。

第七节　江苏农村剩余劳动力转移与市民化分析

改革开放以后江苏省经济持续快速发展，不仅带动了自身大量农村剩余劳动力向城镇的转移，而且还吸引了大批其他省份的农村剩余劳动力，为全国城镇化和农民收入的提高做出了很大的贡献。当前，随着国际和国内经济环境的变化，江苏省经济的发展面临着转型和转移的“双转”特征，这不仅会给农村剩余劳动力转移的规模和方向带来影响，也给农村剩余劳动力的素质提出了新的要求。针对这一问题，本节重点从当前江苏省农村剩余劳动力的历史、现状特征、数量规模以及政策等方面给予分析和说明。

一、江苏农村剩余劳动力与农村人口市民化的内涵与意义

狭义上讲农村剩余劳动力，是指农村劳动力中没有从事农业生产也没有从事其他生产或服务活动的劳动力。但上述定义无法概括农村地区没有完全发挥其劳动能力的农村劳动力，因此广义上的农村剩余劳动力是指扣除农村生产需要的最低劳动力数量之外的农村人口，也有学者将农村剩余劳动力区分为显性剩余劳动力和隐性剩余劳动力。推进农村剩余劳动力向城镇有序转移是实现城镇化、工业化、农业现代化的重要内容之一，没有人口的迁移就无法实现城镇化，城镇工业也得不到持续的劳动力供给，更无法提高农业劳动生产率。因此，有序实现农村剩余劳动力转移对健康实现城镇化、工业化、现代化至关重要。

所谓农村人口市民化，是指在城镇化进程中，借助于工业化的推动，让世世代代生活在农村的农民，离开土地和农业生产活动，进入城市从事非农产业，其身份、地位、价值观念及工作生活方式和交际方式向城镇人口转化的经济社会过程。农村人口市民化包含有两个方面：一是外在资格市民化即

身份、职业的转变；二是内在素质市民化即生活意识、权利意识的发育及行为模式的变迁，这需要一个长期的转化过程。然而这一转化的顺利进行需要三个主体，内外因相互作用，具体讲是指：农民自身的努力，主动的自我转变和认同；市民对于农民这一新市民群体的平等接纳与宽容；最重要的是政府必须提供有利于农民市民化进程的公平机制和有效措施，为农民市民化搭建良好的政策平台。一般来说，在城镇化的过程中，必然会带动农村人口市民化的进程，农村人口市民化的实现必然进一步促进城镇化的发展，两者是相辅相成的。

农村人口市民化是现代化建设中一个重大战略问题，推进农村人口市民化对于实现全面建设小康社会和实现现代化的进程具有重要意义。一是扩大内需、促进经济平稳较快发展的需要。伴随农民在城镇安家落户，其消费环境的改善、消费能力的提高和消费意愿的改变，必然会促进其衣食住行等方面的消费升级。农村人口市民化创造的巨大内需，无疑将会为保持经济平稳较快发展提供重要支撑。二是推进城镇化健康发展的需要。城镇化水平的提高在很大程度上主要来源于农民工进城就业。但是，工业化进程与农民市民化进程相脱节，是严重制约城镇化健康发展的一个突出矛盾。三是实现农村剩余劳动力转移的有效途径。江苏农村还存在一定量的剩余劳动力，特别是苏北地区，而解决这些剩余劳动力的根本出路在于向城镇转移，变农民为市民。这一方面使转移出来的农村劳动力依靠城镇非农产业，增加农民收入。另一方面又通过农村人口市民化大幅度减少农民，把置换出来的土地资源适度集中到部分农民手中，提高农业劳动生产率，以获取更多的农业收入。四是促进农民全面发展的必由之路。文明素质是人的现代化的基本要求，而提高农民的文明素质，实现农民现代化，完全在农村地域范围内可能很难实现，因此必须借助于农村城市化和农民市民化来促进农民的全面发展和人的现代化进程。五是促进社会和谐发展的需要。农民进城难，即使进城后也无法变市民，长期处在城市的边缘，融不进城镇社会，享受不到应有的权利，必然会累积很多矛盾，不仅他们自身的合法权益难以得到保护，也会导致农民对城市社会普遍怀有疏离感和责任意识匮乏，处理不好还会造成重大的不稳定隐患。

二、江苏农村剩余劳动力转移与市民化的历史回顾

20 世纪 80 年代中期，随着苏南乡镇企业的异军突起，在放活农村经济，推进农村工业化和农村城镇化迅猛发展，调整农村内部产业结构的同时，促使大量农村劳动力“离土不离乡、进厂不进城”，就近、就地转移到农村二、三产业就业。这个时期农村剩余劳动力转移还仅仅处于萌芽、自发阶段。进入 20 世纪 90 年代后，特别是 1992 年市场经济体制改革以来，全省特别是苏南地区调整生产力布局，大力发展外向型经济，推进农村城镇化、农业现代化，经济出现了快速发展，工业反哺农业、城市支持农村的力度加大，农村劳动力流动区域和转移规模迅速扩大。但是，在典型的二元社会结构框架下，农民选择外出务工经商、到城市寻找就业机会仅能增加收入，在就业机会、公共就业服务、就业权益保障、社会公共福利等方面还无法享受与城市居民平等的待遇，也无法改变农民身份，达到真正融入城市社会的目的。因此，这种转移实质上是一种自发的一次性转移，存在着盲目性和无序性。

进入新世纪，随着市场经济体制逐步完善，工业化、城镇化进程的加快，特别是党的十六大提出统筹城乡经济社会发展方略，江苏进一步加快了城乡统筹改革的步伐，着力点放在改变城乡二元经济结构，推进体制改革与创新，改善农民的生产生活条件上。实行了全省城乡统一的户籍管理制度，把劳务输出摆到了社会经济发展和农村工作更为突出的位置。组织开展并推动了苏北劳动力向苏南有序转移，启动了劳动力市场信息网“镇镇通”工程，建设城乡一体的劳动力市场，拨出专款用于资助百万农民工技能培训，加大培训和维权力度，大力改善劳务输出人员的就业环境和条件。由此，在市场调节和政策引导下进行，伴随着就业的流动、身份的转换和居所的迁移，农村劳

动力的思想观念、生活方式也在发生着质的变化，其身份逐步由“农民”向“市民”转变。这种转移是以城乡统筹就业为基础，就业岗位的转变为重点，职业技能和创业能力的提高为前提，在政府规划、引导、扶持下的统一的、有规范的转移，也就是我们所说的真正意义上的农村剩余劳动力转移。

三、江苏农村剩余劳动力的现状特征分析

2013 年江苏省农村 2849.48 万人，比 2012 年减少 2.74%，占全省总人口的比重为 35.9%，比 2012 年下降了 1.1 个百分点。2013 年，农村人口总劳动力数量为 2613.96 万人，占农村总人口的 91.73%。

1. 农村劳动力呈逐年稳定递减趋势，乡镇的城镇人口增加明显比城市慢

2013 年江苏省农村劳动力总量为 2613.96 万人，比 2012 年下降了 0.26%。从近几年农村劳动力的总量来看(图 1-47)，除 2009 年农村劳动力有所增加以外，近三年都呈逐步减少态势。农村劳动力的减少当然与农村总人口减少有很大关系。图 1-48 显示了近十几年江苏省农村劳动力减少趋势，2013 年江苏省农村人口 2849.48 万人，比 2003 年减少了 1120.25 万人，十年间减少了 28.22%，占全省总人口的比重也由 2003 年的 53.2%减少到 35.9%，十年间减少了 17.3 个百分点。

与农村人口减少相对应的就是城镇人口的增加。2013 年江苏省城镇人口总数为 5090.01 万人，占总人口的比重为 64.1%，比 2012 年提高了 1.1 个百分点，其中城市人口 3223.43 万人，占总人口的比重为 40.6%，比 2012 年提高了 0.7 个百分点，镇人口 1866.58 万人，占总人口的比重为 23.5%，比 2012 年提高了 0.4 个百分点，远低于城市人口的增加。主要是因为小城镇在医疗、教育、文化等方面的软实力还无法与县城与大城市相比，对人口的吸纳作用还不足。因此，如何加快小城镇人口的集聚能力，促进农村人口向附近小城

镇集中仍是未来农村城镇化的重点任务之一。

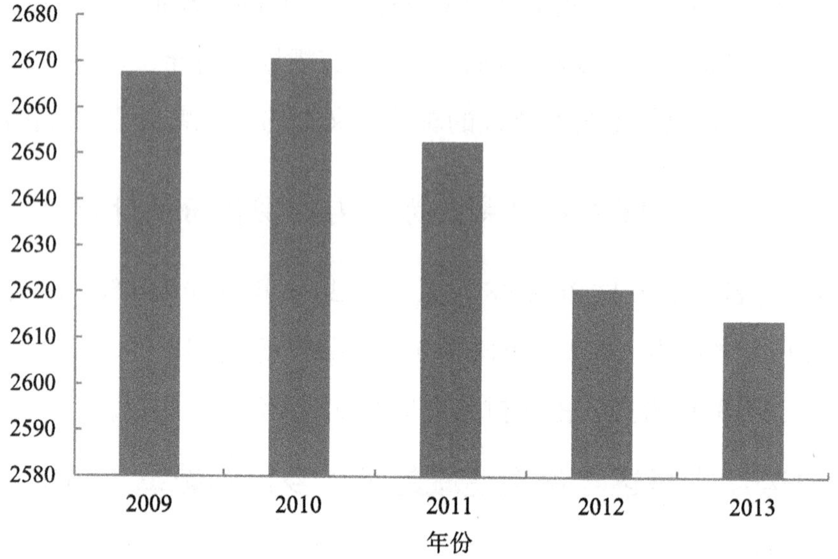

图 1-47　江苏省近几年农村劳动力总量(万人)

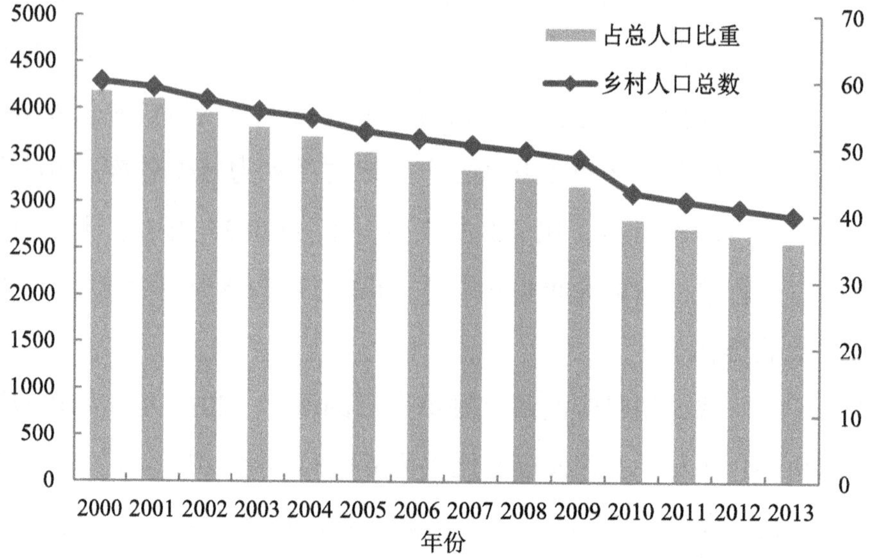

图 1-48　2000~2013 年江苏省农村人口历年总量(万人)及比重(%)

2. 农村人口老龄化明显比城镇人口突出

2013 年江苏省农村人口中占比重最大的年龄组是 45~49 岁，占农村人口的 10.16%，这一比重比 2012 年提高了 0.17 个百分点，而城镇人口中占比重最大的年龄组是 40~44 岁，占城镇人口的 9.65%。从图 1-49 和图 1-50 也可以看出，农村人口的年龄构成明显比城镇人口的年龄构成显老龄化，而且青壮年劳动力明显不足。2013 年农村人口中 60 岁以上的人口占农村人口的比重为 23.29%，比 2012 年增加了 1 个百分点，而城镇人口中 60 岁以上的人口占比只有 17.11%，虽然也比 2012 年提高了 1.3 个百分点，但比重仍远低于农村地区。从年轻劳动力占比来看，2013 年农村人口中 20~40 岁的年轻劳动力占比为 23.48%，比 2012 年减少了近 1 个百分点，而城镇人口中的这一比重为 32.08%，远高于农村地区。因此，江苏省农村地区的人口比城镇人口显老龄化，而且这种趋势有愈演愈烈的趋势。这与近几年农村向城镇转移的人口多以青年劳动力为主有很大关系。但这对于未来农村劳动力持续向城镇转移以及农村地区的养老等问题带来了很大的挑战，如何在实现农村劳动力顺利转移的同时解决好农村地区的养老问题是江苏省农村城镇化与工业化需要重点解决的问题之一。

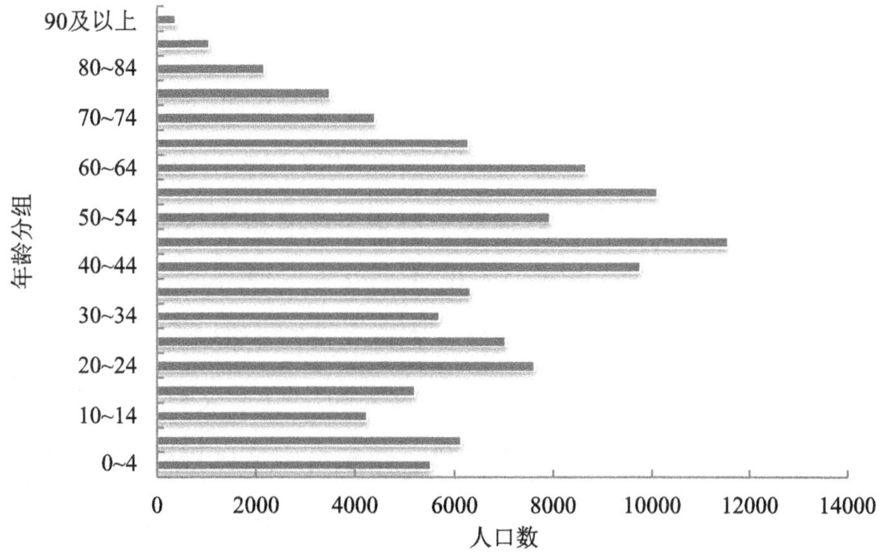

图 1-49　2013 年江苏省农村人口年龄构成

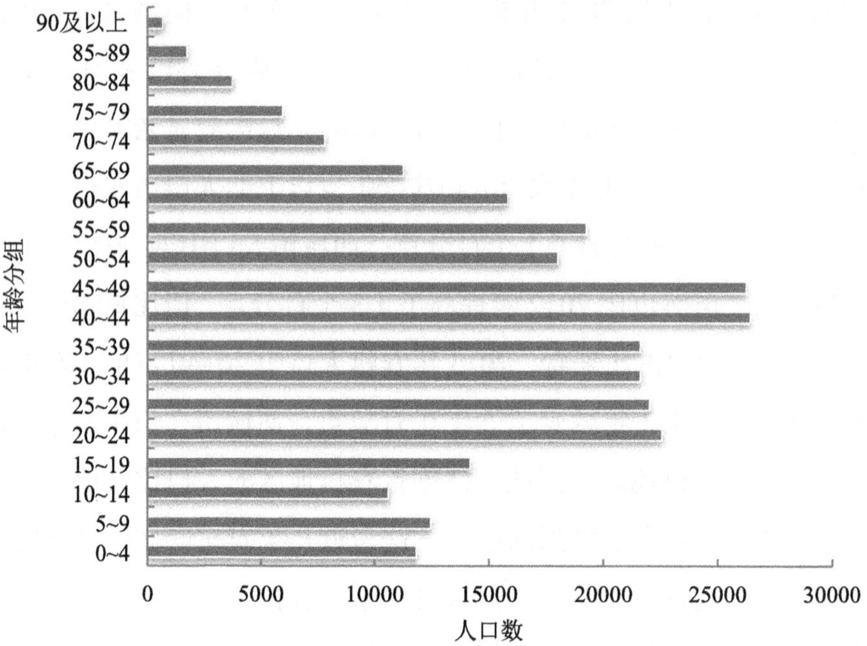

图 1-50　2013 年江苏省城镇人口年龄构成

3. 农村劳动力人口素质与城镇地区的差距仍在扩大，亟待提高

抽样调查结果显示，2013 年江苏省农村地区 6 岁以上人口具有高中以上文化程度的人口比重为 16.17%，比 2012 年提高了 0.74 个百分点，其中高中文化程度和大学以上文化程度分别占 12.05%和 4.12%，分别比 2012 年提高 0.38 个百分点和 0.36 个百分点。而对于不识字或者识字很少的人口比重，农村地区约为 7.61%，比上一年减少了 0.43 个百分点(图 1-51)。这说明 2013 年农村地区人口文化素质水平增加较快，文盲人口减少很多。但是与城镇地区相比就相差很远了，2013 年江苏城镇地区高中以上文化程度人口占比达 37.93%，是农村人口这一比重的 2.35 倍，其中高中文化程度和大学以上文化程度占比分别为 20.87%和 17.06%，分别是农村地区相应比重的 1.31 倍和 3.12 倍(图 1-52)。而对于不识字或者识字很少的人口比重，农村地区约为城镇地区的 2 倍。

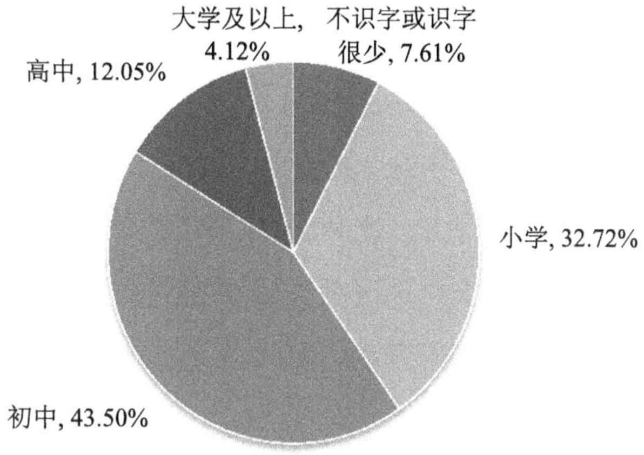

图 1-51 江苏省 2013 年农村地区人口受教育程度

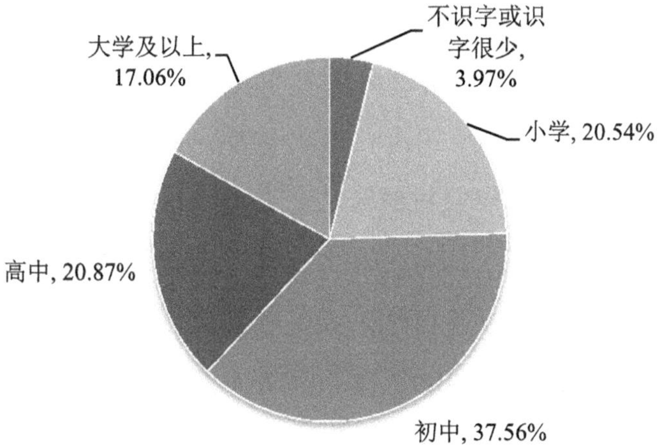

图 1-52 江苏省 2013 年城镇地区人口受教育程度

一般来讲，农村地区的人口素质与城镇地区之间都存在着一定差距，而且这种差距随着经济的发展过程一般呈现出先拉大再减少的一个过程，呈倒 U 型曲线型。过去一段时间我国处于经济增长的初期阶段，为了支持城市和工业的发展，农村和农业在经济发展中一直承担付出角色。而当前正是我国推进城市支持农村、城乡一体化发展和工业反哺农业的阶段，因此城乡之间在人口素质上的差距应该不断缩小，特别是经济发展水平位于国家前列的江苏省，城乡之间的人口素质水平更应该不断减少。但我们看到，江苏省城乡之间人口素质水平的差距却在不断拉大。2013 年江苏城镇地区高中以上文化水平人口比重比农村地区的这一比重高 21.76 个百分点，而 2011 年这一差距还是 18.25 个百分点，2012 年这一差距为 22.07 个百分点。虽然 2013 年这种差距有所缩小，但是仍比较大，比 2011 年高 3.5 个百分点。其中的原因与城镇地区良好的教育资源、农村地区教育资源相对缺乏有很大关系，同时也与近几年农村地区向城镇转移的劳动力基本都是受教育水平较高的劳动力有很大关系。

4. 农村劳动力就业结构以非农业为主，转移潜力较大，但存在较大区域差异

2013 年，江苏省农村地区劳动力从事非农业活动的人口为 1837.91 万人，比 2012 年增加了 13.12 万人，约占农村从业人员的 70.31%，比上一年提高了 0.68 个百分点。而且近几年农村地区从业人员中从事非农业活动的人口比重基本都在三分之二以上(表 1-27)。因此，农村地区大部分劳动力都是从事非农业活动。这也反映了江苏省农村地区存在着较高水平的工业化和城镇化现象。从行业分布来看，农村地区从事非农活动的人口一般集中在工业、建筑业、交通运输业以及批发零售业等行业。2013 年，江苏省农村从业人员中上述几个行业的比重分别为 30.89%、14.68%、4.38%和 6.04%，分别比 2012 年提高了 0.42、0.27、0.01、0.09 个百分点，其中工业就业比重增加最快。

表 1-27　近四年江苏省农村从业人员就业结构

行业	2010 年	2011 年	2012 年	2013 年
农林牧渔业	32.20%	30.98%	30.37%	29.69%
工业	28.98%	29.81%	30.47%	30.89%
建筑业	13.76%	14.04%	14.41%	14.68%
交通运输、仓储及邮政	4.18%	4.27%	4.37%	4.38%
批发和零售业	5.57%	5.78%	5.95%	6.04%
其他服务业	15.31%	15.12%	14.43%	14.32%

虽然从整体上看，江苏省农村地区大部分劳动力都从事着非农活动，但其内部也存在着很大的区域差异。从表 1-28 可以看出，2013 年，苏南的农村地区从业人员中非农化比重相对较高，如南京市农村非农化就业水平为 78.08%，无锡为 83.14%，苏州为 86.72%，常州为 80.75%，镇江为 75.83%，而且均比 2012 年有所增加。有的区县，如昆山、常熟，这一比重已经达 90%以上，大部分的农村人口都在从事非农业活动，也就是说基本完全实现了农村工业化和城镇化。而苏中的农村地区非农业就业水平也比较高，如南通市为 77.53%，扬州市为 80.93%，泰州为 78.86%，但有的区县，如兴化市，则相对较低。苏北的农村地区劳动力非农化水平最低。如徐州为 61.24%，连云港为 53.17%，淮安市为 58.85%，盐城市为 62.62%，宿迁市为 60.97%，均达不到全省的平均水平。有的区县，如泗洪县、灌云县、灌南县，这一比重只有百分之四十多。从各区县的分行业结构来看，有的区县以工业为主，如张家港、昆山、常熟、太仓、江阴、扬中等地，农村劳动力从事工业活动的比重均在 60%以上。有的区县建筑业比较突出，如高淳、溧阳、金坛、句容、海安、海门、宝应、仪征等县市，农村从事建筑业的人口比重均在 20%以上。而有的区县批发零售业则比较发达，如启动、海门，农村批发零售业从业人员比重都在 10%以上。

表 1-28　2013 年江苏省分地区农村从业人员就业结构

地区	农林牧渔业	非农业				
		合计	工业	建筑业	交通运输业	批发和零售业
南京市	**21.92%**	**78.08%**	**30.24%**	**20.40%**	**6.19%**	**6.81%**
无锡市	**16.86%**	**83.14%**	**58.71%**	**6.85%**	**3.29%**	**5.09%**
江阴市	14.48%	85.52%	59.66%	7.02%	3.98%	5.64%
宜兴市	28.10%	71.90%	47.18%	9.93%	3.41%	4.54%
徐州市	**38.76%**	**61.24%**	**27.60%**	**14.04%**	**4.04%**	**5.97%**
丰县	48.06%	51.94%	25.03%	13.13%	2.73%	4.36%
沛县	34.01%	65.99%	28.86%	19.78%	3.51%	4.89%

续表

地区	农林牧渔业	非农业				
		合计	工业	建筑业	交通运输业	批发和零售业
睢宁县	40.52%	59.48%	27.63%	14.12%	2.34%	4.62%
新沂市	40.38%	59.62%	22.97%	18.66%	2.49%	5.73%
邳州市	32.86%	67.14%	31.66%	9.67%	6.16%	8.50%
常州市	**19.25%**	**80.75%**	**44.53%**	**13.48%**	**4.18%**	**5.24%**
溧阳市	25.62%	74.38%	27.49%	28.43%	5.62%	5.55%
金坛市	26.13%	73.87%	33.50%	22.15%	4.28%	3.93%
苏州市	13.28%	86.72%	59.56%	5.68%	3.12%	5.77%
常熟市	9.70%	90.30%	61.06%	5.46%	3.14%	6.13%
张家港市	10.62%	89.38%	64.54%	5.42%	4.27%	5.39%
昆山市	8.71%	91.29%	62.78%	4.98%	2.58%	6.32%
太仓市	19.97%	80.03%	62.56%	3.71%	2.07%	2.39%
南通市	**22.47%**	**77.53%**	**26.83%**	**20.56%**	**5.58%**	**9.52%**
海安县	19.60%	80.40%	29.07%	22.17%	8.12%	8.99%
如东县	18.45%	81.55%	32.18%	21.45%	5.47%	5.97%
启东市	26.42%	73.58%	23.57%	18.63%	5.20%	11.49%
如皋市	23.53%	76.47%	27.89%	18.15%	4.29%	5.78%
海门市	24.52%	75.48%	23.12%	23.20%	4.57%	13.61%
连云港市	**46.83%**	**53.17%**	**17.03%**	**17.17%**	**4.24%**	**4.60%**
赣榆区	43.62%	56.38%	18.69%	24.70%	3.42%	3.86%
东海县	45.15%	54.85%	17.21%	19.06%	5.02%	4.36%
灌云县	50.81%	49.19%	16.58%	11.28%	2.88%	3.57%
灌南县	51.74%	48.26%	13.10%	12.94%	5.84%	4.80%
淮安市	**41.15%**	**58.85%**	**18.00%**	**14.86%**	**3.36%**	**4.08%**
涟水县	42.42%	57.58%	9.49%	9.43%	2.06%	3.04%
洪泽县	36.95%	63.05%	28.60%	16.00%	3.85%	4.20%
盱眙县	39.52%	60.48%	18.50%	10.50%	3.62%	3.74%
金湖县	38.57%	61.43%	27.11%	18.74%	3.16%	4.11%
盐城市	**37.38%**	**62.62%**	**19.57%**	**12.13%**	**4.47%**	**4.50%**
响水县	42.54%	57.46%	25.36%	6.12%	3.39%	3.86%

续表

地区	农林牧渔业	非农业				
		合计	工业	建筑业	交通运输业	批发和零售业
滨 海 县	38.61%	61.39%	13.03%	10.32%	5.39%	4.14%
阜 宁 县	41.93%	58.07%	12.73%	15.20%	3.65%	3.49%
射 阳 县	37.07%	62.93%	15.20%	10.74%	4.87%	5.38%
建 湖 县	30.67%	69.33%	29.98%	11.77%	4.45%	5.54%
东 台 市	41.84%	58.16%	20.32%	13.56%	4.11%	4.40%
大 丰 市	32.56%	67.44%	23.44%	8.86%	4.53%	4.46%
扬 州 市	**19.07%**	**80.93%**	**34.74%**	**18.82%**	**4.25%**	**6.81%**
宝 应 县	24.11%	75.89%	26.23%	24.23%	4.78%	8.45%
仪 征 市	15.16%	84.84%	32.13%	21.36%	3.60%	5.23%
高 邮 市	24.45%	75.55%	37.76%	18.59%	3.93%	5.53%
镇 江 市	**24.17%**	**75.83%**	**47.40%**	**11.41%**	**3.55%**	**3.50%**
丹 阳 市	22.16%	77.84%	55.51%	8.49%	3.04%	3.21%
扬 中 市	16.83%	83.17%	62.20%	5.28%	2.83%	3.83%
句 容 市	32.93%	67.07%	29.32%	21.26%	3.73%	2.65%
泰 州 市	**21.14%**	**78.86%**	**28.80%**	**17.31%**	**6.35%**	**7.95%**
兴 化 市	33.09%	66.91%	16.84%	9.76%	7.03%	9.17%
靖 江 市	20.37%	79.63%	48.35%	8.79%	6.59%	5.82%
泰 兴 市	16.29%	83.71%	27.97%	20.74%	5.84%	9.95%
宿 迁 市	**39.03%**	**60.97%**	**27.27%**	**13.34%**	**3.57%**	**5.93%**
沭 阳 县	34.50%	65.50%	32.22%	10.86%	4.17%	5.67%
泗 阳 县	38.68%	61.32%	27.79%	14.77%	2.78%	4.95%
泗 洪 县	57.33%	42.67%	15.74%	12.04%	2.36%	4.89%

四、江苏历年农村剩余劳动力的定量评估

1. 估算方法

在目前的自然、社会、经济和技术条件下，农业资源尤其是耕地资源对

农业劳动力资源需求具有决定性的作用。因此我们这里采用劳均耕地方法对农业剩余劳动力进行估算。公式如下：

$$SL_t = L_t - S_t / M_t$$

式中：SL_t表示第 t 年农业剩余劳动力，L_t表示第 t 年农业实际劳动力，S_t表示第 t 年实有耕地面积，M_t表示第 t 年劳均耕地面积。劳均耕地面积的计算一般假定 1957 年作为农业劳动力充分利用的固定期，然后根据以下公式进行估算：

$$M_t = 0.5792 \times (1+\beta)^{(t-1957)}$$

式中：β 为经营耕地变动率(以描述农业生产技术进步对农业生产率的影响)。一般假设 1957 年我国不存在农业剩余劳动力，按照这一年的数据计算的劳均耕地面积为 0.5792 公顷。据国家统计局测算，我国农业集约化经营水平可以达到劳均耕地 0.67~1.0 公顷①。据此测算，β的值在 0.0028~0.011 之间。江苏省作为全国经济发达省份，且随着近几年的发展，农业生产技术又得到了进一步提高，因此，我们这里取β 的值为 0.01。

2. 历年农业剩余劳动力估算

鉴于江苏省农村存在大量非农业劳动力，如果用农村从业人员来计算农村剩余劳动力势必造成估计过高，因此，我们这里使用第一产业从业人员数量对农业剩余劳动力进行估算。通过查阅江苏省统计年鉴，我们可以得到江苏省历年耕地面积和第一产业从业人员数量，如表 1-29 所示。根据上述公式可以计算出历年劳均耕地面积和农业剩余劳动力数量。

---

① 来源：周健，中国农村剩余劳动力的界定与估算方法研究，《农业经济研究》，2009 年第 12 期。

表 1-29 江苏省历年农村剩余劳动力估算

	耕地面积/千公顷	第一产业从业人员/万人	劳均耕地/公顷	农业剩余劳动力/万人	占从业人员比重/%
1990	4557.86	2389.25	0.8043	1822.58	76.28%
1991	4549.97	2405.68	0.8124	1845.60	76.72%
1992	4521.77	2337.93	0.8205	1786.83	76.43%
1993	4495.66	2228.06	0.8287	1685.57	75.65%
1994	4464.00	2131.65	0.8370	1598.31	74.98%
1995	4448.31	2057.08	0.8454	1530.88	74.42%
1996	5061.70	2014.06	0.8538	1421.22	70.57%
1997	5055.67	1981.54	0.8623	1395.27	70.41%
1998	5036.54	1946.49	0.8710	1368.22	70.29%
1999	5024.22	1908.64	0.8797	1337.50	70.08%
2000	5008.39	1890.96	0.8885	1327.26	70.19%
2001	4974.12	1832.25	0.8974	1277.95	69.75%
2002	4905.02	1744.41	0.9063	1203.22	68.98%
2003	4858.34	1615.49	0.9154	1084.76	67.15%
2004	4795.19	1506.31	0.9246	987.66	65.57%
2005	4780.37	1414.83	0.9338	902.90	63.82%
2006	4743.00	1323.88	0.9431	820.99	62.01%
2007	4730.48	1230.28	0.9526	733.68	59.64%
2008	4718.66	1179.94	0.9621	689.48	58.43%
2009	4688.06	1120.19	0.9717	637.74	56.93%
2010	4726.16	1060.29	0.9814	578.73	54.58%
2011	4753.25	1023.02	0.9912	543.50	53.13%
2012	4746.01	989.98	1.0012	515.93	52.12%
2013	4765.90	956.74	1.0112	485.42	50.74%

注：由于缺少统计数据，2010~2013 年耕地面积是在 2009 年耕地面积的基础上根据各年农作物播种面积进行折算得出。

根据计算结果可以发现，从 1990 年到 2013 年，江苏省农村剩余劳动力呈现不断减少的趋势，从 1990 年的 1823 万人减少到 2013 年的 485 万人

(图1-53)。而且农村剩余劳动力占第一产业从业人员的比重也不断下降，从1990年的76.28%下降到2013年的50.74%。农村剩余劳动力减少的原因主要有以下几个方面，首先是江苏省城市化的发展，1990~2013年，江苏省城镇化率从21.6%提高到2013年的64.1%，一年提高将近2个百分点，每年有160万人口新增为城镇人口，苏锡常等苏南城市的发展是吸纳江苏省农村人口的主要原因之一。其次，就是农村工业化和农村城镇化的发展。乡镇企业是江苏省一开始农村工业化的主力军，而且创立了闻名全国的农村工业化的苏南模式，江阴市的华西村也成为全国农村城镇化的典范，当然农村工业化和农村城镇化是相辅相成的关系。2013年乡村人口2849.48万人，其中从业人员为2613.96万人，而乡村从业人员中从事农林牧渔业的人口仅为776.05万人，占农村人口的27.23%，也就是江苏省农村地区70%以上的人口都从事的是非农行业，可见农村工业化对农村剩余劳动力的吸纳能力。当然除了城镇化和农村工业化对农村剩余劳动力的吸纳之外，还有农村人口生育率的降低、农村劳动力省外务工等原因的影响，但主要原因是江苏省自身的城镇化和农村工业化。

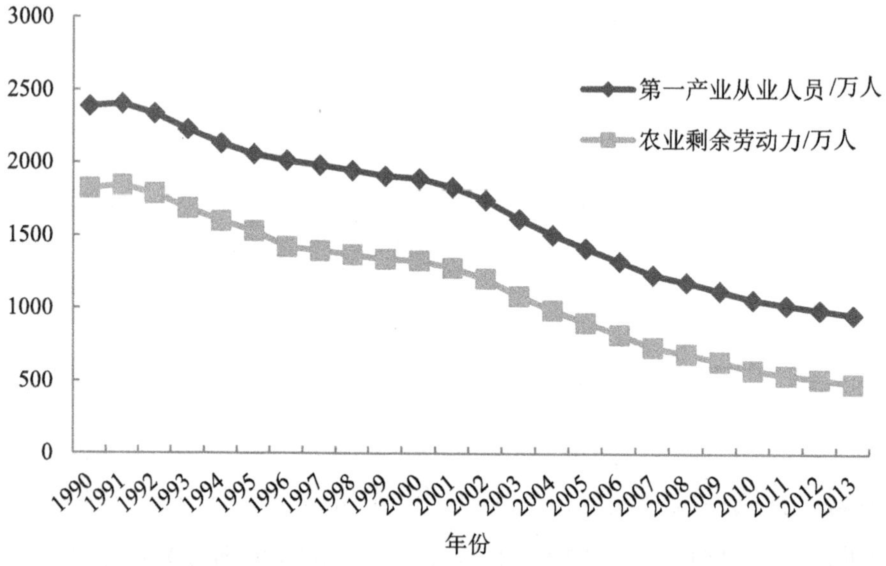

图1-53 江苏省历年第一产业从业人员与农业剩余劳动力比较图

但我们也应该看到，目前全省第一产业从业人员中仍有一半以上的就业人员属于剩余劳动力，剩余劳动力的规模仍有五百多万，根据历史发展趋势，按照趋势外推的方法，我们可以拟合出全省农村剩余劳动力的变化曲线为：

$$SL = -63.771t + 128784.40$$

其中 R^2=0.988，拟合效果较好。按照上述拟合曲线，预计要到 2020 年农村剩余劳动力才能被完全吸纳。

3. 分地区农业剩余劳动力估算

由于 2010 年以后统计年鉴中不再统计耕地面积，因此，只能在 2009 年耕地面积的基础上，根据各地区农作物播种面积对 2013 年各地区耕地面积进行折算，折算方法是：

$$G_{2013} = G_{2009} \times (B_{2013}/B_{2009})$$

其中 G_{2013} 是指 2013 年耕地面积，G_{2009} 是指 2009 年耕地面积，B_{2013} 是指 2013 年农作物播种面积，B_{2009} 是指 2009 年农作物播种面积。然后再根据 2013 年全省耕地数量对各地区耕地数量进行修正，以使各地区耕地数量总和与全省耕地数量相等。计算结果见表 1-30。

表 1-30　2013 年各地区耕地面积折算

千公顷	2009 年耕地面积	2009 年农作物播种面积	2013 年农作物播种面积	2013 年耕地面积折算	2013 年耕地修正
南 京 市	**242.07**	**341.88**	**324.47**	229.74	264.34
无 锡 市	**135.5**	**178.48**	**178.67**	135.64	156.07
江 阴 市	32.33	43.48	47.49	35.31	40.63
宜 兴 市	65.81	89.74	93.59	68.63	78.97
徐 州 市	**590.31**	**1056.6**	**1126.58**	629.41	724.18
丰　县	75.67	133.81	145.87	82.49	94.91
沛　县	75.25	141.77	148.84	79.00	90.90
睢 宁 县	100.01	178.36	188	105.42	121.29

续表

千公顷	2009年耕地面积	2009年农作物播种面积	2013年农作物播种面积	2013年耕地面积折算	2013年耕地修正
新沂市	78.46	141.56	157	87.02	100.12
邳州市	110.79	217.13	229.8	117.25	134.91
常州市	**164.82**	**230.73**	**224.17**	160.13	184.25
溧阳市	57.43	93.67	94.38	57.87	66.58
金坛市	32.04	56.85	56.16	31.65	36.42
苏州市	**221.64**	**270.18**	**257.63**	211.34	243.17
常熟市	56.44	75.87	74.03	55.07	63.36
张家港市	34.68	58.31	54.96	32.69	37.61
昆山市	18.7	27.42	23.16	15.79	18.17
太仓市	25.86	49.46	49.37	25.81	29.70
南通市	**468.17**	**852.65**	**843.53**	463.16	532.91
海安县	54.7	103.57	102.95	54.37	62.56
如东县	109.14	173.46	171.58	107.96	124.21
启东市	69.02	152.59	152.74	69.09	79.49
如皋市	81.55	150.63	150.54	81.50	93.77
海门市	60.1	108.36	106.97	59.33	68.26
连云港市	**369.74**	**580.56**	**628.82**	400.48	460.78
赣榆区	67.45	102.72	108.77	71.42	82.18
东海县	130.67	187.04	202.39	141.39	162.69
灌云县	100.49	137.23	134.05	98.16	112.94
灌南县	59.19	97.58	108.5	65.81	75.72
淮安市	**495.2**	**774.27**	**799.26**	511.18	588.16
涟水县	103.02	163.53	167.92	105.79	121.71
洪泽县	39.45	66.59	69.77	41.33	47.56
盱眙县	119.73	161.9	166.13	122.86	141.36
金湖县	49.45	78.38	82.31	51.93	59.75
盐城市	**781.65**	**1413.12**	**1460.13**	807.65	929.27
响水县	60.93	107.05	112.61	64.09	73.75
滨海县	97.34	169.36	175.5	100.87	116.06

续表

千公顷	2009 年耕地面积	2009 年农作物播种面积	2013 年农作物播种面积	2013 年耕地面积折算	2013 年耕地修正
阜宁县	87.46	152.93	168.99	96.64	111.20
射阳县	137.22	210.82	208.18	135.50	155.91
建湖县	64.77	111.96	116.46	67.37	77.52
东台市	126.6	241.5	250.04	131.08	150.81
大丰市	104.89	239.17	246.49	108.10	124.38
扬州市	**298.84**	**495.34**	**510.27**	307.85	354.20
宝应县	76.74	129.6	137.29	81.29	93.53
仪征市	49.13	60.42	60.9	49.52	56.98
高邮市	76.44	135.3	142.62	80.58	92.71
镇江市	**170.03**	**238.25**	**237.44**	169.45	194.97
丹阳市	53.93	85.46	84.24	53.16	61.17
扬中市	10.61	19.4	18.69	10.22	11.76
句容市	66.57	77.6	78.03	66.94	77.02
泰州市	**313.65**	**562.52**	**582.32**	324.69	373.58
兴化市	127.47	225.53	230.18	130.10	149.69
靖江市	28.97	54.96	54.01	28.47	32.76
泰兴市	69.06	129.8	138.05	73.45	84.51
宿迁市	**437.86**	**698.94**	**705.8**	442.16	508.74
沭阳县	141.94	243.43	249.22	145.32	167.20
泗阳县	70.09	109.76	112.3	71.71	82.51
泗洪县	132.93	188.56	187.33	132.06	151.95

因为 2013 年江苏省劳均耕地面积为 1.0112 公顷，因此根据各地区农业从业人员数和耕地面积即可得到各地区农业剩余劳动力数量。从计算结果可以发现：

从规模来看，农业剩余劳动力主要集中在苏北地区，2013 年苏北地区农业剩余劳动力达 261.74 万人，占江苏省的 63.63%，其中以徐州最多，徐州市农业剩余劳动力就高达 99.88 万人，占全省农业剩余劳动力的 24.28%，尤其是邳州、丰县、沛县、新沂市农业剩余劳动力都在 15 万以上，是全省剩余农业人口较多的县(表 1-31)。另外，苏北地区的沭阳也是农业剩余劳动力较多的县，剩余农业劳动力大 22.65 万人。苏南农业剩余劳动力最少，仅有 44.27 万人，而且大部分集中在南京和常州，其他几个地级市农业剩余劳动力仅有几万人，其中苏州最少，仅有 1.05 万人，常熟、昆山、太仓等市县几乎不存在农业剩余劳动力。而苏中地区居中，农业剩余劳动力 105.32 万人，主要集中在南通、泰州两个地区，其中泰兴、启动、如皋、海门等市县的农业剩余劳动力相对较高，均在 10 万人以上。

表 1-31　2013 年分地区农业剩余劳动力计算结果

地区	耕地面积/千公顷	第一产业从业人员/万人	农业剩余劳动力/万人	农业剩余劳动力比重/%
南京市	**264.34**	**48.5**	**22.3583**	**46.10%**
无锡市	**156.07**	**18.1**	**2.665472**	**14.73%**
江阴市	40.63	5.15	1.131996	21.98%
宜兴市	78.97	9.12	1.310428	14.37%
徐州市	**724.18**	**171.5**	**99.88178**	**58.24%**
丰县	94.91	28.4	19.01373	66.95%
沛县	90.90	26.13	17.14054	65.60%
睢宁县	121.29	19.32	7.325123	37.91%
新沂市	100.12	26.29	16.38854	62.34%
邳州市	134.91	34.3	20.95794	61.10%
常州市	**184.25**	**31.5**	**13.27887**	**42.16%**
溧阳市	66.58	11.35	4.76569	41.99%
金坛市	36.42	6.86	3.258519	47.50%
苏州市	**243.17**	**25.1**	**1.051757**	**4.19%**
常熟市	63.36	4.25	0.01638	0.39%
张家港市	37.61	4.66	0.940584	20.18%
昆山市	18.17	1.9	0.102766	5.41%

续表

地区	耕地面积/千公顷	第一产业从业人员/万人	农业剩余劳动力/万人	农业剩余劳动力比重/%
太仓市	29.70	2.72	0.21717	7.98%
南通市	**532.91**	**107.3**	**54.59822**	**50.88%**
海安县	62.56	12.2	6.01312	49.29%
如东县	124.21	14.8	2.515903	17.00%
启东市	79.49	20.5	12.63871	61.65%
如皋市	93.77	21.2	11.92623	56.26%
海门市	68.26	18.6	11.84913	63.71%
连云港市	**460.78**	**81.8**	**36.23119**	**44.29%**
赣榆区	82.18	18.35	10.22304	55.71%
东海县	162.69	18.61	2.521245	13.55%
灌云县	112.94	19.62	8.45053	43.07%
灌南县	75.72	16.79	9.301252	55.40%
淮安市	**588.16**	**82.6**	**24.43413**	**29.58%**
涟水县	121.71	17.61	5.572993	31.65%
洪泽县	47.56	6.62	1.916743	28.95%
盱眙县	141.36	12.34	1.63965	13.29%
金湖县	59.75	6.95	1.041114	14.98%
盐城市	**929.27**	**132.9**	**40.99973**	**30.85%**
响水县	73.75	9.99	2.696879	27.00%
滨海县	116.06	19.47	7.992439	41.05%
阜宁县	111.20	18.09	7.093113	39.21%
射阳县	155.91	17.99	2.571697	14.30%
建湖县	77.52	13.69	6.023807	44.00%
东台市	150.81	19.6	4.685179	23.90%
大丰市	124.38	14.53	2.229616	15.34%
扬州市	**354.20**	**51.9**	**16.87103**	**32.51%**
宝应县	93.53	12.78	3.529873	27.62%
仪征市	56.98	9.39	3.755241	39.99%
高邮市	92.71	13.17	4.001563	30.38%

续表

地区	耕地面积/千公顷	第一产业从业人员/万人	农业剩余劳动力/万人	农业剩余劳动力比重/%
镇江市	**194.97**	**24.2**	**4.918603**	**20.32%**
丹阳市	61.17	6.31	0.26108	4.14%
扬中市	11.76	1.44	0.276906	19.23%
句容市	77.02	10.42	2.803237	26.90%
泰州市	**373.58**	**70.8**	**33.85455**	**47.82%**
兴化市	149.69	24.63	9.82654	39.90%
靖江市	32.76	8.32	5.080575	61.06%
泰兴市	84.51	19.83	11.47243	57.85%
宿迁市	**508.74**	**110.5**	**60.1883**	**54.47%**
沭阳县	167.20	39.18	22.64495	57.80%
泗阳县	82.51	18.45	10.29012	55.77%
泗洪县	151.95	27.67	12.64298	45.69%

从农业剩余劳动力占第一产业劳动力的比重来看，苏中和苏北地区这一比重都相对较高，均为45%以上。苏北地区的丰县这一比重最高，达66.95%。徐州地区的其他几个县市比重也都较高，除睢宁县外，其余均在60%以上，除此以外，南通的启东、如皋、海门，连云港的赣榆、灌南，泰州的靖江、泰兴，宿迁的沭阳、泗阳，农业劳动力剩余比重也都在55%以上。而苏南地区的这一比重整体上仅为30.04%，其中常熟、昆山不仅规模上较少，比重也都不足6%，基本已经实现农村完全城镇化。但值得注意的是，苏北地区也有农业剩余劳动力较少的地区，如淮安的盱眙县、金湖县，不仅农业剩余劳动力规模不多，仅有1万多人，而且其所占第一产业劳动力比重也不高，仅有百分之十几。这与盱眙县、金湖县近年来促进农村剩余劳动力的积极政策有很大关系。相比较而言，淮安市的其他区县与苏北地区其他地区相比，农业剩余劳动力比重也都明显偏低，基本与苏南地区的有些区县相持平。这说明

淮安市在农村剩余劳动力转移方面做出了很好的成绩，其政策措施值得其他地区积极借鉴。除了淮安，盐城的射阳县、大丰县的农业剩余劳动力比重也仅在百分之十几的水平，远低于苏北其他地区，其在农村剩余劳动力转移方面也做出了较好的成绩。另外，苏南地区有些区县，农业剩余劳动力比重也相对较高，如南京市区、金坛、泰州市区、兴化、靖江、泰兴等，这一比重均在40%以上，其中靖江地区的比重更是在60%以上，基本为苏北地区一些区县的水平，因此在苏南地区内部也存在着较大的区域差异，有的区县还存在大量农村剩余劳动力。

五、江苏农村人口市民化的途径与障碍分析

1. 农村人口市民化的途径与模式

根据农村人口的主观愿望，农村人口市民化大体上可以通过两种途径实现，即主动市民化和被动市民化。主动市民化包括农民工市民化、农村学生升学市民化、农村老人养老投奔子女市民化；而被动市民化则包括小城镇发展下的农民被动市民化及城市扩张下的失地农民被动市民化。根据主体是否发生转移，农民可以通过两条路径转化为市民，即异地转型和就地转型。异地转型是指通过跨区域流动，进入城市务工，以产业工人的身份在城市安家落户，实现思想认识、生产与生活方式向城市居民的本质转化。而就地转型则是指在自然村落逐步向城镇聚合或转变的过程中，在区域内以各类企业职工的身份在家乡过上市民生活。

在过去，农村人口市民化的现实途径主要有三种：进城农民工的市民化、乡镇企业职工的市民化(或叫做小城镇发展模式)和城郊失地农民的市民化(或叫做“城中村”发展模式)。在这些途径或者模式中，农村集体起到的作用十分有限，更多地都是农民和城市之间的相互作用。但也不排除有些村集体的积极作用，如江阴的华西村在村支书的带领下大力发展工业、服务业，并实现了华西

村的就地城镇化，成为中国农村城镇化的重要典范。但这样的村子毕竟属于少数，大多数的农村集体以及村委会在农村人口市民化的过程中发挥的作用不大。

目前，随着农村生产要素流动性的增加，多地开始探索农村人口市民化的主动模式，当然这种模式只是处于探索阶段，但已经成为大势所趋，泗洪县在这方面做出了一些大胆的尝试。这种模式的主要特点包括：在农村村委会的组织带动下，通过承包地流转、置换、入股等多种方式实现农村承包地的规模化经营；通过农村居住区集中规划建设、宅基地置换商品房实现农村人口集中居住或进入城镇居住；通过农村工业集中规划、集体资产置换股权等实现农村工业化；通过增加村级财政收入、提高农村基础设施建设实现农村景观上的就地城镇化。在这种模式下，农村集体起到主导作用，其重要前提是农村资源的市场化流动。因此，加快农村生产要素的市场化流动有利于农村城镇化的发展。

专栏　泗洪县通过“三集中”促进农民就地城镇化

农业大县泗洪，工业经济基础薄弱，“三农”比例高，城镇化水平低，在推进新型工业化、新型城镇化和农业现代化进程中，后发劣势明显。但泗洪却能从劣势中发现优势、发掘优势和发挥优势，以科学辩证发展观看待和发展县域。

2011 年 10 月，泗洪县作为江苏省农村改革试验区，大胆创新，提出以土地向规模经营集中、人口向城镇和农村社区集中、工业项目向园区集中“三个集中”统筹推进新型工业化、新型城镇化、农业现代化和脱贫攻坚“三化一攻坚”发展思路，顺应经济发展和群众愿望的需要。

在土地集中上，坚持依法、自愿、有偿原则，以全面实行土地确权发证为前提，扎实推进农村土地流转。两年多来，全县累计新增土地规模流转面积 134.8 万亩，占全县耕地面积的 68%。

在人口集中上，大力实施低地价、低房价“双低”战略，坚持户籍改革、地籍改革和土地整理“三位一体”同步推进，征收赔偿、购房补贴、贷款贴息及“双置换”等政策“组合拳”同步实施。两年多来，新增集中居住人口 25.66 万人。

在工业项目集中上，吸取过去“村村点火、处处冒烟”的教训，坚持集中、集聚、集约发展，在重点乡镇规划建设工业集中区、一般乡镇建设农民创业园、村居建设“三来一加”项目点，为近 5 万名离地农民提供就近就地就业创业的载体保障。

随着泗洪“三个集中”创新实施，农村生产、生活方式和社会治理方式开始呈现“三大转变”，农村资源集聚利用、基础设施集聚配套、公共服务集聚布局形成新的“三大集聚”，农民货币化收入、村级集体经济收入、乡镇财政收入“三大收入”全面提高，全县“三化”进程大大加快。

2013 年，全县 GDP 增长 12.5%；财政总收入和公共财政预算收入分别增长 25.6%、22.4%；城乡人均收入分别增长 10.8%和 13%，其中，农民人均纯收入突破万元，全县有 9 项主要经济指标增速位居宿迁全市第一。

泗洪成功推进“三化一攻坚”发展战略的思路和经验，引发了诸多中央和地方主流媒体的竞相报道，引起全国各地的关注。中央党校和北京大学的知名学者评价说，泗洪为后发县域加快推进新型城镇化，提供了一个具有普遍借鉴意义的标本。

2. 农村人口市民化的障碍分析

农村人口市民化的实现过程也会面对一些制约性因素和障碍。主要表现在以下几个方面：

(1) 农村人口自身素质和心理障碍

第一，农民自身在观念上比较陈旧。受传统小农经济思想、城乡文化差异的影响，特别是“不愿离土离乡”对乡土的眷恋心理和怕冒风险的心理，导致部分农民依然把土地作为自己的根本和保障，把游离于城乡之间既能挣钱、又能种田作为最理想的生活模式，进城农民很难完全融入城市生活。

第二，农民自身文化素质不高。在市场经济条件下，企业用人均采用聘任合同制，而且主要是按能力竞争上岗，劳动力的文化素质及技能显得十分重要。而大多数农民文化水平低，劳动技能差，缺乏竞争优势，要在非农领域就业，显然很难。在实际中，由于受文化水平和技术素质低的制约，有些农民即使暂时得到安置或自谋到出路，也随时有被企业淘汰或失去工作的可能，存在就业再失业的现象。

第三，农民进城后承担的心理压力大。相比长期在城市生活的居民，进城后的农民要承担更多的心理压力。一方面，外界城市居民的观念压力。城市居民长期对农民负面形象的印象，使农民进城后经常要受到城市居民的另眼相看，在行动上与心理上要承受更多的压力。另一方面，在农村，农民保持农事行为快节奏只有特定的几个时期，而城市居民全年工作快节奏，精神压力大。城市快节奏的行为方式对进城农民是个严重挑战，进城农民短时间内很难适应。

第四，农民进城后收入预期减少。农民进城后的最基本要求就是所带来的效益必须大于进城以前。然而，部分农民进城后造成预期收入下降，进城后生活、就医、子女教育等方面的支出预期又在增加，而且进城后又面临着收益不确定和不平衡等许多新问题，以致出现“农民想进城而不敢进和能进不要进，还是当农民好”等现象。

(2) 社会制度性制约因素与障碍

第一，城乡二元分割的户籍制度长期把农民拒之于城市之外。户籍上的区别导致了城市居民在教育、社会保障、政治等方方面面的权利享有上优于农民。虽然目前有些城市户籍制度有所松动，附属于户口上的城乡利益差别明显缩小，但农民进城的成本很高，还要受到各种歧视。即使进城多年改变了职业身份的“农民工”，也因户籍制度而享受不到市民的福利保障待遇。由于地位、待遇的不公，进城农民很难融入城市社会，只能漂移在农村和城市之间。

第二，现行土地流转制严重影响农民市民化进程。为了确保农村土地的稳定，实行土地几十年不变的承包政策，不准土地自由买卖、自由转让，这是完全必要的。但这种制度使承包的土地成了农民离不开的根，不能完全从土地上解放出来。在城市社会保障又覆盖不了进城农民的情况下，一些农民虽然人进了城，心却还留在农村，制约了农业劳动力的转移。

第三，被征地农民失利给农民市民化带来了极大消极影响。虽然城市土地产生出巨大利益，但在土地收益分配中，农民和村集体只得到了极少部分，政府及开发商得到了极大部分。而且大量的土地，历史上是以无偿划拨形式或几千元至一两万元一亩的低价被征用的。土地开发产生的巨额利润，通过二、三级渠道形成多管道分配，引发出农民强烈的不满。而且现行的征地补偿标准并没有考虑失地农民转化为市民的身份转变，没有考虑到就业的市场化以及生活基础已经城镇化，没有考虑到创业资本和社会保障，更没有考虑到失地农民如何分享城镇化的成果。

第四，社会保障是阻挠农民市民化的重要因素。农民进城所关注的重点不仅是户口，还有进城后能否保证有稳定的收入以及能否享受到城镇居民的社会保障。目前的状况是：一方面，政府的社会保障能力相对较弱；另一方面，进城农民大多数在私营企业，企业参保意识相对较差，进城农民的社会保障权益难以得到有效保证。

第五，进城农民的子女受教育的不平等是农民市民化的重要梗阻。由于进城农民原没有城市户口，孩子入学受教育就会遇到很多困难和障碍，即使解决了子女入学问题，所要支付的成本也大大高于有户籍的城市人口。如要解决进重点学校等问题，又将遇到城市教育机构布局还欠完善、投入相对不足等不平等问题。

(3) 其他方面制约因素与障碍

第一，城市长期以来对农民的传统偏见。从城市方面看，人们思想观念上受城乡对立、体制上受城乡分治的影响，对农民有一种根深蒂固的偏见——担心农民进城会带来住房、交通、教育、卫生、社会治安等方面的问题，还担心农民进城务工经商，会加剧城市劳动力供求矛盾；对进城农民缺少包容之心和宽广胸怀。似乎城市中目前存在的较高失业率、犯罪率和工伤事故率以及城市环境的脏乱差等问题，都与进城农民相关。城市对农村的排斥，市民对农民的歧视、对农民市民化的冷淡，阻碍了农民市民化的进程。

第二，城市现行的政策对农民仍有失公平。尽管近年来有些地区出台了一系列政策，为农民市民化开绿灯，但有的部门在制定和出台某项政策时，往往出于维护城市居民利益的考虑，在对农民市民化和农民进城的问题上，实行排斥和抑制政策的多，鼓励和支持政策的少，存在着重堵轻疏、重管理轻服务、重义务轻权益、重城市就业轻农民工安排的政策现象，进城农民在城市中实际处于“边缘状态”和“二等公民”的地位。

第三，当前经济发展不太适应农村劳动力就业转移需要。一是由于江苏省正处于经济增长与经济体制转型的特殊时期，经济增长方式由粗放型向集约型转变，科技管理越来越成为经济增长的因素，这就产生了资本和技术替代劳动力现象，对劳动力的需求呈减少趋势。二是城市规模小，城市功能弱，小城镇数量多，但整体素质比较低，经济集聚效应和规模效应难以发挥，郊区和农村接受辐射能力偏弱，无法吸纳更多的劳动力，农民缺乏转化为城镇居民的有效载体。

六、加快推进江苏农村劳动力转移和市民化的对策建议

随着社会开放度的进一步提高，城市农村务工人员的数量将继续增加，融入城镇社会不仅是健康城镇化的要求，而且也是社会全面进步的要求。以

政府为引导，以农村劳动力为主体，以市场为导向，以多元城镇化发展为依托，以户籍制度改革、土地制度改革和社会保障制度改革为实施保障，通过建立和完善统一开放、竞争有序、城乡一体化、平等竞争的劳动力市场，因地制宜，大力发展劳动密集型产业和第三产业等劳动力吸纳能力强的产业，积极、稳妥、有序地实现农村人口市民化。

1. 建立农民自愿退出农村的机制是推进农业转移人口市民化的前提

实施统筹城乡发展战略，推进城乡发展一体化，关键是要实现城乡要素平等交换和公共资源均衡配置，最终目的是要让广大农村人口尤其是农业转移人口充分享受到城镇化成果。随着大量农村人口转移到城镇就业，推进农业转移人口市民化，迫切需要建立农民自愿退出农村的机制。首先，要让进城务工农民能够在城里买得起房，进而真正落户城镇，享受到与城市居民相同的公共服务，就应该采取货币补偿或用宅基地换城镇住房等方式，让农民自愿退出农村的土地，以此获得城镇的房屋使用权。从近年来江苏、成都温江等地探索“宅基地换房”的举措来看，农民是得到了实惠的。其次，农村大量宅基地的闲置和承包地的荒芜，也需要创造条件，让自愿退出农村的农业转移人口获得城市的保障。进城务工农民是愿意保留农村的土地权利还是自愿退出农村土地，选择用其置换城市的保障，应该由农民自己说了算，政府着重应在提供农业转移人口市民化后的保障上下工夫，只要后续保障能够跟上，就不会产生像一些专家学者所担心的诸如城市贫民窟等社会问题。其三，农业转移人口市民化以后，也不需要保留两种身份。从农村空心化的现实情况看，真正在城里找到稳定工作并具有稳定收入的农民是不愿意再回到农村去的，他们不仅自己一心想留在城市，而且还想逐步把家里的老人和孩子全部带到身边。总之，让农民自愿退出农村的土地，以此获得城镇的住房和城市的保障，不仅有助于扩大消费和投资需求，稳定城镇产业工人队伍，推动产业转型升级，而且将为推动农村土地流转，培育壮大股份合作社、专业合作社、家庭农场、专业大户等新型农业经营主体，发展多种形式的适度规模经营，提高农村土地集约高效利用，推进农业现代化创造更为有利的条件。

2. 加快制度创新是推进农村剩余劳动力市民化的核心

我国的就业制度由计划配置逐步转向了更多地依靠市场机制，最终过渡到完全由市场来配置资源。这对我国的农民市民化进程产生了重大的影响。农民市民化的重要前提是农民就业的市场化、非农化和充分化。顺利实现就业是解决农民生活来源、加快生产生活方式转变和市民化进程的重要保证。所以，应按照市场化原则，制定城乡统一的劳动力就业政策，建立城乡统一的劳动力就业市场，实现城乡统筹就业；建设以市、区劳动力市场为中心，以街道、乡镇劳动力管理服务站为网点的就业服务网络；打破城乡“藩篱”和所有制界限，取消在城市就业的种种不合理限制，变“户籍门槛”为“素质门槛”。政府要最大限度地为农民提供就业岗位，特别是在基础设施方面，要加大投入力度，根据农民的不同素质为其提供就业岗位，保证农民市民化的质量。此外，还要建立与城市居民同等的养老保险、医疗保险和失业保险等社会保障制度，解除农民市民化的后顾之忧，从而加快农民市民化的步伐。

3. 保障农村剩余劳动力的权益是加快其市民化的保障

农民市民化本质是让农民离开土地进入非农业领域就业。在非农业领域就业遇到的一个重要的问题就是权益保障问题。这就要求政府根据中国的实际情况制定出农民就业保障法，保障农民的合法权益，规范用人单位对农民权益的尊重。政府应设立欠薪保障基金。在市民化进程中，当农民的工资被拖欠时，政府可启动该项基金，保证农民能够及时、足额拿到自己的血汗钱。基金的形成主要是用人单位向政府缴纳按工资额一定比例的资金。在劳资关系上，政府的责任应当是保护弱势群体，制定有利于保护农民合法权益的各项政策，取消针对农民的歧视性规定和不合理收费，树立城乡统筹发展的观念，赋予农民平等的就业权利和社会权利，确立以人为本的管理理念，大力培育社会中介组织，大力加强工会组织建设等。

第八节　江苏农村工业与城镇化对策建议

一、江苏农村工业化对策建议

1. 推进农村工业向园区集中，促进生产空间集约高效

实现围绕提升农村经济社会发展水平这个新要求和新课题，江苏省适时提出了积极推行“农村工业企业向工业规划区集中、农民居住向新型社区集中、农业用地向适度规模经营集中”的“三集中”发展新模式。以工业为突破口，坚持与工业产业规划、本地资源利用和产业优势相结合的原则，高起点、高标准抓好乡镇工业园区规划，加快工业园区基础设施建设步伐，完善交通、供水、供电、通信等配套设施，积极鼓励村集体在工业园区内建造标准厂房，吸引农村工业企业向园区集中。以工业园区集聚建设为抓手，加快发展产业集群，带动工业经济转型升级，提高土地利用集约化水平。不仅有利于实现农村工业的规模经济，而且有利于乡镇工业污染的治理与减少，有利于农村农业现代化发展和城镇化。

首先，农村工业向工业规划区集中可以优化农村工业的布局。江苏省在农村工业化初期，形成了“村村点火，处处冒烟”、投资分散、布局混乱、技术水平低、经济效益难以提升的农村工业布局。为了实现农村工业发展水平的提高目标，一方面积极鼓励农村企业发展横向联合，找“靠山”来做大做强；另一方面则开始规划建设乡镇工业小区，利用原来乡镇、集镇的基础设施条件，开辟一个工业区，让新办企业落户在这个工业小区当中。优化农村工业企业布局，让更多的企业进入工业规划区，其意义不仅仅是改善环境问

题，而还在于可以使更多的企业共享规划区的基础设施，降低投资成本，从而提升企业效益和竞争力。

第二，农村工业企业向规划区集中可以节约利用土地。江苏是个人多地少的地区，随着经济和社会事业的发展，各项建设用地急剧增加，土地制约发展的矛盾也就更加突出。农村工业企业因为原有布局不够合理，土地不仅存在浪费的现象，而且土地利用程度也不是很高，利用强度较低。通过积极引导工业项目向工业规划区集中，改变土地利用结构不合理的状况，整合各类工业用地，可以比较好地解决乡镇分散工业布局。

第三，农村工业向工业规划区集中，有利于环境的集中整治。改革开放以来，江苏在农村工业化发展中，不仅取得了非常大的成就，同时也付出了很大的资源环境的代价。农村工业企业在各地遍地开花的同时，带来的环境污染也可以说是遍地开花，不仅空气中有了污染，水污染也是存在的。尽管江苏省在经济社会发展中十分重视环境污染的防治，对企业污染物排放都要求达标，对不达标企业实行关停并转。农村工业企业进驻规划区，也可以使得江苏农村整体环境的外在形象更加优美，恢复和发展江苏农村特有的田园风光。

2. 积极推动农村工业与城市工业的融合以及分工协调发展

江苏在体制转轨时期发展起来的农村工业，技术上相对落后，但机制却是先进的，而同一时期的城市工业，技术上相对先进，体制却是落后的。结果，农村工业在城市工业之外复制出强大的“第二工业体系”，城乡产业结构趋同，自成一体，未能形成相互协作、优势互补、共生共荣的分工发展与一体化产业体系。在新的发展阶段，江苏应改变城市工业化与农村工业化分割的局面，把农村工业与城市工业融合起来，实现彼此的分工与协调发展。为此，当前需要重点做好以下两个方面的工作：

第一，促进城乡产业从旧的产业间分工模式向产品分工和产业链分工的新模式转变，在城乡间进行产业的迁移和空间布局的调整。即将产业链中的研究开发、管理控制、产品设计、原料采购、市场营销、物流配送等环节或部门，迁移到拥有丰富科技和人才资源的苏南城市地区。与此同时，将生产制造、组装等环节或部门迁移到苏北地区城市、大城市郊区或者农村地区的专业市镇，在这些农村地区的市镇形成专业化的产业集群。通过这种产业链分工布局的调整，降低各个生产链上的成本，变城乡产业水平竞争为垂直生产链上的相互合作，实现城乡产业间的分工发展和互利共赢。

第二，进行城乡产业组织和管理体制创新。鼓励与支持城乡企业间的兼并、联合、重组，构建以大企业集团主导的产业分工与协作网络，将一些孤立分散发展的农村工业纳入企业集团生产体系。鼓励城乡企业之间的分包，积极支持城市大企业把适合在农村地区加工生产的产品和零部件等辅助性的土地密集型、劳动密集型环节分包给农村地区的中、小企业完成，使众多的农村中、小工业同城市大工业形成分工协作关系，使小企业的“小而专”和大企业的“大而强”相互配合，共同发展。政府还应根据城乡工业发展的现状，改乡镇企业局为中小企业局，统一管理城乡工业，并按行业进行对口分类指导。

3. 鼓励农民合作组织兴办各种类型的农村工业

江苏农村工业未来的发展应定位在农副产品加工和营销等生产链环节，要通过发展农村工业，实现完善江苏农业产业链、促进农业产业化这个目标。这一方面可以增强农民的市场谈判力，另一方面还可以使农民能够分享农产品加工和销售等环节的收益。在农业产业化过程中，乡镇企业可以扮演重要的角色。江苏省的乡镇企业大多源自以前的“社队企业”，实行的是“村企合一”的模式。在乡镇企业发展的初期，企业的控制权和剩余分配权一般掌握在村组织或基层政府手中，企业是“村庄型公司”，是村庄控制着企业。20世纪90年代开始，江苏乡镇企业开始实行大规模产权改革，企业的控制权和剩余支配权逐渐从村集体或基层政府转移到企业管理者手中，村庄与企业之间的关系也发生了改变，从“村庄型企业”转变为“公司型村庄”。经过这场产权改革，集体所有制在江苏农村工业中逐渐退出，股份制、股份合作制和个体经营成为江苏省乡镇企业主要的经营形式。

在农村工业经营形式的选择上，股份制、股份合作制和个体经营等各种经营形式均是选项，各地可根据实际情况选择。目前，江苏许多地方的乡镇企业实行的是股份合作制。这种股份合作制是把股份制引入合作制，实行劳资结合的一种经济组织形式，它和泛指的股份制不同，和一般的合作制也不相同。一般而言，股份制是资金的联合，合作制是劳动的联合，股份合作制既有资金的联合又有劳动的联合；在分配上，股份制是按资分配，实行一股一票，合作制是按劳分配，实行一人一票。股份合作制既实行按劳分配，又实行按资分红。这种企业经营形式适应了我国当前农村的需要，成为江苏乡镇企业经营形式的一个重要创新。但从长远的发展方向上看，农民在自愿联合、民主管理基础上建立起的合作经济组织应成为未来兴办农村工业的主体。农民合作组织是农民在追求自身利益的基础上，为实现某些共同利益而采取合作行动的结果。这些合作组织既可以充当中介，为农户提供产前、产中、产后服务，降低农户与企业之间的交易费用，也可以自己从事农产品的加工和销售，向农产品加工和销售等高附加值环节延伸，提高农产品生产经营的比较收益。以农民合作组织为主体兴办农村工业，更有利于广大农民把经营活动延伸到农产品生产前的服务环节和产后的加工、流通、销售等环节，分享农业产业链中非农产业环节的利润，并改善自身在市场竞争中的地位，从而保障农业产业化过程中农户的利益，并有利于缩小工农差别和城乡差别。

4. 发展乡镇全民创业园，推进新农村建设

为进一步贯彻落实创业富民战略，充分调动社会各方面力量投入创业实践，通过创业促进发展，推动创业带动就业，为实现全面小康注入强大内生

动力，江苏省一些地区启动了全民创业计划，如江苏泗阳县，通过各项优惠政策和热情服务，旨在吸引社会资本投资建设农村工业发展。在全民创业计划的实施下，一大批曾经在外打拼多年的江苏有为青年，毅然放弃在外的优厚待遇，回到家乡，在各自擅长的领域开创了属于自己的事业，成为支持江苏农村经济跨越发展的生力军。

专栏　泗阳县2014年全民创业工作经验

泗阳县位于中国“十大新天府”之一的苏北平原，属长江三角洲地区，是淮海经济圈、长三角经济圈、沿运河城镇轴交叉辐射区。为促进农村工业的发展，泗阳县实施了全民创业计划，总结经验，主要有以下几个方面：

(一)大力培育创业主体。全面推进“万人创业计划”，鼓励社会各类主体不拘形式，不拘规模，积极投身自主创业实践，全年新增创业者10000人以上。各类创业主体牵头部门充分利用部门资源优势，广泛开展形式多样的创业典型培育活动，全年新增创业典型200人以上。充分发挥村居干部信息渠道广、大学生村官创业激情高的优势，通过项目、技术、资金扶持，全面打造“双带双强”型村居干部和大学生村官创业示范点，年内各乡镇(街道)打造大学生村官创业示范点2个以上，村居干部创业率达85%以上。以各乡镇(街道)为主体，鼓励引导在外人员返乡创业，年内落户“凤还巢”企业100户以上。

(二)做大全民创业园规模。深入开展全民创业园“分档竞赛”活动，做大做强全民创业载体。围绕“555”建设工程，加大标准化厂房建设力度，全年新建标准化厂房300万平方米，至2014年底全县乡镇(街道)标准化厂房建设均量达50万平方米。鼓励建设多层厂房，二层厂房按1.3系数计算竣工实绩，三层及以上厂房按1.5系数计算竣工实绩。加快建设进度，6 月底完成全部开工任务，9 月底完成全年竣工任务 60%以上，12 月 20 日前完成全年竣工任务，所有乡镇(街道)不得将 2014 年任务结转到 2015 年。加快建设园区供水、供电、道路、通信等基础设施，年内全面实现“六通一平”。全面完善园区商业服务中心、仓储中心、职工公寓、幼儿园等配套设施，提升园区承载能力。围绕特色产业开展招商引资，年内引建固定资产投资 500 万元以上项目 380 个；强化园区企业培育，年内全民创业园开票销售、入库税收等主要经济指标增长 30%左右。力争“十二五”末，各全民创业园均入驻一般纳税人企业 50 家以上，用工 5000 人以上。

(三)推进服务业繁荣发展。利用城乡大量商业街区、专业市场、小区门面房，鼓励支持广大群众进入服务业市场，通过设立各类品牌店、餐饮店等方式,大力发展商贸流通和餐饮服务业,全年新增服务业项目 5000 户以上。以“培育特色、规范管理、完善功能、提升品位”为目标，加快八大特色街区和五大专业市场改造提升，引导分散商业经营户向创业街区、专业市场集聚经营；强化知名品牌餐饮商贸流通项目招引。年内八大创业街区和五大专业市场平均入驻率达 80%以上，主营业态项目占比 60%以上。各责任单位安排专人入驻创业街区和专业市场，加强创业街区、专业市场规范管理，维护日常运行秩序，提升业态，切实打造一批繁荣兴旺的创业街区、专业市场。

(四)积极打造乡镇创业街区。全面搭建乡镇三产服务业创业平台，做大乡镇服务业经济总量，方便乡镇居民生产生活需求。各乡镇(街道)结合危旧片区改造，改建 1 条创业街区，鼓励沿街居民按照街区总体规划自行改建扩建房屋，并采取税费、租金减免等优惠政策，引导创业主体开展三产服务业创业活动。年内各乡镇(街道)创业街区商铺入驻率达 70%以上，入驻商贸服务业项目 560 个以上。

(五)全面建设保留村庄创业点。围绕帮助农村留守老人、妇女实现家门口就业，在每个乡镇(街道)计划保留村庄建设一批“三来一加”创业点。每个创业点按照村居常住人口每人 1 平方米标准规划建设标准化厂房，年内 44 个保留村庄分别建成 500 平方米以上的两层厂房作为创业点，创业点厂房纳入全民创业园标准化厂房建设考核实绩。年内每个创业点招引固定资产投资 50 万元以上、纳税 5000 元以上的“三来一加”项目 2 个以上，每个创业点带动就业 50 人以上。

(六)加快发展电子商务产业。紧紧抓住电子商务列为省六大服务业新兴产业之首的机遇，全面推进电子商务产业发展。依托苏北义乌国际商贸城，做大电子商务平台，推行 O2O 模式，发展楼宇经济，推动电子商务产业集聚发展。设立电子商务发展专项资金，对入驻的电子商务企业实行税收、场地租金减免等优惠政策，提供物流、仓储、网络等保障措施，鼓励和促进青年创业，重点推进本地优质农副产品和义乌小商品网上销售。力争五年内集聚电商企业 100 家，全面建成线下商品体验商城，实现网上销售总额达 1 亿元。

二、江苏农村城镇化对策建议

1. 加强新农村建设，进一步缩小城乡差距

新农村建设是从农村生产生活发展模式出发，以提高农民经济收入、提高农村生活水平、缩小城乡差距为目标，将农业、农村和农民作为一个整体来考虑，提高农村城镇化水平。通过体制改革和政策调整，让农村居民享有与城镇居民同等的待遇与实惠，提高农村居民的生活水平。

(1) 加强农村地区基础设施建设

政府利用公共手段建立公共财政投入机制和农民参与机制，建立长效管

理体制。将城市基础设施重点向郊县延伸，其中包括高等交通设施、给排水设施、信息网络设施、环保设施等，加快城乡交通网络建设，打破交通、电、能源、水城乡分割的状态，统筹规划、统筹衔接。农村城镇化进程中不能忽视小城镇文化建设，政府需加大对中小城镇特别是苏北地区中小城镇的文化基础设施建设，建立中小学图书馆、村委会图书馆等读书场所，建立村民文化活动广场，为村民文化活动提供场所。

(2) 进一步加强农村环境综合整治，实现农村区域污水处理体系全覆盖

建立农村新型垃圾处理体系，以垃圾分类回收为目标，政府免费给每家农户配备一个铁桶两个塑料桶，分别装灰土类垃圾、厨余垃圾和可回收垃圾，将这些垃圾分类装进垃圾桶并且送到垃圾回收站的村民可登记计分，累积到一定的分数可领取酱油、食盐等奖励。加强农业面源污染治理，采取政府给予农户一定的补贴以让农户减少化肥施用量的生态补偿政策，从源头减少农业面源污染。疏浚村庄河道，整修农民房屋、农民公厕，保持村容整洁。

(3) 优化公共资源配置，实现城乡公共服务均等化

建立城乡统一、布局均衡的义务教育、公共卫生、公共文化等基本公共服务，实现全市统一的城乡社会保障体系。我国早先的城乡二元体系导致“城乡双轨”的医疗保障体系的出现，由于我国地区经济发展不平衡，这种“城乡双轨”的医疗体系将会在较长时期内存在。江苏省是我国经济与农村城镇化水平较高地区，医疗保障机制发展相对成熟，可考虑将城镇居民基本医疗保险与新型农村合作医疗进行统一，形成城乡医疗保险一体化的医保体系；将进城务工人员及其随迁家属纳入社区基本医疗卫生计生服务体系，享有与城镇居民相同的基本医疗卫生计生服务；可建立无社会保障人员养老专项基金，将在养老保险制度外的无工作人员纳入补助范围内。教育上，关注教育资源薄弱的学校，并进行记录，建立城市教师去农村支教制度。进一步改革城乡分割的就业制度，实现城乡就业权利义务平等。

(4) 开展“卫星村镇”建设，减轻环境压力，传承乡村文化

发达国家城市化发展过程中出现了“卫星城镇”以应对“逆城市化”现象。江苏省在推进新型城镇化过程中，可考虑因地制宜地 开展“卫星村镇”建设。为分散中心城镇的人口和环境压力，在其周围建立若干具有较完善公共设施的村庄，这样形成的村镇体系可称为“卫星村镇”。通过重点建设环境基础设施，既相对集中收集污染物，提高收集和处理效率，又减轻污染物过度集中排放的压力；可以在不改变农业生产方式的前提下实现农民居住地相对集中，并保留村庄原有特色，避免千村一面的城镇化以及“乡愁变忧愁”的文化缺失。

实现农村城镇化，将农民转移到城镇，不仅仅是“身份”的转变，要确保进城农民能够享受到与原有城镇居民同等的公共服务。一方面要实现“同城均等”，确保城镇公共服务全覆盖，另一方面要实现“城乡均等”，推进农村地区基本公共服务均等化，城市公共基础设施、公共服务向乡村辐射，逐步提高乡村区域供水覆盖率、医疗保障水平等公共服务，发展农村公共交通，完善覆盖城乡的综合交通运输体系。

分类建设发展小城镇。突出小城镇连接城市和农村的纽带作用，强化其在城镇体系中的重要节点地位。鼓励具备条件和基础的大中城市周边的小城镇发展成为新市镇或卫星城，有效疏解大城市中心城区功能，分担人口和公共服务压力。推动建制镇加强基础设施配套和公共服务设施布局，进一步完善服务“三农”功能，建设成为农村经济文化中心。合理规划布局重点中心镇，增强产业发展能力和交通节点功能，更多吸引农业转移人口，鼓励有条件的重点镇发展成为小城市。依托传统历史条件、区位优势和发展基础，推动其他镇发展特色经济，改善人居环境，成为服务农村、带动周边的综合性特色化小城镇。

2. 加强区域合作，进一步缩小南北区域差异

苏北地区，深入贯彻 2013 年省政府工作报告中“深入推进“四项转移”和共建开发园区，加快布局和建设铁路等一批重大基础设施，增强“一市一策”的连续性、针对性、有效性，支持徐州老工业基地加快振兴、连云港国家东中西区域合作示范区建设、宿迁发展实现更大突破、淮安苏北重要中心城市建设、盐城创建国家可持续发展实验区”内容，加大对苏北地区固定资产投资力度，加强苏北地区的基础设施建设，持续增强苏北发展内在动力，同时注重苏北地区与苏中地区的融合，提高苏北整体发展水平。苏北地区农业所占比重较大，可在大力发展现代化与规模化农业的基础上，推动农副产品加工业的发展。苏中地区，在深入贯彻“建设更高水平的小康社会”思想基础上，加快苏中崛起。得益于沿江沿海优势，继续深入推进江海联动开发和跨江合作开发，促进苏中地区与苏南地区融合发展，让苏南带动苏中发展，同时加大对苏中与苏北结合部经济相对薄弱地区的支持力度，提高苏中整体发展水平。围绕“率先基本实现现代化”的目标，促进苏南率先稳定发展。充分利用规划建设苏南现代化示范区的战略机遇，支持苏南率先探索实践，在自主创新、产业升级、城乡统筹、开放合作、生态宜居等方面更好地发挥先行示范作用。充分利用好港口资源，提高港口铁路等基础设施建设水平，加强陆海统筹，大力发展海洋经济。

第二章　江苏农村工业和城镇化发展分报告

第一节　苏南地区农村工业与城镇化发展调查报告

一、苏南地区农村工业与城镇化发展现状

苏南地区包括南京、镇江、苏州、无锡、常州，下辖40个县(市、区)，土地总面积27872平方公里，占江苏省土地总面积27.17%，其中平原面积占苏南土地总面积50.45%，山丘面积占28.4%，水域面积占21.15%；拥有广袤的太湖平原，水网密集，长江东西横贯境内。改革开放后，得益于市场经济体制改革，开启乡镇企业崛起的先河，苏南是江苏省最大的“优势板块”，是最快的增长极。在农村工业化的带动下，苏南小城镇发展迅速。苏南城镇化发展立足县、镇发展，使小城镇成为整个城镇居民系统中的重要节点和连接城乡的纽带。

2013年户籍人口为2406.82万人，占全省总人口的31.6%；2013年GDP总量达到了3.64万亿元，人均GDP突破10万元，接近发达国家水平；城镇化率超过70%，所有县(市)都进入全国综合实力百强县行列，其中7个县(市)进入前十。

本项目组成员于2013年8月赴苏南、苏中和苏北地区分别抽取330农户就江苏省农村工业和城镇化发展现状进行调查，9~11月份对江苏省农村工业和城镇化发展现状进行补充调研。按照经济社会发展程度差异原则，选取了昆山市、常熟市和无锡市为调查地点。调查均以问卷访谈形式，由调查员就问卷内容向当地村民进行调查，共发放问卷330份，有效回收问卷309份。

12 月份进行省级示范村镇的重点调研，走访了太仓市东林村等省级示范村。

1. 农村工业发展成效

江苏省乡镇企业主要集中于苏南地区的苏锡常一带，因此该地区农村工业较为发达，具体表现在以下几个方面：

1) 改革开放以来，农村工业化水平增长速度飞快。苏南土地面积不到江苏省总面积的三分之一，工业产值却占了江苏工业总产值的三分之二(图 2-1)。2013 年苏南地区规模以上工业企业达到 24689 个，比上年增加 89 个，地区生产总值由 2012 年的 33381.66 亿元增加到 2013 年的 36385.87 亿元，比上年增加 9.0%。苏南地区仍是百强企业聚集地，2013 年苏南、苏中、苏北上榜企业户数分别为 66 户、15 户和 19 户，苏南地区上榜企业税收占比达到 79.3%，较上年提高 0.8 个百分点，苏中地区税收占比也由 7.9%提高至 8.6%。上榜企业最多的是南京和苏州，分别有 26 户和 24 户。

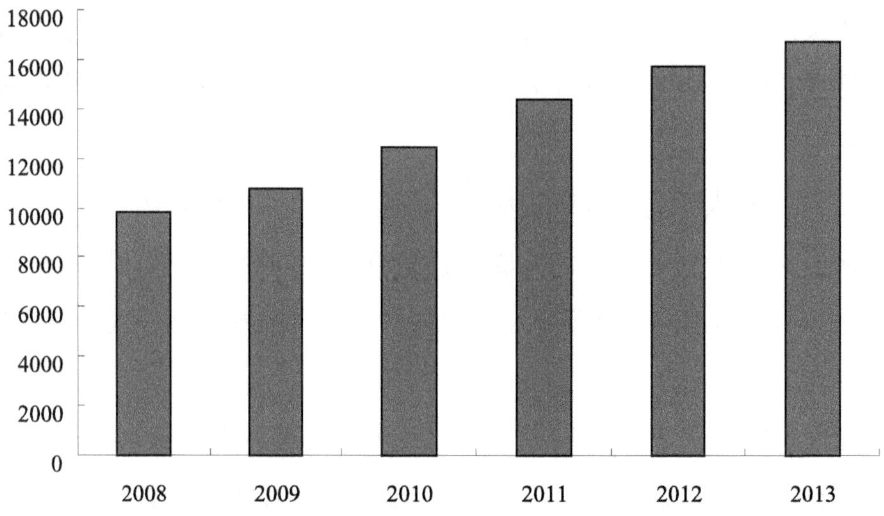

图 2-1　苏南地区近年来工业产值变化情况(单位：亿元)

2) 对外合作加强。2013 年年底苏南地区外商投资企业(包括港澳台投资企业)由 8002 个增加到 8197 个，2013 年外商投资企业总产值由 2012 年的 33587.26 亿元增加到 2013 年的 35633.83 亿元，外商投资企业进一步增加，外商企业总产值占工业总产值的 47.4%，已占据近半壁江山。

3) 产业结构日趋合理。苏南地区第一、二、三产业结构比值由 2011 年的0.02：0.53：0.49到2012年的0.02：0.52：0.46再到2013年的0.02：0.51：0.47，总体来看，第三产业比重增加，有成为苏南地区主导产业的趋势。进入工业化后期的重要标准是第一产业比重小于 10%，第二产业比重高于 50%，第三产业比重高于 30%，表明苏南五市早已进入工业化后期阶段。(见表 2-1)

4) 农村工业吸纳劳动力能力加强。乡镇企业发展能够提供足够的就业，苏南五市 2013 年劳动就业人口总和为 2009.8 万人，比上年增加 1.7 万人，增加的就业人口占上年就业人口的 0.08% (表 2-2)。

表 2-1　2013 年苏南地区以及 5 省辖市三产业结构表　(单位：%)

	苏南合计	南京	无锡	常州	苏州	镇江
第一产业	2.3	2.6	1.6	3.2	1.6	4.4
第二产业	50.3	43.1	52.1	51.6	52.6	52.9
第三产业	47.4	54.4	46.0	45.2	45.7	42.7

表 2-2　2013 年苏南地区以及 5 省辖市三产业从业人员结构表(单位：万人)

	苏南合计	南京	无锡	常州	苏州	镇江
从业人员	2009.8	452.4	18.1	280.9	695.2	192.1
第一产业	147.4	48.5	222.5	31.5	25.1	24.2
第二产业	1037.2	150.2	148.6	147.2	425.9	91.4
第三产业	825.2	253.7	219.2	102.2	244.2	76.5

2. 农村城镇化发展成效

(1) 小城镇实力不断加强

在国家统计局发布的根据经济社会综合发展指标测算的“2013 全国百强

县(市)”名单前十名中，江苏苏南地区的江阴(第一)，昆山(第二)，张家港(第三)，常熟(第四)，吴江(第六)，宜兴(第九)分别占了六席，其中昆山、江阴、张家港、常熟四个县级市作为“区域经济强县统筹发展组团”并列“全国百强县”第一。

(2) 人民生活水平提高

2013 年苏南地区农村居民人均纯收入达到 19107 元，比上年增加 1947 元，提高了 11.3%；比江苏省农村居民人均纯收入 13598 元高出 40.5%，比全国平均水平高出 116.7%，远高于全国平均水平。昆山、无锡和常熟三个地区抽样调查结果显示，农村居民对现有家庭收入满意度均已超过 79%，只有少部分农民对收入水平不满意(图 2-2)。2013 年苏南地区农村居民人均消费支出为 13726 元，比上年增加 1299 元，增加率 10.5%，其中食品支出增加率为 8.9%，低于消费水平增加率。农村地区恩格尔系数有相应的减少，由 35.7%减少到 35.2%。苏南地区农村居民职业非农化水平较高，通过抽样调查数据得知，苏南地区农村居民从事非农产业人口已达到 90%，远超过苏南地区城镇化水平(见图 2-4)。

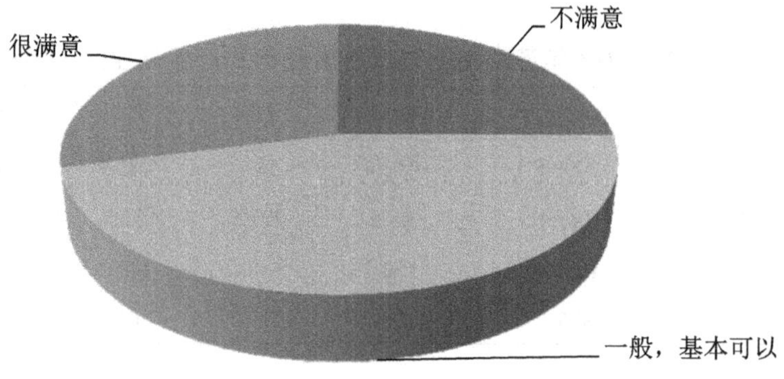

图 2-2　苏南地区农村居民收入水平满意度

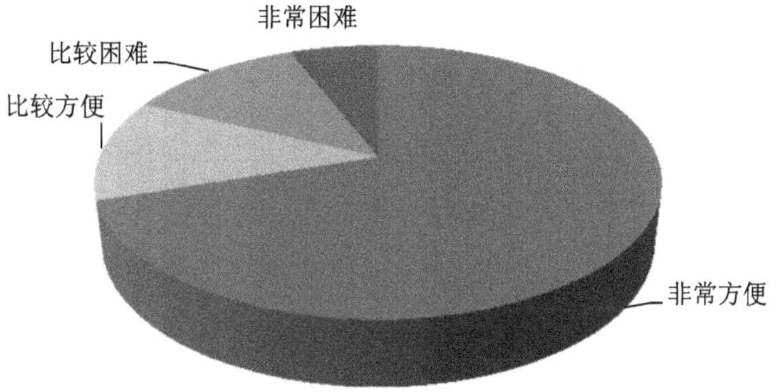

图 2-3 苏南地区农村居民看病难易程度

(3) 农村城镇化水平不断提高

"十二五"以来，苏南地区人口向城市集聚的速度持续加快，城镇人口总量不断扩大。2013 年底，苏南地区户籍人口为 2406.82 万人，比 2012 年增加 19.87 万人，城镇化率已达到 73.7%，超过江苏省平均水平，比 2012 年提高了 1 个百分点，乡村人口的规模进一步下降。2011 至 2013 年间，南京市城镇化率由 79.7%增加到 80.5 %，苏州市城镇化率由 71.3%增加到 73.1%，镇江市城镇化率由 63.0%增加到 65.4%，无锡市城镇化率由 72.2 %增加到 73.1%，常州市城镇化率由 65.2%增加到 67.5%。

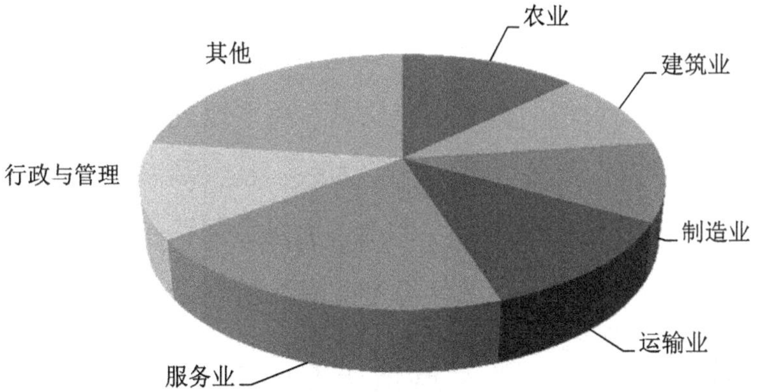

图 2-4 苏南地区农村居民从事职业分布图

(4) 基础设施建设水平较高

苏南地区每个村子均建有 1~2 个卫生院，根据对苏南三市调研数据分析可知，苏南地区农村居民认为看病非常方便比例已占 64%，非常困难比例仅占 3%(图 2-3)。农村文化活动场所建设率较高，在对昆山地区进行调研的 95 份有效问卷中，文化活动场所建设率已达到百分之百，经济发展水平最低的太仓市，农村文化活动场所建设率也已达到 97.5%。到 2011 年，苏南地区村村已开通公交，广播电视数字化程度超过 3/4。根据调研数据分析可知，苏南地区农村居民认为交通便利的比例达到 82%，交通不便的比例仅占 6% (图2-5)。

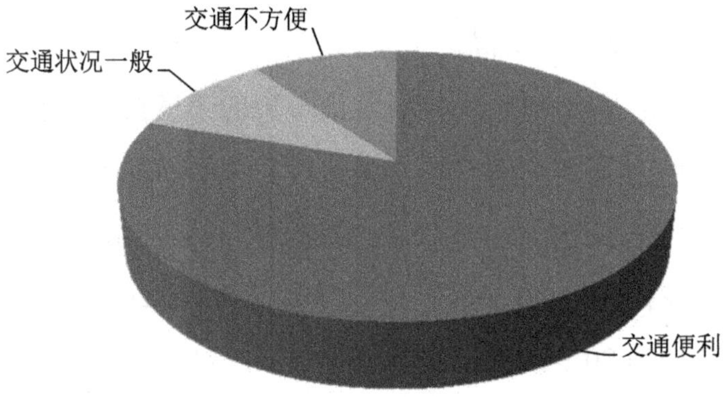

图 2-5　苏南地区农村居民交通情况

(5) 社会保障水平高

20 世纪 80 年代，苏南开始建立社会保障制度。经过三十多年的改变，覆盖范围逐步由城镇向农村、由职工向农民、由本地人口向外来人口拓展，已初步构建了城乡统筹、覆盖全面、持续发展的社会保障体系，对地区经济、社会发展有重要作用。到 2013 年底，苏南三大保障体系和农村社会保险的覆盖率已经达到 99%以上，最低生活保障覆盖率达到 100%。

二、苏南地区农村工业与城镇化发展中存在的主要问题

苏南农村城镇化进程起步于改革开放之初，大致可划分三个阶段，一是

20 世纪 80 年代初至 90 年代初，在乡镇企业快速发展时期以小城镇建设为标志的城镇化阶段，乡镇企业的蓬勃兴起使苏南数百万农民实现了非农转移，带动了小城镇建设，从而吸引农民“离土不离乡，进厂不进城”，二是 20 世纪 90 年代初，在经济国际化进程中以开发区建设为载体的城镇化快速发展阶段，这时期以浦东开发开放为契机，苏南成为外商投资新的热点，苏南紧紧抓住这一机遇，先后建起了一大批各级各类开发区，这其中就包括大批的乡镇工业园，它们为苏南农村城镇化发展注入了新的活力，三是从本世纪初开始，在世界制造业基地快速形成时期，以构建都市圈为特征的城市现代化阶段，为苏南农村城镇化向更高层次发展创造了新的条件。目前，尽管苏南农村工业与城镇化已经进入了新的发展时期，但在城镇化质量方面仍然存在着一系列的问题。

1. 空间效率低下、可利用土地资源稀缺

从城镇的空间结构来看，尽管城镇化起步早，但城镇化缺乏有效的规划和设计，自 2005 年以来，江苏省大力推行的“三集中”(农民向社区集中、工业向园区集中、土地向规模集中)和“双置换”(农民土地承包经营权置换土地股份合作社权、农村宅基地使用权置换城镇住房和商业用房收益权)在一定程度上起到了整合农村土地、提升土地利用集约度的效果，然而长期以来的工业传统发展模式和居住模式仍然影响着农村居民。因此存在一定的空间低效率；由于企业众多，经过初期土地的粗放经营后，再加之普遍存在于苏南地区的人多地少的结构性矛盾影响，因此，土地资源浪费比较严重，可以利用的后备土地资源极为有限，短时期内成为制约苏南城镇进一步发展的瓶颈。

2. 第三产业滞后于城镇化发展

城镇产业结构与城镇化要求尚存在一定差距。具体表现为第三产业尤其是服务业发展滞后于城镇化发展进程。城镇化的初衷是要实现高品质的城市

生活，服务业是现代城市文明的重要标志，要提升城镇化发展水平，必须提升服务业发展水平。在苏南乡镇企业原有社队所有制体制下，所有权与经营权“合二为一”，因此各地区为加快本区域范围内的经济发展，在项目的选择上并没有完全做到理性化，造成企业产品结构趋同以及资源的低水平利用和重复开发，导致了资源的极大浪费。

3. 地区发展不均衡、农村城镇化水平差异大

尽管苏南地区农村城镇化水平远远高于江苏省平均水平，然而苏南五市的城镇化发展水平不一，就 2013 年来看，农村城镇化水平最高的南京市与城镇化水平最低的镇江市相差 15.1 个百分点，与苏中地区城镇化水平最高的扬州和最低的泰州相差 1 个百分点、苏北地区城镇化水平最高的徐州和最低的宿迁相差 3.3 个百分点来看，苏南区域间城镇化水平差异较大。

4. 二元分割现象仍然突出

苏南地区城镇和社区中二元分割现象仍然突出。传统的村落观念、宗族观念仍然根深蒂固，很多地方居住方式基本沿袭村落格局。在居民构成上，苏南地区庞大的外来务工人员与本地居民之间混合居住的比例低，融合度低。

5. 工业发展中环境污染较为严重

苏南农村城镇化过程中，发展工业引起的环境问题较为突出。苏南工业发展早期，以小钢铁、小机械、小化肥、小煤窑、小水泥工业为主的“五小”工业占据主体位置。建立在“五小”工业基础上的乡镇企业尽管为苏南农村城镇化做出了贡献，但城镇化必须是可持续的城镇化，“五小”工业由于自身缺乏先进的污染治理措施，会对农村生态环境造成不可估量的影响，成为影响苏南农村城镇化质量的重要因素。

6. 村民自我膨胀、不重视学历

苏南地区农村经济发达，村民生活质量较好，村民生活满意度高。然而调研时我们发现苏南村民自我感觉良好甚至到了自我膨胀的地步，且不说部分苏南村民看不起苏中苏北、不利于江苏省内团结，村民普遍不重视学历，对当地的就业情况看好，大多数村民希望子女高中毕业便工作，甚至形成“学历无用论”。长此以往，村民不重视学历教育，难免会造成村民素质低下。

7. 老龄化趋势日益加剧

随着生活水平和医疗水平的提高，苏南地区 80 岁以上的高龄老年人数量增长显著。以昆山市为例，第六次全国人口普查数据显示，2010 年昆山市 80 岁及以上的高龄老年人为 1.78 万人，占全市老年人口总数的 12.7%，比 2000 年第五次全国人口普查时上升了 4.14%。由于计划生育政策的长期严格执行，家庭结构日趋小型化，老年人与成年子女分居的现象日见增多，传统大家庭结构瓦解。一旦配偶去世，家庭生命周期则进入鳏寡期，高龄老年人寡居、独居的现象增多。

通过调查，我们发现苏南地区 60 岁以上人口的分布大多呈现“老区密度高，新区密度低”的态势。一方面，中心城区有限的空间环境资源与大量老年人口的生活环境需求相背离，中心城区受到用地紧张的局限，而高密度的老年人口已经影响到中心城区持续发展的活力；另一方面，部分外围乡镇地区的老年人口过于分散，不利于社会化养老服务的高效供给和养老设施的配置使用。

作为乡镇集体经济与外向型经济的先发地区，苏南地区在过去十余年间积聚了大量劳动密集型产业，众多外来劳动力涌入苏南地区，一定程度上减缓了总人口的老龄化进程。然而，当年大量涌入的外来务工人员逐渐步入老年，原先的人口红利将转变为养老负担，苏南地区将面临巨大的外来人口养老压力，这对当地的社会化养老服务供给提出了更高的要求。

三、苏南地区农村工业与城镇化发展的路径

中国农村的城镇化不是非农化和经济发展的必然结果，长期以来，城市和农村实行的是完全不同的体制，可以说农村城镇化一定程度上是一种转制型的城镇化，不经过一系列的制度安排，即使经济上完全实现了非农化，生活方式上也完全实现了城市化的地区，仍然在制度上属于农村地区，因此，在提升苏南农村城镇化质量上也需要一系列的制度安排，需要引入新的治理理念。

党的十八大工作会议提出要“增强中小城市和小城镇产业发展”、“积极稳妥推动城镇化，着力提高城镇化质量”、“构建科学合理的城镇布局，大中小城市和小城镇要科学布局，与区域经济发展和产业布局紧密衔接，与资源环境承载能力相适应”。对于苏南这样一个工业基础较好、城镇化率高、人口密度大、环境承载力有限的地区而言，推动小城镇与中心城市、产业与城镇协同发展，生态、经济与社会和谐发展是苏南地区城镇化发展的重要形式。

1. 完善城镇化发展的整体规划

根据苏南农村城镇化的实际，结合已有城镇的布局和产业格局制定高层次的城镇化发展思路和规划。苏南农村城镇化的规划要以提高生活质量为目的。能够与区域规划相协调，妥善处理城镇社区与乡村社区、经济效益与环境保护等各方面的关系，同时在特色上做文章。特色是城镇的魅力所在，苏南自古就是江南水乡，苏南农村城镇化可以充分利用自然、经济、人文、历史等有利因素，加强农村城镇规划的设计分析，在城镇景观结构、建筑风格、道路格局等方面提高城镇质量和品味，提升农村城镇化的规划水平和质量。

2. 构建合理优化的苏南农村城镇化产业链条

苏南农村城镇化是建立在苏南乡镇经济的基础之上。在调查中我们发现，

在乡镇企业基础上发展起来的产业链条，存在着诸如产业同构、利润低、污染重等不利因素，影响着苏南城镇的可持续发展。

因此，苏南农村城镇化必须把发展以服务业为标志的第三产业作为构建和优化农村城镇化产业链的基础，通过新一轮产业重组，使金融、信息、服务等第三产业向重点区域性城镇集中；积极发展包括乡镇企业在内的公司总部及其营销中心留驻城镇的总部经济和税源经济；通过建设良好的基础设施和提供优质的政务环境，吸引高级人才和研发中心进入，发挥要素经济，构建优化可持续的城镇化产业链。

3. 推进城镇因地制宜特色发展

根据城镇产业、区位和经济发展程度，明确苏南地区各城镇的功能定位，发挥各城镇的优势，突出各自的优势，发掘各乡镇的特色，注重有区别有特色的发展，打造不同的定位和产业发展模式，实现差异化发展。同时注重与周边各市乡镇的合作与交流，处理好各市与周边的关系，整合区域资源，发挥规模效应，协调发展。根据各城镇自然资源条件、地理位置、历史文化风貌，塑造各具特色的城镇形象，城市建筑要突出当地特色，因地制宜，而不是“千镇一面”。

苏南的新型城镇化需要针对大城市发展过程中的弊端，围绕城乡一体化发展的目标，重点关注民生和健康发展问题，规避具有历史风貌传承的原始聚落细胞被替代分离、被集聚同化用符合本土城镇发展的理念、方法，制定具有针对地方经济发展、城镇建设、风貌保护的整体系统发展战略，用以指导新型城镇化建设，形成与乡土文化相和谐的城乡风貌。

4. 健全城镇居住、公共服务和社区服务功能

进一步改善苏南地区城镇的功能和基础设施，健全城镇居住、公共服务和社区服务功能。城镇是一地域概念，苏南农村城镇化强调的是当地农业人

口进入小城镇，但城镇并不只是地域的概念，城市人口比重只反映了城市化水平，人口城镇化不过是农村城镇化的初始阶段，农村城镇化必须要突出城市功能的提升，因此，提升苏南农村城镇化质量，必须要进一步发掘城镇的功能，通过提供更多更好的基础设施提升城镇功能，配合城镇产业结构调整；通过提供更多更好的公共服务满足居民的精神层次需要；通过改善社区治理和增加教育投入提升居民素质和生活质量。

5. 统筹城乡协调发展

积极实施城乡一体化发展战略，一方面大力推进城镇化进程，另一方面全力实施新农村建设，通过城镇化和新农村建设的双边发展，保证了农村地区与城镇地区实现优势互补和协同发展，避免城乡发展不平衡问题出现，同时为解决“空心村”问题提供了便利条件。

6. 增强政府的规划协调功能

重新厘定政府在城镇化过程中的作用，政府的作用在于制定总体的规划和协调，引导城镇化向着良性方向发展，而微观层次则可以更多的交给市场。目前，社区组织在实际工作中包揽了许多应由市场提供的服务项目，从而削弱了政府在社区服务中的引导、规划、公共服务和监督管理上的功能发挥，工作取向出现混淆，影响了社区服务整体效益的发挥。

另外，在治理理念上，苏南城镇应引入城市社区的法理理念，淡化其村落性特征。从村落到社区实际上是功能的转换，社区服务与村落供给最大的不同在于社区是众多服务行业的集合，涉及工商、劳动、土地、城建等多个管理部门，需要统筹规划与协调，从而形成社区服务发展的整体合力，而合力的形成也正是城镇化健康发展的保证。同时，在治理模式上，也可以将居民、企业、自组织体系纳入到治理的网络中来，并处理好各组织之间的关系，实现从治理到善治的转变。

7. 推进生态优先的城镇化

在进一步推进苏南城镇化过程中，对生态环境的保护与资源的可持续利用应成为苏南地区发展的重点，需要统筹考虑城镇建设与人口、环境、资源、产业、文化、社会和谐等之间的关系，坚持从实际出发，以生态文明建设为主题，以城镇总体生态环境、产业结构、社区建设、消费方式的优化转型为出发点和归宿，以方便、和谐、宜居、低碳为目标，全面建设绿色环境、绿色经济、绿色社会、绿色人文、绿色消费的生态城镇，谋求新型城镇经济社会的健康可持续发展道路。

在空间规划上，要突出对土地、生态资源方面的规划引导，注重节约土地，加强对非建设用地的控制与保护。加强对各类开发建设活动的规划管理，严厉禁止不符合生态环境可持续发展的短视开发活动。在城乡规划中，要依托现有自然环境，让城镇融入自然，对山水环境要倍加珍惜。在大力发展高新产业和服务业过程中，要始终树立低碳绿色环保先行的发展理念，实现低能耗、低污染、低排放的工业发展模式。工业区的建设必须符合土地利用规划和城镇总体规划。在城镇基础设施建设上，要确保城镇建设和发展规划充分体现节水、节能、节地、节材、清洁、环保、循环利用的要求，实现城镇持续发展。

8. 引进高新技术产业、注重人的质量发展

苏南地区经济快速发展的结果，加速了产业结构高级化的进程，将会使得技术密集型的高新技术产业成为经济持续发展的高增长产业。发展自己的高新技术产业，将直接决定苏南地区工业化发展的速度。其中，技术创新起着十分重要的作用，创新是高科技产业化的关键，是新型工业化的必由之路，是当代经济增长的源泉。因此，在积极引进高新技术产业的同时势必需要具有创新能力的高素质人才，教育水平低则无法适应新型工业化的发展，将会被社会发展所淘汰。另一方面，新型城镇化建设强调注重城镇化质量，“人的

质量”更是城镇化发展的重中之重，苏南地区在城镇化发展过程中势必需要重视人的质量问题。

9. 积极应对老龄化挑战、提升养老潜力

高龄老人的日常生活需要更多照顾料理，当家庭结构逐渐演变为 4:2:1 的比例时，三代同居的比重势必下降，子女赡养老人的传统孝道观念将被迫改变，单纯依靠家庭养老越来越缺乏现实操作性。家庭功能的弱化要求社会承担更多的养老服务责任，居家养老与社区照顾、机构养护等社会化养老模式相互补充、相互配合，混合养老模式将逐渐取代传统的居家养老模式。而随着当地高龄老人数量的持续增长，对于社会化养老服务的需求也将与日俱增。

苏南地区城镇养老设施的配置建设要顺应当前城乡一体化发展的要求，在统筹城乡发展过程中积极推进城乡基本养老服务均等化，加快发展乡镇养老公共事业，提高乡镇养老服务供给的水平，并引导其向市场化领域延伸，建立面向城乡养老需求的养老设施体系，配置多样化的养老设施，实现多样化养老服务方式。

第二节　苏中地区农村工业与城镇化发展调查报告

一、苏中地区农村工业与城镇化发展现状

本世纪初，江苏省将长江北岸的扬州、南通和泰州三个市作为一个经济板块确定为苏中地区。苏中地区土地面积 20379 平方公里，包括共 20 个县(市、区)，到 2013 年底拥有常住人口 1640.17 万人，面积和人口分别占江苏省 19.8%、20.7%。苏中三市均在长江沿岸，且皆是长三角 16 个中心城市之一，也是上海都市圈(长三角)的重要组成部分。在确定苏中地区之初，江苏省已明确提出“促进苏中快速崛起”的分类指导方针，近年来，江苏省大力扶持苏中地区发展，《关于推进苏中融合发展特色发展提高整体发展水平的意见》和

《沿江地区转型发展五年推进计划》等关于加快苏中地区发展的政策文件陆续出台，同时因紧挨上海和苏南地区，接受上海和苏南地区的经济辐射，农村工业和城镇化得到了相对较快发展，由于历史发展基础偏弱，苏中地区农村工业和城镇化水平仍有待提高。

本项目组成员于 2014 年 7 月赴苏南、苏中和苏北地区分别抽取 330 农户就江苏省农村工业和城镇化发展现状进行调查，9~11 月份对江苏省农村工业和城镇化发展现状进行补充调研。按照经济社会发展程度差异原则，选取了苏中的江都区、姜堰区和高邮市为调查地点。调查均以问卷访谈形式，由调查员就问卷内容向当地村民进行调查。12 月份进行省级示范村镇的重点调研，走访了包括高邮市菱塘回族乡、海门市海永乡和姜堰区沈高镇河横村等省级示范村。

二、苏中地区农村工业与城镇化发展成效

1. 农村工业发展成效

1) 改革开放以来，苏中地区农村工业化水平持续提高，工业经济总量不断增加(图 2-6)。2013 年苏中地区规模以上工业企业达到 10094 个，在 2012 年增加 47 个的基础上又增加 62 个；工业生产总值由 2012 年的 24215.90 亿元增加到 2013 年的 28352.58 亿元，增加 4136.7 亿元，增长 12.4%。

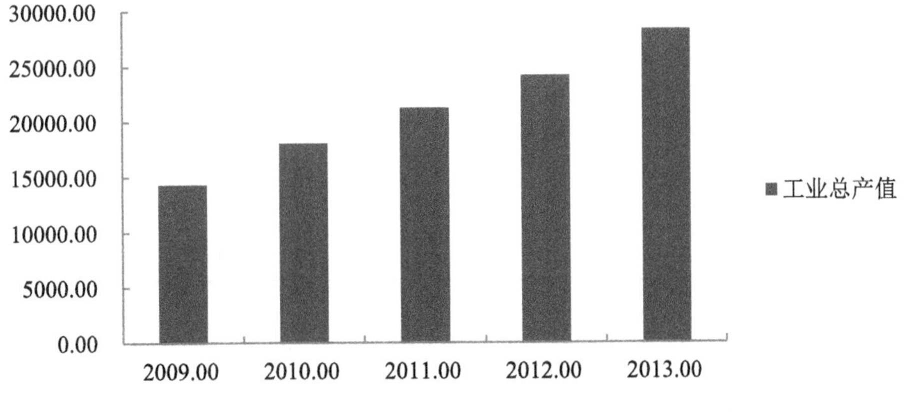

图 2-6　2009~2013 年苏中地区工业总产值(单位：亿元)

2) 产业结构不断调整。苏中地区通过发展基础产业，调整工业内部结构，在大力发展第三产业等政策实施下，第一、二、三产业结构比值由 2012 年的 0.07∶0.53∶0.40 变为 2013 年的 0.07∶0.52∶0.41，第三产业比重持续增加。苏中地区第一产业低于 10%，第二产业比重高于 50%，第三产业比重高于 30%，根据美国经济学家西蒙·库兹涅茨等的研究成果，从产业结构角度看苏中地区及 3 省辖市工业化已经处于后期阶段(表 2-3)。

表 2-3　2013 年苏中地区以及 3 省辖市三产业结构表

	南通	扬州	泰州	苏中地区
第一产业/%	6.9	6.9	6.8	6.9
第二产业/%	52.1	52.1	52.3	52.1
第三产业/%	41.0	41.0	40.8	41.1

数据来源：《江苏统计年鉴—2014》

3) 随着苏中地区产业结构的调整，第一产业的比重逐年下降，第二、第三产业的比重逐渐增加，劳动力逐渐由第一产业转移到第二、第三产业。2012 年，苏中地区及 3 省辖市的三产业从业人员占总从业人员的比例如表 2-4，与上年相比，第一、二产业从业人员比重均有不同程度的下降，第三产业从业人员比重有所上升。根据克拉格定理，工业化初期、中期、后期三个阶段，第一产业劳动力占全社会劳动力的比重大体为 80%、50%和 20%以下。因此，从就业结构的角度看，苏中地区及 3 省辖市工业化处于中期阶段。

表 2-4　2013 年苏中地区及 3 省辖市三次产业从业人员占总人员的比例

	南通	扬州	泰州	苏中地区
第一产业/%	23.0	19.5	24.9	22.6
第二产业/%	46.4	45.4	42.0	44.9
第三产业/%	30.7	35.1	33.1	32.5

数据来源：《江苏统计年鉴—2014》

2. 城镇化发展现状与成效

(1) 农村城镇化水平持续提高。苏中地区人口向城市集聚的速度不断增加，城镇人口总量不断扩大。2013 年底，苏中地区户籍人口为 1734.15 万人，比上年增加 3.13 万人，城镇化率已达到 59.7%，超过江苏省平均水平，比 2012 年提高 1.2 个百分点，乡村人口的规模进一步下降。2006~2013 年间，扬州市城镇化率由 49.2%增加到 60.0%，南通市城镇化率由 46.9%增加到 59.9%，泰州市城镇化率由 46.1%增加到 50.0%。

(2) 农村居民生活水平逐步提高。2013 年苏中地区农村居民人均纯收入达到 14375 元，比上年增加 1498 元，高于江苏省平均水平，高出全国 62%。江都、高邮和姜堰三个县市抽样调查结果显示，农村居民对现有家庭收入满意度分别为 71%、65%和 78%，满意度水平较高，可见农民收入水平也较高(图 2-7)。抽样调查数据显示，苏中地区农村居民从事非农产业人口比重已超过苏中地区城镇化水平，达到 71%，苏中地区农村居民职业非农化水平相对较高(图 2-8)。2013 年苏中地区农村居民人均消费支出为 10214 元，比上年增加 913 元，增加率 9.8%。恩格尔系数由 35.2%减少到 34.6%。

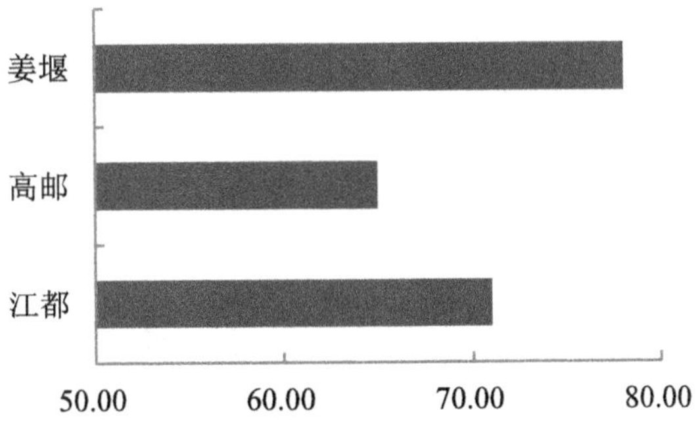

图 2-7　分区域农村居民家庭收入满意度(%)

数据来源：苏中地区调研数据

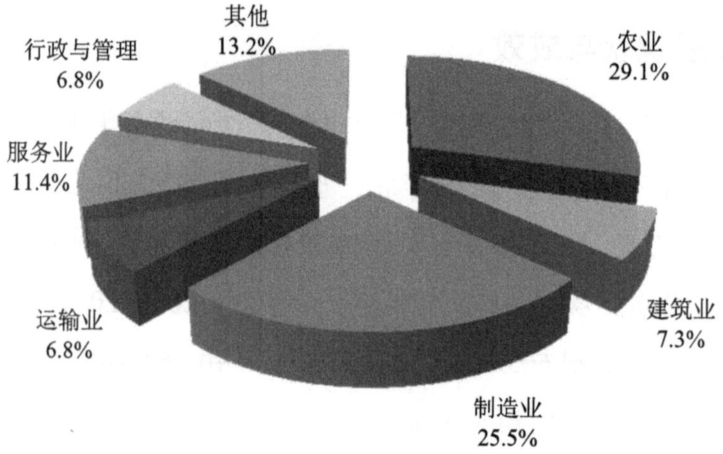

图 2-8　苏中地区农村居民职业分布图

数据来源：苏中地区调研数据

三、苏中地区农村工业与城镇化发展中存在的主要问题

1. 农村居民生活质量有待提高

公共基础设施建设有待完善。本课题组暑期调研发现，苏中仍有部分边远农村地区并没有公共交通工具直达，当地村民到附近的城镇需要驾驶摩托车、电动车等交通工具。调查问卷显示平均每个村落有 1~2 个公共活动场地，然而实地走访发现，仍有部分农村无公共活动场地，当地受访农村居民表示“有锻炼的心、无锻炼的地儿”。

2. 农村生态环境破坏较为严重

农村地区环境污染主要包括水污染、土壤污染、空气污染和固体废弃物污染，据对苏中调研数据显示，水污染是农村生态环境污染的主要表现(图 2-9)。苏中农村地区生态环境污染主要来源于生活污水、工业废水、农药化肥和厕所排泄污染，其中，农药化肥施用和工业废水是水污染的主要来源(图 2-10)，分别占 24%和 31%；空气污染主要来源于工厂废气排放和汽车尾气排放(图 2-11)，均占 27%。由于工业化和城镇化的发展，苏中地区小城镇的环境质量受到了一定程度的影响。加上经济发展水平的约束，小城镇内工业污水处理设备还不甚完善，许多小企业并没有排污系统，工业产生的废水直接排到附近河流中去。苏中地区乡镇企业正在向集中化、规模化发展，然而其早期发展起来的小规模、低技术企业仍然有较大数量的存在。这些企业布局分散且缺乏先进的污染治理措施，对苏中农村生态环境产生了重要的影响。

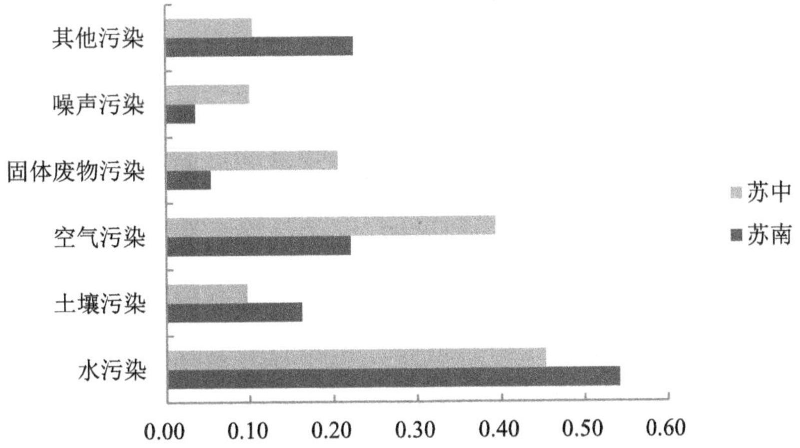

图 2-9　苏中、苏南农村地区主要环境污染来源

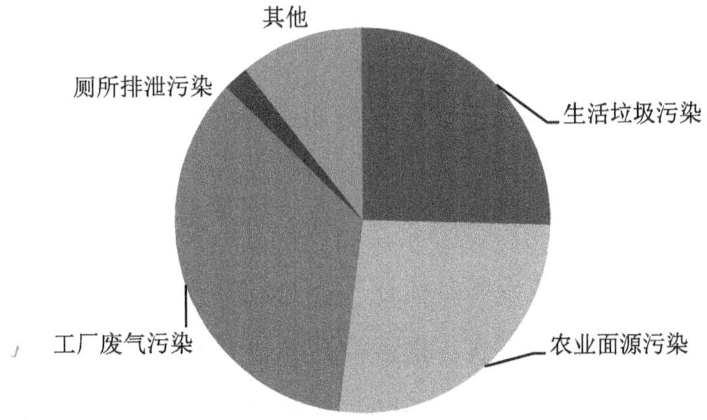

图 2-10　苏中地区农村水污染主要来源

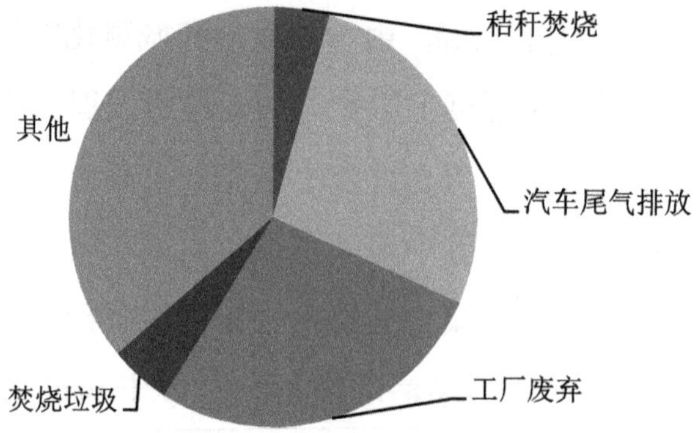

图 2-11　苏中地区农村空气污染主要来源

3. 小城镇空间分布不平衡

苏中地区城镇化率较苏南地区偏低，早期的小城镇无序发展，空间分布不平衡。以扬州市为例，扬州市小城镇空间分布不平衡是南北不平衡，自北向南小城镇密度不断增大。在大运河沿线、宁通公路至沿江一带集中全市 65%的城镇，85%左右的城镇人口，90%以上的经济总量。与城镇分布相对应的是城镇的经济发展也呈现南强北弱的态势，北部的里下河地区城镇密度小，且城镇规模小，经济发展水平落后于苏中地区发展平均水平，南部沿江地区城镇密度较大，且规模较大，经济发展水平高，经济实力较强。基本形成了沿江、沿运河分布的城镇空间布局框架。横向来看，小城镇之间横向联系差，功能不能互补，缺乏协同发展机制。

四、苏中地区农村工业与城镇化发展的路径

1. 依托区位条件，发展特色产业，避免同质竞争

苏中地区需抓住长三角发展一体化、江苏沿海开发和苏南现代化建设示范区等国家战略带来的叠加机遇，推进跨江融合发展、江海联动发展，加快在发展上融入苏南、融入长三角核心区。在推动苏中区域协调发展的同时，既要考虑全省面上的平衡，又注重苏中内部的差别。苏中三市区位条件有很

大差异，根据三市的区位条件、发展特点、比较优势和战略选择，扬州市位于长江北岸，境内有长江岸线80.5公里，紧邻南京，是南京都市圈紧密圈城市，可依托于这一区位优势，与南京相融合，大力发展沿江制造业和高新技术产业；南通需在陆海统筹发展上取得重要突破，加快建设长三角北翼经济中心，创建海陆统筹发展试验区，泰州努力在产业和经济社会发展转型升级上取得重要突破，加快建设现代特色产业名城。里下河地区是苏中发展较差地区，该地区小城镇农业基础良好，可依托濒临京杭大运河这一区位优势，利用河网交错，土地肥沃，水资源丰富等丰富的自然资源发展生态农业。同时，依托沿运河风景带的建立，打造具有运河特色的美丽乡村，发展生态旅游业；沿运河小城镇已经形成一批具有较大影响力的农副产品加工龙头企业，可引导企业兼并联合，深化农副产品加工业，与生态农业、生态旅游业相结合，延长农产品加工链，带动当地小城镇的发展。除此之外，充分挖掘南通、扬州和泰州三市的历史文化内涵，大力发展文化创意产业，形成区域文化产业的特色和优势。

2. 增加农村公共服务供给

以完善农村公共服务投入机制为重点，加强基层公共服务机构设施和能力建设，建立健全基本公共服务体系。加强乡镇到农村的交通网络建设，提高农村公路的通达深度、覆盖广度和安全技术水平，形成以县城为中心、覆盖镇村的公路网络。合理规划布点城乡社区健身休闲场地，保证每村或者相邻两村至少能共享一处健身休闲场地。完善城乡公共文化服务网络，落实农村“十里文化圈”。

3. 优化小城镇空间布局

根据资源环境承载能力，人口结构现状和变化趋势，合理确定小城镇空间布局和建设规模。首先加快县级市和县域发展，完善县城的基础设施和公共服务网络，提高县级市和县城的城市综合承载能力，使其成为农村人口转移的主要载体。中心镇是县域中区位较优、实力较强、对周边农村和乡镇具有较强辐射能力的建制镇，优先支持县域中心镇，将其建设成为功能齐全、设施配套、环境整洁，具有较强辐射能力的农村区域性经济文化中心，使其成为接纳农村人口的重要节点。对于经济发展较好的中心镇，可考虑扩大其建设规模，使其成为县域副中心。在小城镇和农村地区，充分尊重农民意愿，明确村庄撤并，加强空心村整治和闲置土地利用，有效减少布局散乱、占地过多、浪费严重的宅基地，加快中心村和农村社区建设，节约土地利用面积，提高土地使用效率。加大基础设施投入，全面提高县域城镇市政公共设施建设水平，特别是加快城镇污水处理厂以及配套管网建设，提升污水处理工艺，完善污水处理设施。加强城镇生态环境保护与建设，支持县城、村镇绿化建设，确保城镇绿化率，重视城镇生态功能区建设。

第三节　苏北地区农村工业与城镇化发展调查报告

一、苏北地区农村工业与城镇化发展现状

苏北地区处于黄淮平原与江淮平原的过渡地带，地势平坦，区内河网密布，物产丰富，是中国东部沿海地区重要的制造业基地，包括徐州、连云港、淮安、盐城和宿迁 5 个省辖市，下辖 40 个县(市、区)，土地面积 5.44 万平方公里，2013 年总人口为 2988.51 万人，分别占全省 51.9%和 37.6%。苏北属于以上海为龙头的长江三角洲地区，处在南下北上、东出西进的重要位置，是全国沿海经济带的重要组成部分。近年来，苏北经济社会发展呈现蓬勃向上的良好势头，已经站在了一个新的起点上，苏北正抓住“长江三角洲地区区域规划”、“江苏沿海地区发展规划”和“东陇海地区国家主体功能区规划”、“国家东中西区域合作示范区”四大国家战略以及“振兴苏北”、“振兴老工业基地”、“苏北计划”、“苏北中心城市建设”、“徐州都市圈”、“东陇海产

业带”、“南北挂钩合作”、“城乡发展一体化综合配套改革”八大省级战略，基础设施建设全面加强，工业化进程不断加快，改革开放实现新的突破，社会事业发展和人民生活水平都取得了显著成绩。

本项目组成员于2014年7月赴苏南、苏中和苏北地区分别抽取330农户就江苏省农村工业和城镇化发展现状进行调查，9~11月份对江苏省农村工业和城镇化发展现状进行补充调研。按照经济社会发展程度差异原则，苏北地区选取了淮安市洪泽县、淮安市涟水县和盐城市大丰市为调研地点。调查以问卷和访谈形式，由调查员就问卷内容向当地村民进行调查。12月份进行省级示范村镇的重点调研，走访了包括丰县华山镇大程庄村、宿迁市泗阳县李口镇八堡村和赣榆区塔山镇土城等省级示范村。

1. 工业化发展现状成效

改革开放以来，苏北地区工业经济总量不断扩大，特别是近年来，随着江苏沿海经济开发上升为国家战略并纵深不断推进、苏北融入长三角经济发展一体化总体布局、国家东中西区域合作示范区创设于连云港，苏北地区工业化正处于快速发展时期。2013年，苏北五市努力克服生产成本上升、区域竞争加剧等不利因素影响，不断强化工业“第一方略”理念，积极推进经济增长方式的转变，工业经济整体运行较好，工业生产平稳增长。2013年，苏北五市实现规模以上工业增加值6650.7亿元，增长14.4%，分别比全省、苏南、苏中高2.9、5和1.6个百分点。盐城实现规模以上工业增加值1584.0亿元，增长15.6%，增速高于全省4.1个百分点，居全省第2位，低于宿迁2.5个百分点。宿迁实现规模以上工业增加值1706.3亿元，增长18.1%，比全省高6.6个百分点，增速连续多年位居全省第一。徐连淮三市规模以上工业增加值分别达到2372.1、820.9、1133.9亿元，分别增长12.9%、14.4%和13.5%，增速均高于全省，分别为1.4、2.9和2个百分点。

苏北地区通过发展基础产业，加强基础设施建设，调整工业内部结构，大力发展第三产业等一系列政策和措施，区域产业结构逐渐趋于合理，并向优化和升级的方向发展。2013 年苏北地区以及 5 省辖市的三产业结构如表 2-5。美国经济学家西蒙·库兹涅茨等的研究成果表明，工业化往往是产业结构变动最为迅速的时期，其演进阶段也通过产业结构的变动表现出来，即随着工业化的推进，第一产业比重持续下降，第二产业和第三产业比重不断提高并超过第一产业，其中当第一产业比重下降到 20%以下时，工业化进入中期阶段；当第一产业比重再降到 10%左右、第二产业高于 50%、第三产业高于 30%时，工业化进入后期阶段。因此从产业结构角度看苏北地区及 5 省辖市工业化正处于中期阶段，徐州地区的工业化进程领先于其他 4 市。

表 2-5　2013 年苏北地区以及 5 省辖市三产业结构表

	徐州	连云港	淮安	盐城	宿迁	苏北地区
第一产业/%	9.7	14.5	12.6	14.1	13.8	12.5
第二产业/%	47.8	45.2	45.6	47.1	47.8	46.9
第三产业/%	42.5	40.3	41.8	38.9	38.4	40.6

数据来源：《江苏统计年鉴—2014》

随着苏北地区产业结构的调整，第一产业的比重逐年下降，第二、第三产业的比重逐渐增加，劳动力逐渐由第一产业转移到第二、第三产业。2013 年，苏北地区及 5 省辖市的三产业从业人员占总从业人员的比例如表 2-6。根据克拉格定理，工业化初期、中期、后期三个阶段，第一产业劳动力占全社会劳动力的比重大体为 80%、50%和 20%以下。因此，从就业结构的角度看，苏北地区及 5 省辖市工业化处于中期阶段。

表 2-6　2013 年苏北地区及 5 省辖市三产业从业人员占总人员的比例

	苏北	徐州	连云港	淮安	盐城	宿迁
第一产业/%	33.43	35.83	32.69	29.36	29.77	39.98
第二产业/%	31.63	30.46	31.29	30.29	32.91	33.29
第三产业/%	34.94	33.72	36.01	40.35	37.32	26.74

数据来源：《江苏统计年鉴—2013》

2. 城镇化发展现状与成效

(1) 城镇数量不断增长

“十一五”以来，苏北城镇化建设进入全面阶段，城镇数量迅速增加。各地积极整合资源，对人口规模较小、区位优势不明显的乡镇进行撤并，撤乡并镇或乡镇合并，以发挥中心城镇对区域发展的集聚和带头作用，苏北地区乡镇总数从2006年的555个减少到2013年的480个，减少了75个。截至2013年底全区的城镇密度为94.5个/万平方公里，其中县级以上城市密度为7个/万平方公里，建制镇密度为76个/万平方公里。2013年，苏北在2个省辖市、15个县(市、区)达标的基础上，又有1个省辖市、8个县(区)提出小康验收。苏北“全国经济百强县”数量已达到9个(东台、大丰、邳州、沛县、建湖、赣榆、沭阳、新沂、东海)。2014年9月，国家住房和城乡建设部、国家发展和改革委员会等7部门联合下发《关于公布全国重点镇名单的通知》(建村〔2014〕107号)，江苏共有96个镇被确定为全国重点镇，其中苏北五市有49个，占全省的51%。

表2-7　苏北49个全国重点镇名单

城市	数量	名单
徐州	10	铜山区大许镇、利国镇，丰县欢口镇，沛县龙固镇，睢宁县双沟镇、李集镇，新沂市草桥镇、马陵山镇，邳州市碾庄镇、铁富镇
连云港	9	海州区板浦镇，赣榆区柘汪镇、海头镇，东海县白塔埠镇、桃林镇，灌云县杨集镇、燕尾港镇，灌南县堆沟港镇、汤沟镇
淮安	9	淮安区车桥镇、钦工镇，淮阴区徐溜镇、渔沟镇，涟水县高沟镇、红窑镇，洪泽县岔河镇，盱眙县马坝镇，金湖县银集镇
盐城	13	亭湖区盐东镇，盐都区大冈镇、大纵湖镇，响水县陈家港镇，滨海县八滩镇，阜宁县益林镇，射阳县临海镇、黄沙港镇，建湖县九龙口镇、上冈镇，东台市安丰镇、弶港镇，大丰市刘庄镇
宿迁	8	宿城区龙河镇，宿豫区来龙镇，沭阳县马厂镇、贤官镇，泗阳县王集镇、新袁镇，泗洪县双沟镇、界集镇

资料来源：苏北地区49个镇入选全国重点镇，江苏省发展和改革委员会，http://www.jsdpc.gov.cn/xxgk/jjfz/201409/t20140911_400330.html.

(2) 城镇人口增加

“十一五”以来，苏北地区人口向城市集聚的速度加快，城镇人口总量不断扩大。截至 2013 年底，苏北地区总人口为 2988.51 万人，城镇人口为 1676.91 万人，总人口比 2006 年减少 88.36 万人，城镇人口比 2006 年增加 434.89 万人，增长 35%，乡村人口的规模进一步下降。2006 年以来，农村人口年均减少 69.34 万人。2006~2013 年间，徐州市城镇人口增加 106.31 万人，连云港市城镇人口增加 71.04 万人，淮安市城镇人口增加 76.92 万人，盐城市城镇人口增加 86.37 万人，宿迁市城镇人口增加 94.25 万人(图 2-12)。

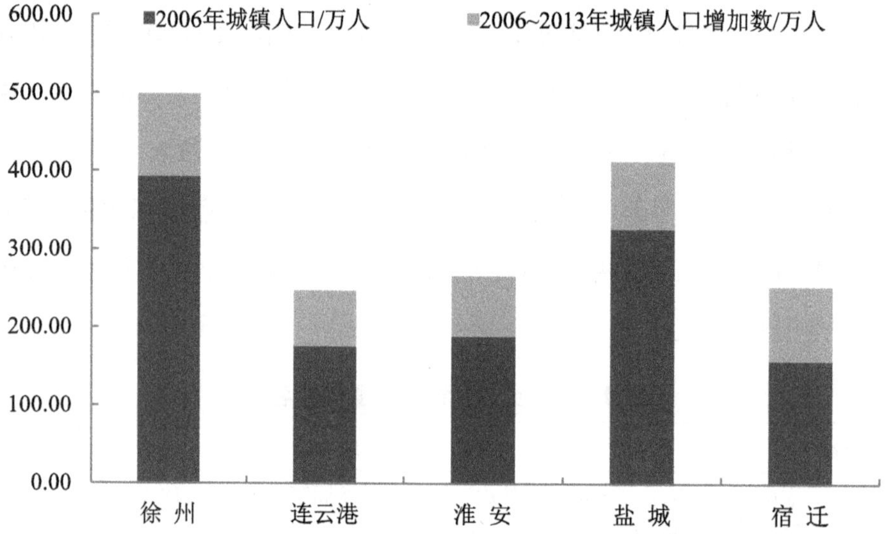

图 2-12　2006~2013 年苏北五市城镇人口增加数

数据来源：《江苏统计年鉴—2007》和《江苏统计年鉴—2014》

(3) 中心城市规模显著扩大

苏北地区进一步拓展发展空间，使中心城市规模不断扩大。以徐州为中心的徐州都市圈按照“强化核心，横向集聚，城港互动，辐射中西部”的原则，加强接受长三角和环渤海经济区的产业、技术扩散转移，突出核心城市功能，振兴都市圈经济(表 2-8)。以点状发展的方式、按照“城镇优先、效率优先、生态优先、一三(产业)优先”的总体思路进行苏北地区城镇化建设，2013 年 5 个省辖市市区行政区域面积扩大到 11711 平方公里，城镇人口规模扩大到 1047.93 万人，比 2006 年增加 210.9 万人，增长 20.1%。城市的集聚功能进一步增强。2013 年苏北 5 省辖市市区以占全区 21.5%的面积和 35.1%的人口，创造了全区 45.1%的地区生产总值。

表 2-8　苏北 5 市城市定位

城市	发展定位	功能引导
徐州	全国重要的综合性交通枢纽，长三角区域中心城市，淮海经济区商贸物流中心，徐州都市圈核心城市	积极推进徐州老工业基地振兴，加快资源型城市转型，打造重要的能源基地、先进制造业基地、物流基地和商品集散地。通过增强徐州集聚人口和经济的能力，壮大城市综合实力，推动徐州都市圈和沿东陇海城镇轴的建设
连云港	我国沿海中部沟通东西、连接南北的区域性中心城市，现代化的港口工业城市和海滨旅游城市，区域性国际物流枢纽	发挥地处国家沿海廊道和陇海兰新沿线廊道交汇处的优势，以港口和东中西区域合作示范区建设为突破口，培育区域商贸职能，形成东陇海地区外向型经济发展窗口。并作为我国东部沿海开发与中西部内陆开发的接力点和纽带，在区域经济中发挥衔接、传承、聚集作用，推动沿海和沿东陇海城镇轴建设
盐城	东北亚特色物流转运基地、长三角新兴的工商业城市、沿海湿地生态旅游城市	依托空港、海港两个一级开放口岸，发挥物流产业集聚效应，确立盐城在区域物流中转重要节点地位。主动接受上海及苏南的辐射，建设成为区域性重要的农副产品生产供应基地、制造业加工基地、产业转移扩散基地。通过城市综合实力提升，推动沿海城镇轴的建设
淮安	国家历史文化名城和生态旅游城市、长三角北部地区交通枢纽和先进制造业基地、苏北重要中心城市	加强大型区域交通基础设施和交通枢纽的建设，强化区域交通枢纽职能。依托外来资本集聚和本地产业创新双轮驱动的产业发展战略，建立具有根植性的本地产业集群。保护湿地生态资源，协调工业发展、生态环境保护和旅游发展的关系，建设宜居城市。通过淮安城市综合实力的提升带动苏北水乡湿地点状发展地区的发展
宿迁	以轻型工业为主导、现代旅游休闲服务业为特色的生态园林城市	强化现状优势产业发展，大力发展新兴产业，积极发展以旅游业、商贸物流等为重点的服务业，促进传统农业向现代农业的转变

资料来源：《江苏省城镇体系规划》(2012—2030)

(4) 城镇基础设施不断完善，人民生活水平进一步提高

苏北地区基础设施建设投入力度加大，中心城市建成区面积进一步扩大，县城和中心城镇建设成效显著，镇区面积不断扩大，人口聚集能力得到提高，城镇供水、供气、供电、通信、污水处理能力进一步增强。2013 年苏北 5 省

辖市建成区面积为 11711 平方公里，较 2012 年的 11318 平方公里增长 3.5%；城镇人均住房建筑面积达到 37.8 平方米；苏北地区城市道路总长达到 70905 公里。

2013 年苏北地区农村居民人均纯收入为 11769 元，较 2012 年的 10502 元增长 10.8%。通过总结调研地区的农村居民对自己收入水平的满意程度调查结果显示，苏北地区绝大多数农村居民对现有家庭收入水平基本满意，比例约 60%，而对现有家庭收入水平非常满意和不满意的比例分别为 18%和 22% (图 2-13)。通过总结分析调研地点农村居民看病难易程度，可以发现被调查的农村居民中约有 78%的居民认为看病还是比较方便的，只有 20%的居民和 2%的居民认为看病比较困难和非常困难(图 2-14)。另外根据调研数据分析结果可知，90%以上的村庄拥有 1 个及以上的文化活动室和体育活动场所。通过对苏北地区这些典型的农村地区的调查可以看出，苏北地区的农村基础设施在不断完善，人民的生活水平进一步提高。

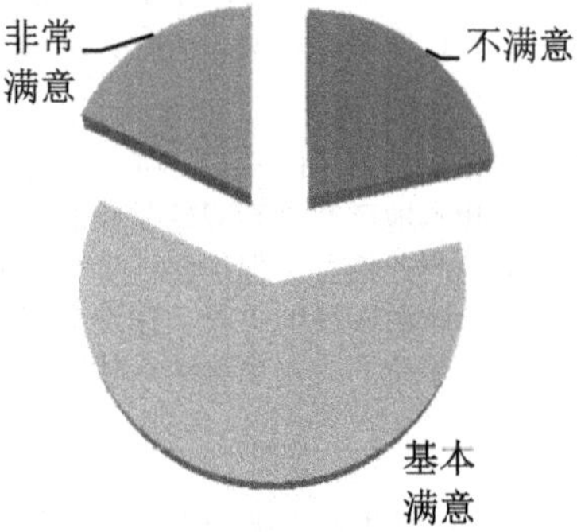

图 2-13　苏北地区农村居民收入满意程度

数据来源：苏北地区调研数据

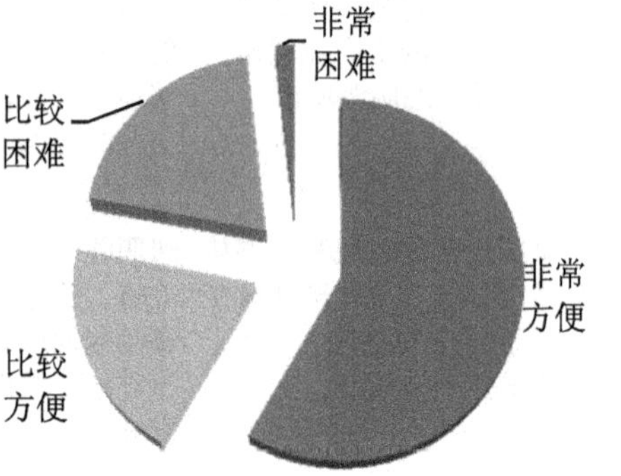

图 2-14　苏北地区农村居民看病难易程度

数据来源：苏北地区调研数据

(5) 城镇化水平显著提高

苏北地区工业主体的地位逐步确立，现代服务业加快发展，经济持续增长，同时注重改善基础设施条件，提高居民的生活质量。2013 年苏北地区城镇率由 2012 的 54.7%上升到 56.1%，增长 1.4 个百分点。2013 年苏北地区人均地区生产总值为 45444 元，比 2012 年 40914 增加了 4530 元。全区非农产业增加值占地区生产总值的比重由 2012 年的 87.3%提高到 87.5%，增加了 0.2 个百分点，其中第三产业增加值所占比重由 2012 年的 39.8%提高到 40.6%，上升了 0.8 个百分点，而第二产业增加值所占的比重由 2012 年的 47.5%下降到 2013 年的 46.9%，经济结构调整成效明显，城镇化进程依靠二三产业双轮驱动。

二、苏北地区农村工业化与城镇化过程中存在的问题

苏北地区由于地理位置等问题，经济基础较差，工业化进程开始初期发展缓慢，虽然近些年经济发展速度加快，但与苏南等发达地区相比，仍存在着很大的差距。苏北地区经济总量较小，2013 年地区生产总值达到 13558.88 亿元，人均地区生产总值为 45444 元，与苏南地区生产总值 36385.87 亿元、人均地区生产总值 110051 元和苏中地区生产总值 11297.81 亿元、人均地区生产总值 68897 元相比，仍然存在着很大的差距。在肯定苏北地区城镇化发展成就的同时，也应该清醒地认识到，由于历史的问题，苏北地区的城镇化水平与江苏省其他区域相比仍存在着较大的差距，城镇化过程中还存在着一些突出的问题。

1. 城镇规划建设缺乏统筹，城市空间布局不合理

近些年经过几轮乡镇合并、行政区划调整，苏北的城镇空间布局和城市结构发生了很大变化，小城市数量大幅增加，但特色不突出，人口、产业聚集能力较弱。存在着总体规划、兄弟城市之间的规划以及内部的专项规划衔接不够，规划的实施刚性不足，在各个地方还存在以权代规的现象。一些地方的小城镇在发展规划方面存在着很大的随意性，缺乏统筹性和前瞻性。苏北现有城镇 525 个，其中省辖市 5 个，县级市 4 个，县城 19 个，城镇人口

1629.42 万，城镇数量在江苏省三大区域中位居第一。但是，如果按照特大城市、大城市、中等城市、小城市人口规模分级，苏北地区各级城镇人口比重呈现“橄榄形”城镇规模结构，小城镇人口过少。人口规模和经济实力排在苏北地区第一的徐州，2012 年其城镇人口规模比第二位盐城多出 80 多万，是连云港的 2 倍，GDP 总量是连云港市的 2.5 倍、盐城市的 1.3 倍、淮安市的 2.1 倍、宿迁市的 2.6 倍。财政收入是连云港市的 1.75 倍、盐城市的 1.17 倍、淮安市的 1.56 倍、宿迁市的 2.3 倍。目前除徐州市区外，人口超过 300 万的没有(盐城 160 万、淮安 290 万、宿迁 174 万、连云港 95 万)，县级市常住人口超过 100 万的没有。县城及乡镇的人口占苏北地区总人口的比重约为 22%，没有充分的吸收农业人口的转移，没有充分发挥“蓄水池”作用，这种梯队结构不利于大中小城市协调发展，而苏北地区的新型的城镇化切入点是县城和乡镇，它们是苏北地区未来城镇化的人口转移的承接地。

2. 土地集约化利用水平不高，农村生态环境破坏较为严重

在江苏省大力推行的“三集中”(农民向社区集中、工业向园区集中、土地向规模集中)和“双置换”(农民土地承包经营权置换土地股份合作社权、农村宅基地使用权置换城镇住房和商业用房收益权)政策措施下，农村土地得到一定程度的整合，土地利用集约水平也有所提高，然而，从城镇的空间结构来看，空间利用效率不高的问题仍然存在，在苏北地区居民点和工业布局分散的情况仍比较严重。

农村地区环境污染主要包括水污染、土壤污染、空气污染和固体废弃物污染，据对苏北调研结果，水污染是农村生态环境污染的主要表现。苏北农村地区生态环境污染主要来源于生活污水、工业废水、农药化肥和厕所排泄污染。由于工业化和城镇化的发展，苏北地区小城镇的环境质量受到了一定程度的影响。加上经济发展水平的约束，小城镇内工业污水处理设备还不甚完善，许多小企业并没有排污系统，工业产生的废水直接排到附近河流中去。

苏北地区乡镇企业正在向集中化、规模化发展，然而其早期发展起来的小规模、低技术企业仍然有较大数量的存在。这些企业布局分散且缺乏先进的污染治理措施，对苏北农村生态环境产生了重要的影响。

3. 城镇化滞后于工业化，产业支撑力力度不强

虽然苏北地区地区生产总值在不断增加，单从观察以及与工业化的水平比较之中可以发现苏北地区城镇化滞后于工业化。比较苏北地区产业结构和就业结构(表 2-9)可以看出，以 2013 年为例，苏北地区的第一、第二、第三产业的增加值之比为 12.5：46.9：40.6，而第一、第二、第三产业的就业人数之比为 33.4：31.6：34.9，作为第一产业的农业，其增加值仅占地区生产总值的 12.5%，而就业人数却占全部从业人员总数的 34.7%，作为第二、第三产业的非农产业，其增加值占 87.5%，而其就业人数却只占 65.5%。由此可见苏北地区的城镇化水平滞后于工业化。从总体上看，苏北的产业结构还不合理，第一产业比重较高，而第二、第三产业的发展还未充分释放，间接反映了苏北的农业人口基数还很大，从事二、三产业的非农业人口比重不高，城镇的产业规模还没形成，产业结构较弱，服务业比重较低，中心城市及重点城镇对周边区域辐射带动不强，承载能力有限，城际间产业同构化现象普遍，工业化与城镇化良性互动局面尚未形成，产城一体化没有真正形成规模，影响了城镇人口就业和农业人口的转移，在一定程度上影响了苏北的整体城镇化进程。

表 2-9　2013 苏北地区地区生产总值构成及就业结构

	第一产业	第二产业	第三产业
地区生产总值构成/%	12.5	46.9	40.6
就业结构/%	33.4	31.6	34.9

数据来源：《江苏统计年鉴—2014》

4. 城镇化整体水平不高，大中城市辐射带动能力不强

区域城镇化整体水平不高主要表现在城市规模人口不大，2013 年徐州、连云港、淮安、盐城和宿迁 5 省辖市年末常住人口分别为 326.37 万人、98.21 万人、287.05 万人、167.83 万人和 168.47 万人，其他各级城市和建制镇人口规模也明显偏小。由于工业化和城镇化起步较晚、水平低，苏北现有的城市大多还处于发展阶段，整个区域缺乏功能强大的经济中心城市，各省辖市综合经济实力不强，对区域经济的辐射和带动能力不高。县城镇规模不大，功能不强，集聚能力偏弱，吸纳生产要素和转移农业人口的能力较弱。

5. 城镇化发展模式较为粗放，内在质量有待提高

目前苏北地区现有的城镇化模式是“城乡割裂、城乡二元”的城镇化，农村和农民在城镇化的过程中未能享受到应有的益处，城镇化过程尚未有效地带动农业和农村的现代化。由于城乡割裂的城镇化模式，难以在城镇化推进过程中有效带动农业生产方式的集约化转变和农业生产率的提高，从而导致粮食安全、农产品供应的问题。而且此种城镇化模式容易过多侵占农田耕地、过多汲取农村地区的人才和资金等资源，使得农村地区的建设相对滞后、个别地区甚至凋敝，农业发展相对不足。此外现有模式下的城镇化推进过于依赖政府主导，使得在现有土地制度和财政制度安排下各级政府纷纷热衷于扩大城市规模，造成对土地资源的低效利用以及对土地财政和房地产的过度依赖。房价过高、房地产市场膨胀业已对继续健康推进城镇化构成了严重障碍，不仅带来普通居民的住房问题，也抬高了城市内企业运营的成本，对实体经济的发展造成威胁，使得产业结构畸形演进，为城镇的未来发展埋下隐患。

部分地方城镇功能与工业化的快速推进和人们的生活方式的迅速提高不适应，城镇作为凝聚生产要素、实现规模经济和转变生活方式的功能还没有

得到很好地发挥。有些地方在城市建设上盲目攀比，只追求城镇区域的扩大，而城镇的环境质量、文化品位、社区建设以及城市品牌、形象等未得到应有的重视和体现，造成中心城镇规模扩张过快，基础设施建设跟不上，城镇管理水平跟不上去，医疗卫生设施不配套、科技教育发展滞后等问题比较突出，个别地方原有历史风貌和传统文化丧失比较严重。

6. 制度保障尚未健全，不适应城镇化内在要求

例如，原有户籍制度较大地限制了人口的流动；城镇缺乏社会保障制度，农民对进城望而却步；土地管理制度不利于土地资源的合理利用，农村土地流转制度没有根本性突破；资本市场发育制约了城镇规模的扩大和城镇综合服务功能的完善；城镇产业发展政策定位不准，一些城镇职能雷同；管理体制改革滞后等。这些制度都与城镇化所要求的城乡产业结构升级和要素聚集不匹配，造成一系列结构性、体制性和政策性失衡，阻碍了城乡统筹发展和城镇化的进程。

在城镇化进程中，一些制度不完全适应城镇化的要求，集中体现在承包土地流转制度、户籍管理制度和社会保障制度等方面。一是土地流转形式较为单一，流转规模较小，且大都是农民自发流转，土地流转市场还没形成，真正意义上的土地股份合作制等高级形式几乎没有。二是城乡户籍制度的制约，长期以来的，城市和农村户口的二元化管理，形成了进城农民与原有市民的不公平身份和不平等的待遇，严重地制约着农村劳动力的转移和城镇的发展。三是不完善的社会保障制度的制约，农民进城落户之后，就要放弃原有的土地，而在城镇中的工作和收入不稳定，社会保障又不能保障其生活的稳定，保障其失去工作和正常收入后的基本生活，这就减弱了对农村剩余劳动力转移的吸引力。社会保障制度不能够消除进城农民的后顾之忧也是进入城镇的农民不愿放弃土地的一个主要原因。

三、苏北地区农村工业化和城镇化发展的路径

党的十八大报告所确定的工业化、信息化、城镇化和农业现代同步发展的战略决策给苏北地区工业化注入了多元化、集合型新动力，为再促苏北工业化跨越发展指明方向。

进入“十二五”以来，苏北工业化面临新的发展环境，重大机遇与严峻挑战并存，有利因素和制约因素同在。一方面，随着江苏沿海经济开发上升为国家战略并纵深不断推进、苏北融入长三角经济发展一体化总体布局、国家东中西区域合作示范区创设于连云港，多重机遇叠加态势下，苏北工业化在国内发展全局和国际竞合关系中的战略地位更加重要，发展条件更加有利。另一方面，全球经济深度调整、中国经济增长趋缓、资源和环境压力不断增大、经济转型升级要求日趋提高、限制和淘汰落后产能势在必行，制约苏北工业化发展的诸多因素正在凸显。这些新的发展环境决定了当前苏北加速新型工业化进程任重而道远。推进苏北地区新型城镇化的总体思路，应该是以人的城镇化为核心，以制度创新为保障，贯彻生态文明理念，构建合理科学的城市格局，全面提升城镇化质量，走集约智能、低碳绿色、城乡一体的城镇化道路。

1. 科学规划，发挥规划对新型城镇化建设的引领作用

城镇体系规划，是在一定地域范围内，以区域生产力合理布局和城镇职能分工为依据，确定不同人口规模等级和职能分工的城镇的分布和发展规划，具有战略性、前瞻性和导向性作用。当前苏北地区的新型的城镇化体系构建，不应局限于中心城市、中心镇、建制镇的规模等级划分，城镇发展轴及城镇密度等空间结构提升，而应在产城一体化的基础上，重点将城镇当成综合性的区域生产、生活服务中心，既考虑不同城镇在体系中的专业化分工，又强调彼此之间的分工协作，优化其城镇职能。可以从以下几方面入手：首先要

强化规划编制的科学性，以科学发展观为统领，按照“远近适合、适度超前、总体规划、分步实施、因地制宜、突出特色、产城一体、统筹城乡”的要求，科学编制苏北未来10年城镇总体规划；完善规划编制的民主决策，提高规划编制的公开性和透明度。其次应完善规划管理实施机制，进一步健全统一规划、分级管理的规划管理体制，增强规划管理的约束性，保持规划实施的连续性，避免规划变更的随意性。再次，应完善各地的城镇道路交通网络建设。要以苏北五个城市的城区为枢纽、县级市为核心、乡建制镇和乡集镇为节点，建立起干支衔接、通畅便捷的综合交通运输网络体系。最后，要统筹建设城镇社会公共服务设施。进一步加快科技、教育、文化、医疗卫生、体育等社会公共服务设施建设，重视城镇防灾减灾的基础设施建设，提高应急能力和防灾救灾能力。加强社会福利设施配套建设，统筹安排社区服务、老年设施建设。

2. 加快发展新型工业化，强化产业支撑，着力增强新型城镇化建设发展后劲

在科技、集约、高效、环保的理念下，加快发展新型工业化，提升工业化水平。产业发展是城镇化的根本动力，对于推动苏北地区城镇化进程至关重要。国际经验显示，城镇化率与工业化率之间比值的合理范围是1.4~2.5 ，即城镇化水平一般高于工业化水平；城镇化适度超前方能与工业化形成良性互动并促进工业化发展。2013年苏北地区城镇化率与工业化率之间的比值为1.2，城镇化滞后于工业化，因此苏北地区要坚持城镇化与工业化良性互动不懈怠，苏北地区要坚持城镇化与工业化良心互动并进，坚持新型工业化第一方略不动摇。只有足够的产业基础作为支撑，城镇化才能稳健发展，而GDP的增长应该更多由产业发展来推动，其中商贸物流、零售业等行业的壮大能够消化更多的人群。可以说，经济增长与产业发展是城镇化的核心基础。目前苏北地区的产业发展层次较低，主要集中在资源型、制造型、初级加工型

等产业上，服务业没有得到充分的发展与重视，因此苏北各市要适时的结合当地的现有情况，加快产业结构调整，积极引导产业转移，构建产城一体化，为吸纳当地农业人口转移提供动力支持。

3. 坚持农业现代化与工业化协调发展

农业是整个国民经济的基础，没有农业的现代化，就不可能有整个国民经济的现代化，因此要着力巩固农业基础地位。而同时农业现代化既为工业化提供生活资料、生产原料、劳动力等要素，又为工业化创造广阔的消费市场。推进中国特色农业现代化，要始终把改革作为根本动力，立足国情农情，顺应时代要求，坚持家庭经营为基础与多种经营形式共同发展，传统精耕细作与现代物质技术装备相辅相成，实现高产高效与资源生态永续利用协调兼顾，加强政府支持保护与发挥市场配置资源决定性作用功能互补。苏北地区因为地域原因经济基础差，农业现代化基础设施薄弱，要充分利用农业现代化的后发优势，大力发展现代农业龙头企业和新型农业合作组织。

4. 促进工业向工业园区集中，农村居民点向社区集中，提高土地集约利用度，加强农村生态环境保护

小城镇建设工业园区，使布局散落的工业集中到工业园区内，一方面可以有效利用土地，提高土地利用效率，另一方面企业的集中可以增加企业集聚效应，园内企业可通过优势互补，加强合作，企业之间进行信息的交换与交流，提高园内企业生产效益。加强对工业园区内公共基础设施建设，特别是污水处理厂、排水管网等环境保护设施建设，在提高土地利用效率的同时，减少工业企业对环境的污染。通过制定居民点用地规划，以社区化中心村建设为重点，逐步深化新农村建设，引导农民向居住点集中。居民点规划需注重生态安全格局与环境的保护，完善农村地区的公共基础设施，发展循环经

济，实现可持续发展。

5. 转变政府职能，以市场导向推进城镇化建设

由“政府主导”转为“多方参与、政府引导”是迈向城镇化新路的核心之举。在当前对城市化模式的讨论中，土地所有制是核心，如何确保农民在土地的相关权益、提高农民在土地增值收益中的分配比例成为讨论的热点。事实上，更为重要的是如何规范地方政府在土地市场上的行为、真正能够有效切断地方政府在城镇过程中的掠夺农民之手。这里的关键是要打破地方政府在一级土地市场的排他性地位，将城镇化过程中由“政府主导”转变为“多方参与、政府引导”。首先，要有效规范地方政府在土地市场的行为，逐渐培养在土地和城市等规划约束下、政府监督下的自愿土地交易行为，扩展土地自愿交易空间和市场。要明确规定当地政府在土地市场上行为的界限，只有那些涉及公共性土地(基础设施建设等)的征收，当地政府才能参与。一般经营性的土地征收，当地政府不得参与其中做中间商，真正杜绝当地地方政府“经营土地”的行为。其次，地方政府应在土地市场适当推出的同时，要把重点放到相应规划的制定和执行上，规范和引导地方的城镇化进程。同时地方政府应该从“经营城镇”必须要“经营土地”的理念中跳出来，加强相关监督，通过相应的税收安排在第三方土地交易的增值中受益。

6. 完善制度建设，统筹城乡发展

在农村城镇化进程中，必然引起城乡关系的剧烈变动，而坚持城乡统筹发展，则是推动城镇化健康发展的重要保证。为此，应积极探索，加大改革力度，消除推进城镇化的制度和政策障碍，打破城乡分割，从制度和政策上为城镇建设创造宽松的环境。统筹城乡发展是实施城镇化战略的关键和核心，苏北地区在推进城镇化的过程中要统筹城乡经济发展，发挥城市对农村的带动作用，促进城市文明向农村延伸；要深化改革城乡二元结构，建立统筹城

乡协调发展的机制，健全农村社会保障体系，加快农村基础设施建设，改善农村人居环境，发展农村公共事业，促进城乡经济社会与人口、资源、环境的可持续发展，以实现城乡共同繁荣与进步。

第三章　江苏农村工业与城镇化发展专题

专题一　江苏美丽乡村发展案例

一、江苏美丽乡村发展背景

为深入贯彻党的十八大精神，落实2013年中央1号文件关于推进乡村生态文明、建设美丽乡村的要求，农业部于2013年2月起组织开展“美丽乡村”创建活动。文件提出开展“美丽乡村”创建活动，重点推进生态农业建设、推广节能减排技术、节约和保护农业资源、改善乡村人居环境，是落实生态文明建设的重要举措，是在乡村地区建设美丽中国的具体行动。同时随着近年来农业的快速发展，从一定程度上来说是建立在对土地、水等资源超强开发利用和要素投入过度消耗基础上的，农业乃至乡村经济社会发展越来越面临着资源约束趋紧、生态退化严重、环境污染加剧等严峻挑战。开展“美丽乡村”创建，推进农业发展方式转变，加强农业资源环境保护，有效提高农业资源利用率，走资源节约、环境友好的农业发展道路，是发展现代农业的必然要求，是实现农业乡村经济可持续发展的必然趋势。另一方面，我国新乡村建设取得了令人瞩目的成绩，但总体而言广大乡村地区基础设施依然薄弱，人居环境脏乱差现象仍然突出。推进生态人居、生态环境、生态经济和生态文化建设，创建宜居、宜业、宜游的“美丽乡村”，是新乡村建设理念、内容和水平的全面提升，是贯彻落实城乡一体化发展战略的实际步骤。

通过“美丽乡村”的创建活动希望能够树立不同类型、不同特点、不同发展水平的标杆模式，推动形成农业产业结构、农民生产生活方式与农业资源环境相互协调的发展模式，加快我国农业乡村生态文明建设进程。创建的基本原则包括四点，分别为"以人为本，强化主体"、"生态优先，科学发展"、"规划先行，因地制宜"、"典型引路，整体推进"。

二、江苏美丽乡村典型案例

江苏美丽乡村的创建中出现了众多的乡村建设典型模式，本专题将这些模式进行了总结和划分，提出了六大类乡村基本发展模式，并针对具体案例进行了详细的解读。

1. 乡村发展类型

按照不同乡村发展的特点，整合相关专家所提出的休闲农业的 7 大模式 29 种类型的休闲农业的类型，本专题将美丽乡村分为六大类型，分别为田园农业型、生态资源型、自主品牌型、特色文化型、科普教育型以及村落风光型，这几种类型是乡村发展的基本类型，既涵盖了农业的发展类型，也包括农业与工业、旅游业协调发展的类型。每种类型的特点如下所述。

2. 田园农业型

田园农业型主要指依托乡村自身的规模农业的发展，以乡村田园景观、农业生产活动和特色农产品为旅游吸引物，开发农业游、林果游、花卉游、渔业游、牧业游等不同特色的主题旅游活动。这是将乡村农业与旅游业结合的最普遍的模式。乡村居民以大田农业、果林、园林或者现代农业科技园区为载体，可以让游客体验各种农事活动，增长农业知识，品尝和购置农业产品。这种模式往往带动着乡村农家乐的建设与开发，即指农民利用自家庭院、自己生产的农产品及周围的田园风光、自然景点，以低廉的价格吸引游客前来吃、住、玩、游、娱、购等旅游活动。

3. 特色文化型

特色文化型主要针对乡村旅游业的发展，一方面源于乡村风土人情、民俗文化为主体，突出农耕文化、乡土文化和民俗文化特色，开发农耕展示、民间技艺、时令民俗、节庆活动、民间歌舞等旅游活动；另一方面也源于部分乡村的历史文化资源，依托历史文化遗迹、传说所开发的特色文化旅游。

4. 生态资源型

生态资源型主要是指部分乡村依托境内或者周边的生态风景区所开发的以生态旅游、休闲度假为主题的旅游业发展类型。依托自然优美的景区风光、乡野风情、舒适怡人的清新气候、环保生态的绿色空间，结合周围的田园景观和民俗文化，兴建一些休闲、娱乐设施，为游客提供休憩、度假、娱乐、餐饮等服务。以山水、森林、温泉为依托，以齐全、高档的设施和优质的服务，为游客提供休闲、度假旅游。

5. 自主品牌型

自主品牌型主要针对以农业或者农业工业协调发展的乡村地区，这些乡村通过自主农业品牌的开发，延长了农业生产的产业链，形成“自摘+观光+销售+加工”于一体的乡村发展模式。依托农业产品的开发，形成各种旅游文化节日，在推广自身产品的同时，形成特殊的乡村文化和品牌，带动当地旅游业的发展。这种类型与田园农业型的区别在于产品类型相对单一，乡村收入以特色产品的销售收入为主，旅游业收入为配套开发的产物。

6. 科普教育型

科普教育型主要指利用农业观光园、农业科技生态园、农业产品展览馆、农业博览园或博物馆，为游客提供了解农业历史、学习农业技术、增长农业知识的旅游活动。如农业科技教育基地是在农业科研基地的基础上，利用科研设施作景点，以高新农业技术为教材，向农业工作者和中、小学生进农业技术教育，形成集农业生产、科技示范、科研教育为一体的新型科教农业园。

7. 村落风光型

村落风光型是指以古村镇宅院建筑和新乡村格局为旅游吸引物，开发观光旅游。主要包括利用民族特色的村寨发展观光旅游；利用古镇房屋建筑、民居、街道、店铺、古寺庙、园林来发展观光旅游或者利用现代乡村建筑、新农村社区、民居庭院、街道格局、村庄绿化、工农企业来发展观光旅游。

三、江苏美丽乡村评选概况

江苏美丽乡村的评选共分两批，第一批共评选出 12 个，第二批评选结果于 2013 年 8 月公布，59 个申报乡村共评选出 30 个。两批总数 42 个，其中苏南 21 个，苏中 8 个，苏北 13 个(表 3-1)。本专题将这 42 个乡村进行了发展类型的划分，并选择其中具有代表性的乡村进行详细的解读。它们之中大多数都是将两种以上的基础发展模式进行了有效的整合所形成的综合开发模式。其中田园农业型数量最多，这种类型一般是乡村旅游的初步发展模式。科普教育型是乡村农业现代化发展的产物，也是未来田园农业型或者自主品牌型发展的必然趋势。

表 3-1 江苏美丽乡村

城市名	个数	批次	入选村名	发展类型
南京市	5	第一批	溧水区洪蓝镇傅家边村	田园农业型，自主品牌型，特色文化型
		第一批	江宁区谷里街道周村社区	生态资源型，村落风光型
		第二批	江宁区横溪街道石塘村	田园农业型
		第二批	高淳区椏溪镇蓝溪村	田园农业型，特色文化型，村落风光型
		第二批	六合区竹镇镇大泉村	田园农业型
徐州市	4	第一批	新沂市邵店镇沂北村	特色文化型，村落风光型
		第二批	丰县华山镇大程庄村	自主品牌型

续表

城市名	个数	批次	入选村名	发展类型
徐州市	4	第二批	沛县陈油坊村	田园农业型
		第二批	贾汪区青山泉镇马庄村	田园农业型，特色文化型，生态资源型
无锡市	4	第二批	宜兴市湖㳇镇张阳村	田园农业型，自主品牌型，生态资源型
		第二批	江阴市顾山镇红豆村	自主品牌型
		第二批	惠山区阳山镇	田园农业型，自主品牌型
		第二批	锡山区东港镇山联村	田园农业型，特色文化型
常州市	2	第二批	金坛市薛埠镇上阮村	田园农业型，特色文化型
		第二批	武进区雪堰镇雅浦村	自主品牌型
苏州市	6	第一批	张家港市南丰镇永联村	田园农业型，特色文化型，村落风光型
		第一批	太仓市城厢镇东林村	生态资源型，田园农业型，村落风光型
		第一批	常熟市支塘镇蒋巷村村民委员会	生态资源型，村落风光型
		第二批	昆山市张浦镇姜杭村	自主品牌型，村落风光型，特色文化型
		第二批	吴江区同里镇北联村	自主品牌型
		第二批	吴中区东山镇三山村	自主品牌型，生态资源型
南通市	2	第二批	海门市海永乡	田园农业型，特色文化型
		第二批	通州区东社镇香台村	田园农业型，自主品牌型，科普教育型
连云港市	1	第二批	赣榆区塔山镇土城	特色文化型，村落风光型
淮安市	2	第二批	淮阴区码头镇码头村	田园农业型，特色文化型
		第二批	金湖县塔集镇陆河村	特色文化型
盐城市	4	第一批	大丰市大中镇恒北村	田园农业型，自主品牌型，特色文化型
		第一批	东台市梁垛镇临塔村	田园农业型，生态资源型
		第二批	盐都区郭猛镇杨侍村	田园农业型，生态资源型，特色文化型
		第二批	盐都区潘黄街道仰徐村	田园农业型
扬州市	3	第一批	仪征市铜山办事处长山村	田园农业型，生态资源型
		第二批	高邮市菱塘回族乡人民政府	田园农业型，特色文化型
		第二批	广陵区泰安镇金湾村	田园农业型，生态资源型
镇江市	4	第一批	扬中市新坝镇新治村	特色文化型，村落风光型
		第二批	句容市后白镇人民政府	田园农业型
		第二批	丹徒区世业镇	田园农业型，特色文化型，科普教育型，生态资源型

续表

城市名	个数	批次	入选村名	发展类型
镇江市	4	第二批	丹阳市后巷镇前巷村	自主品牌型，特色文化型
泰州市	3	第一批	姜堰区沈高镇河横村村民委员会	田园农业型，自主品牌型，村落风光型
		第二批	溱潼镇湖南村	生态资源型，特色文化型
		第二批	泰兴市黄桥镇祁巷村	田园农业型
宿迁市	2	第一批	宿迁市泗阳县李口镇八堡村	田园农业型，生态资源型，村落风光型
		第二批	宿豫区顺河镇林苗圃居委会	田园农业型，自主品牌型

1. 问卷调研

为了能够更深入的了解目前江苏省美丽乡村的发展情况以及村民的想法，本报告研究团队展开了小规模的问卷调研。本次调研共发放问卷 130 份，回收 126 份，有效率 97%。问卷覆盖苏北、苏中以及苏南三大区域，共涉及乡村 31 个。被调研居民中农业户口占 93.7%，非农业户口 6.3%，家庭平均人口数为 4.28 人，家庭平均承包土地面积 4.92 亩(图 3-1)。

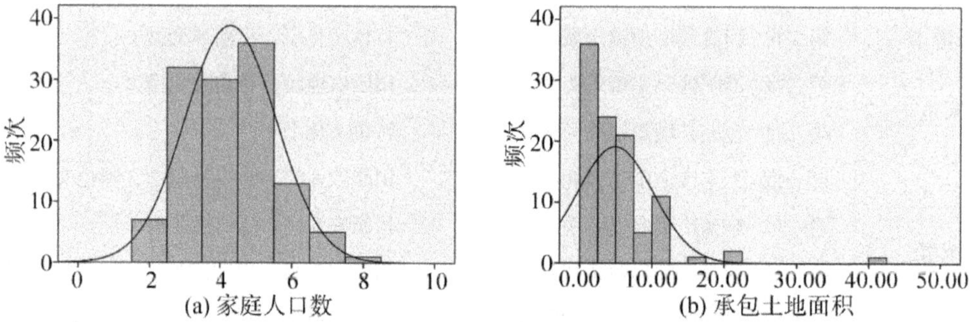

图 3-1　居民家庭人口数与承包土地面积

其中，家庭总收入 10 万元以上的占 34.92%，仅有 3.97%的被调研家庭年收入在 2 万元以下。文化程度分布较为均衡，初中、高中以及大专所占比例均为 30%左右(图 3-2)。

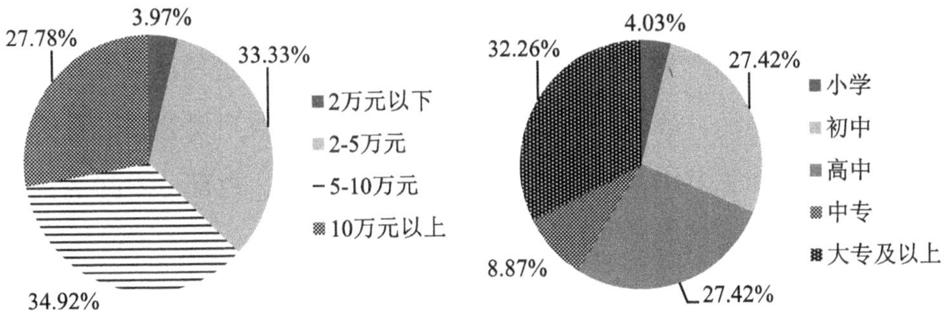

(a)　　(b)

图 3-2　居民家庭总收入(a)与文化程度(b)

近几年在美丽乡村建设的推动下，农村环境得到了长足的改善，而在调研过程中也发现乡村居民对于美丽乡村建设都保持着积极的态度，乡村环境的改善不仅提高了村民的归属感，同时，高效农业以及旅游业的发展也使得乡村居民看到了农村未来发展的希望而更愿意留在农村贡献自己的力量。本次调研的 31 个乡村，本身发展条件较好，因此这种思想表现得更为明显，居民并没有很强烈的外出打工的想法，想出去打工的人仅占到 19.84%。另一方面，在问及农业户口转为城镇户口后最需要的实惠时，大部分人选择了社会保障和教育(表 3-2)。将两者进行优先排序，居民最想得到的实惠为社会保障，占到被调研人数的 62.3%。这也从另一个方面反映了未来一部分农民在市民化过程中社会保障的水平将成为影响其选择的重要因子。

表 3-2　农民市民化进程影响因子

	频次	百分比/%	有效百分比/%	累积百分比/%
社会保障	33	17.6	62.3	62.3
教育	13	6.9	24.5	86.8
工作就业	4	2.1	7.5	94.3
其他	3	1.6	5.7	100.0
合计	53	28.2	100.0	

调研中有 64.6%的村民不愿意用农村土地换取附近县城的城镇户口和社会保障(表 3-3)。究其原因，主要集中在三个方面：一个是相比县城，农村的生活环境较好；第二，县城没有稳定的经济来源，换取户口和社会保障后并没有保证他们的就业岗位，不利于长期的发展；第三，大部分农村居民还是习惯与较为紧密的邻里关系，即熟人社会。

表 3-3 是否愿意用农村土地换城镇户口和社会保障

	频次	百分比/%	有效百分比/%	累积百分比/%
愿意	45	23.9	35.4	35.4
不愿意	82	43.6	64.6	100.0
合计	127	67.6	100.0	

从配套设施的建设来看，居民对交通的满意度较高，认为乡村公交网的构建基本能够满足其日常生活需求的占 78%，仅有 1.6%的人认为交通不方便。

另外从对周边地区教育设施、医疗设施、文体设施的满意度来看，非常满意和比较满意的占七成以上(表 3-4)。当然，该数据仅代表了江苏省美丽乡村建设过程中的公共服务设施配套情况，这一水平是高于普通乡村设施配套水平的。

表 3-4 对教育、医疗、文体设施满意度

	频次	百分比/%	有效百分比/%	累积百分比/%
非常满意	34	18.1	26.8	26.8
比较满意	58	30.9	45.7	72.4
一般	25	13.3	19.7	92.1
不太满意	10	5.3	7.9	100.0
合计	127	67.6	100.0	

另一方面，从居民对美丽乡村建设的满意度水平来看，有九成以上的村民对美丽乡村的建设满意，认为通过近几年的乡村建设，生活质量有了显著的提升(表 3-5)。这也进一步证明了随着乡村社会、经济环境的不断优化，以及美丽乡村建设的长期推行，乡村居民也希望能够留在乡村并在自己的家乡

周边找到合适的就业机会。

表 3-5　对美丽乡村建设满意度

	频次	百分比/%	有效百分比/%	累积百分比/%
不满意，形式主义	3	1.6	2.4	2.4
一般，没多大变化	8	4.3	6.5	8.9
满意，生活质量提高	113	60.1	91.1	100.0
Total	124	66.0	100.0	

当然在美丽乡村建设的过程中也存在着诸如投入资金不足，基础设施建设不健全以及产业收益回报较少的问题。这些问题的出现一方面是由于目前对于美丽乡村的评价标准不统一、界定不清晰所造成的建设盲目性和资源的浪费，政府投资不集中，管理缺乏依据；另一方面，很多美丽乡村的建设也处于起步与发展期，随着发展经验的不断积累，这些问题也将会逐步得到解决。

在村民对于美丽乡村经济发展方向的认识问题上，大多数村民认为高效农业以及生态旅游业是未来乡村发展的重点方向，并且在调研过程中村民都提出应当将农业与旅游业相结合，共同促进农村发展(表 3-6)。从美丽乡村的示范作用来看，有 61.9%的村民认为生态旅游是对其他乡村建设最具有示范意义的内容，与生态旅游相结合开发特色产业、产品也是农民的主要发展愿景。从美丽乡村的建设现状来看需要改善的方面主要集中在统一布局的村民住宅以及特色产业的发展两个方面。

表 3-6　经济发展方向

	频次	百分比/%	有效百分比/%	累积百分比/%
高效农业	72	38.3	57.1	57.1
轻工业	10	5.3	7.9	65.1
重化工业	3	1.6	2.4	67.5
生态旅游业	41	21.8	32.5	100.0
Total	126	67.0	100.0	

2. 典型案例

(1) 南京市高淳区桠溪镇蓝溪村——田园农业型+特色文化型+村落风光型

蓝溪村(图 3-3)位于高淳区桠溪镇西北部，村域面积 8.53 平方公里，辖 14 个自然村，1026 户，3100 人，耕地面积 3500 亩，林地面积 3100 亩，园地面积 3500 亩。蓝溪村有三大产业，五大特色。其中三大产业是指：千亩茶园、千亩早园竹、千亩有机农业。五大特色是指：①优越的地理条件。蓝溪村位于国际慢城风景区内，坐落在桠溪生态之旅风光带上，处于国际慢城的核心地段。②淳朴端厚的民俗民风。③深厚的历史底蕴。大山村被誉为国际慢城民俗文化村，其历史文化底蕴丰厚，大山下有千年古戏台、祠山菩萨、张渤纪念馆、芮氏宗祠保持明末时期的雕花大梁。有古村古树古建筑、新容新村新风尚之赞许。④有丰富多彩的民俗表演，小马灯、大马灯、大山叉、跳五猖。⑤打造了大山特色旅游村。

图 3-3

蓝溪村以“吃农家饭、住农家屋、干农家活、娱农家乐”为主要内容，以乡土文化、农耕文化为核心，开发农业观光和体验性旅游，向游客提供包粽子、做豆腐、酿米酒等农家趣事活动，鼓励农家乐投资者开展“市民小菜(果)园”专题旅游项目，向游客提供小块土地出租，平常代为管理，假期供他们耕种、体验生活，最大限度地吸引游客。对新发展的乡村旅馆餐、床位给予相应的扶持奖励，全力推动农家乐发展。在农业旅游产品开发方面，春季有穆家庄草莓采摘基地、千亩竹林农事体验，夏季有千亩油菜、熏衣草观赏点，秋季有向日葵观赏点、橘子采摘，冬季有年货筹备，举办“慢城”年货节。目前，农家乐经营户发展到43户，成为“南京市农家乐示范村”。

在乡村风貌建设方面，2010年以来，投入1100多万元，实施“徽派新居”工程，打造马头翘角、黑瓦白墙、色泽典雅的建筑风格，农家户外全部进行了篱笆墙、马头墙改造，形成了独具特色的乡村建筑风貌景观。

(2) 徐州市贾汪区青山泉镇马庄村——田园农业型+特色文化型+生态资源型

马庄村(图3-4)地处徐州市潘安湖风景区，西邻104国道、京沪高铁、京福高速，东靠206国道，南濒京杭大运河，地理位置、自然环境优越。现有人口2348人，耕地4100亩，6个村民小组。马庄村以“文化兴村、文化立村”的理念，充分利用地处徐州市潘安湖风景区的优势，以发展农业生产、改善人居环境、传承生态文化、培育文明新风为途径，积极发展高效生态农业、民俗文化产业、观光旅游产业。

《马庄村建设总体规划》中提出的三大发展方向分别对应了其三大特色类型。

1) 马庄高效生态农业建设。主要建设金场东400亩的高效农业采摘园，金马河两岸已对外运营的高科技观赏型牡丹石榴园230亩、石榴采摘园350亩、五谷丰登种植园180亩、缤纷大地果树采摘园300亩、五彩大地(利用不同种类观赏性农作物成景)等高效农业基地。

2) 马庄民俗文化产业建设。主要建设徐州市马庄民俗文化表演团、徐州市马庄文化产业水韵广场、民俗展览馆、徐州市马庄民俗文化广场二十四节气柱、神农氏雕像等，以乡村民俗展览、乡村民俗节庆、国际乡村交流、乡村民俗歌舞、乡村民俗文化产业链的架构，打造富有乡土气息的民俗文化产业基地。

图 3-4

3) 马庄观光旅游建设。依托徐州市潘安湖风景区，把马庄村建设成中国最美的乡村湿地、国家级的乡村民俗产业基地、中国最和谐的乡村，这三大特色化品牌将驱动旅游区的快速发展。项目一期投资 5800 万元建设环村水系工程、二期投资 6200 万元建设景点二十一项。深入挖掘当地的乡土人文风情，形成一系列特色的乡村旅游景点，实现马庄由政治、文化名村向旅游名村转变。通过开展乡村民俗展览、乡村民俗节庆、国际乡村交流，形成旅游休闲观光农业、餐饮休闲、文化体验、商品贸易为一体的民俗旅游产业链及民俗文化产业基地。

目前马庄村民的民俗文化活动多种多样，包括大年初一农民运动会，春节民俗文化表演，正月十五元宵灯会，三月初十马庄庙会，清明踏青节，祭扫烈士墓，“五一”马庄旅游文化节，九月初九重阳敬老节，神农氏祭祀大典等节日及庆典活动。

(3) 苏州昆山市张浦镇姜杭村——自主品牌型+村落风光型+特色文化型

姜杭村(图 3-5)位于昆山市张浦镇西南侧，东临商秧湖，西靠大直江，南与大市村相邻，北与赵陵村接壤，江浦南路穿村而过。全村由五个自然村组成，共有村民小组 23 个，总人口 1695 人，面积 3.07 平方公里。

姜杭村通过农企合作的形式，与鲜活食品有限公司合作成立姜杭生态农业科技发展有限公司，推进农业产业化发展；与中科院南京中山植物研究所签订产学研合作协议，挂牌 “江苏省昆山市蓝莓种植实验示范基地”，打造富民平台，增加农民收入，形成“农户+基地+公司”产业链。新增种植基地 100 亩，引进黑莓、桑葚、猕猴桃等新品种，成功注册“姜杭农业”农产品商标，打造精品果园，走精致农业之路。2012 年，姜杭村首批露天种植蓝莓鲜果产量 1500 公斤，黑莓 3500 公斤，实现销售收入 15 万元，市场供不应求。

在村落风光建设方面，经过近几年环境综合整治，姜杭新乡村建设已经取得明显成效，村庄环境卫生和基础设施得到了极大的改善，以创建 3A 级旅游景区和国家级生态村为契机，不断完善各项配套功能设施，打造村庄精细化环境，从每家每户着手，从小范围着手，进一步完善百姓的居住环境，被评为“昆山市自然生态美丽乡村”；成功通过省住建厅验收，获得江苏省首批、昆山市第一个“江苏省三星级康居乡村”的荣誉称号。

图 3-5

姜杭村对有着悠久历史传说的东岳庙、凤凰墩、响铃桥、岳庙义渡等历史遗存进行重点开发、保护和修缮，通过对历史人文资源的挖掘以及对东岳庙的修缮扩建，让传统道教文化得到了继承和弘扬，打造出“江南水乡道教圣地”。

从 2011 年 4 月第一届“八卦玄妙旅，水乡民俗风——昆山非遗展示暨首届姜里文化庙会”的顺利举行至今，姜里庙会已连续成功举办三年，打造成为每年一届民俗、民乐、民富的品牌活动，提升了姜杭村的知名度，展现了新乡村建设成果，打响了张浦“新江南城市”以及姜杭村的强力旅游品牌，将一个集江南水乡之美、道教之灵、乡村之朴、农家之乐、民俗之趣、民风之纯、民歌之萃的特色生态文化旅游水村展示在人们眼前。

姜杭村是民歌发源地之一，村民都喜欢喊山歌，山歌对村发展产生了一定的影响，生活歌唱出了村民积极保护环境和美好生活的向往；积德歌唱出了敬老爱幼的文明风尚；节气歌唱出了生活起居对环境生态的重要性。

(4) 泰州市溱潼镇湖南村——生态资源型+特色文化型

湖南村地处泰州市姜堰区溱潼镇以南，紧靠国家湿地公园 5A 级溱湖风景区，毗邻泰州华侨城。东邻 229 省道，南近启扬高速，西靠宁靖盐高速，溱湖大道、沈马路穿境而过。

溱湖国家湿地公园、泰州华侨城、溱湖农业生态园落户在湖南村，为其营造了良好的旅游投资环境。湖南村溱湖湖面开阔，湖中岛屿星罗棋布，湖水清纯甘冽。湖区盛产鱼虾、菱藕、水瓜等无公害绿色食品。以溱湖鱼虾制成的鱼饼、虾球，白如玉璧，红如珊瑚，被称为“溱湖双绝”；名闻遐迩的“溱湖簖蟹”更以其肉质腴嫩、膏体丰厚被评为蟹中上品。近年来，随着生态旅游、“农家乐”等旅游产品的推广，湖南村沈马路沿线形成了集旅游、度假、饮食、休闲为一体的休闲观光农产品展销和乡村餐饮基地。

近年来，湖南村充分依托资源优势，致力打造“溱湖八鲜”美食品牌，每年举办规模盛大的“溱湖八鲜”美食节。如今，“溱湖八鲜”不仅是带动周边地区群众致富的特色产业，而且已成为湖南村旅游的又一张名片。

溱湖八鲜文化：溱湖为长江水系与淮河水系交汇处，其水域宽阔，水质清纯，水草丰茂，是省内外难得一见的未被污染的水体。所繁育生长的水生动植物含有人体所必需的多种氨基酸，丰富的矿物质及人体不可缺少的维生素，肉质细嫩，味道鲜美，营养丰富。由“溱湖簖蟹”、“溱湖青虾”、“溱湖甲鱼”、“溱湖银鱼”、“溱湖四喜”、“溱湖螺贝”、“溱湖水禽”、“溱湖水蔬”总称之为“溱湖八鲜”(图 3-6)。

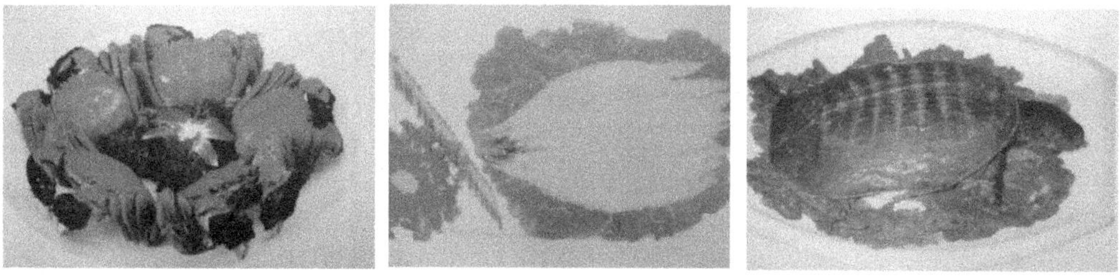

图 3-6

在新乡村建设中，湖南村依托景区旅游资源，以发展摇橹船为突破口，全力促进群众增收致富。湖南村村民忙时在家、闲时在景区的有 600 多人，其中摇橹的就有 200 多人。

湖南村在结合风景区发展各个旅游项目同时，结合本村拥有丰富的劳动力，投资 100 多万元，购买了 100 多条摇橹船，2 条风帆船，专程开设了听民歌、学摇橹、游溱湖、住竹屋、品农家乐的特色旅游活动(图 3-7)。特色旅游活动的开展，不仅给湖南村带来了每年 150 万元的纯利润，而且吸收了大量的剩余劳动力，进一步拓宽了群众增收致富的门路。

图 3-7

(5) 南通市通州区东社镇香台村——自主品牌型+田园农业型+科普教育型

东社镇香台村位于东社镇镇区北侧，具有独特的地理位置和交通优势。东临沪通通道、南接生态大道，交通便捷。全村总人口 3148 人，耕地面积 3760 亩，其中设施农业面积 1800 亩。香台村已形成了景瑞蔬菜等农业生产基地、顾胜和特色香芋基地、祥牛生态养殖、开心农场田园种植和南通禾朗农产品加工基地。

景瑞农业园核心基地展示区，通过管道、平面、墙面、多层、立柱和滴灌等多种方式栽培，直观、立体、形象、生动地将现代美学农业展示在游客面前，做到农业与景观的完美融合，也做到了农业同旅游相结合的新型模式，每年吸引大批上海、苏州游客前来参观(图 3-8)。

图 3-8

开心农场由通州区十佳青年曹荣和通州区十佳女性孙春梅夫妇创建。开心农场栽种科技含量较高的作物，有享有“植物伟哥”之称的黄秋葵和各种有机蔬菜，全部使用有机肥料，杜绝使用农药。引进广西特有品种水晶鸡，并成功繁育使其本地化，其产的水晶草鸡蛋以其独特的口感和营养价值迅速占领市场，成为各大超市、高档酒店的选择。另外开辟了新的农业休闲模式——蔬菜认购，顾客可自选地块种植喜爱的作物，利用节假日培育，也可委托农场管理，这种新模式得到了市民的认可，上海、苏州、南通市民纷纷前来认购。开心农场已成为城市居民休闲养生的好去处。

通州祥牛生态健康养殖基地 2009 年 3 月成立，注册资本 1000 万元。基地拥有生产、技术工人 30 余人，并拥有专业的高级配种师、高级兽医师。该基地总投资 5000 万元，一期占地面积 280 亩。采用现代集约循环饲养模式——发酵床养猪法，饲养效果达到“三省(省料、省水、省劳力)、两提(提高抵抗力、提高猪肉品质)、一增(增加养殖效益)、零排放(无污染，实现粪污零排放)”的要求，年生猪出栏数可达 8 万头。建成后将成为南通地区规模最大的生态、环保型畜牧养殖基地。

(6) 扬州市广陵区泰安镇金湾村——田园农业型+生态资源型

扬州市广陵区泰安镇金湾村，总面积 7842.25 亩，其中水域面积 720 亩；

农户 817 户，总人口 2900 人(含常驻流动人口 150 多人)。淮河入江水道从村内穿越，形成了面积约 900 多亩的季节性过水湖泊湿地，多年的洪水冲刷还带来了“七河八岛”的格局，原生态状况保存最完好的聚凤岛就属于金湾村。该岛草深林密，人迹罕至，已成为华东地区最大的白鹭栖息地。

金湾村创建农业部“美丽乡村”有着得天独厚的自然禀赋，尤其是国内罕见的季节性过水湖泊湿地，每年周期性地呈现干湿交替状态，汛期白浪滔天，烟波浩渺，平时，碧波荡漾，草长莺飞，季节间水位高差达 3 米左右。以聚凤岛为例，旱季，岛上植物生机勃发，各种小动物漫步草丛，而洪水来临，小岛犹如浮动的扁舟，唯有冒出波浪的树丛与翩飞的白鹭相伴相依。

据扬州大学生物学院调查，金湾村湿地范围内共有鸟类 26 科 81 种、鱼类 9 目 16 科 67 种、哺乳类 6 目 8 科 12 种、两栖动物 1 目 4 科 6 种、爬行动物 2 目 7 科 15 种、浮游动物 159 种、底栖动物 38 种，包括国家级保护动物白鹭、白尾鹞、雀鹰、苍鹰、红隼等。

金湾村的湿地风貌(图 3-9)每年都吸引众多都市族前来踏青旅游，村里趁势打造了“食、住、行、游、购、娱”的旅游产业链，包括 1 家采摘开心农场、4 家农家休闲山庄、16 家农家餐饮、2 家水上餐厅、5 条游船等，2012 年，全村接待游客 15.3 万人次，创造旅游收入 900 多万元。

图 3-9

同时，金湾村建成了 300 亩葡萄采摘园、50 亩桑葚采摘园、100 亩特色蔬菜种植采摘园和 1000 亩有机稻米生产基地。确立了“高效农业为基础、绿色食品为主打、休闲观光为延伸”的产业发展路径。以金湾村生态葡萄园为例，葡萄园创办于 2009 年，总投资近 1000 万元，面积 300 亩，集葡萄种植、生态养殖、休闲垂钓、餐饮娱乐为一体，先后引进了夏黑、醉金香、巨峰、美人指等近 20 个优质品种。该葡萄园采用了设施栽培，包括滴灌技术，防虫网等，园内还精心设计了 8 个园林小品，主题分别为：峰峦翠竹、碧水凉亭、长廊绕春、莲荷映夏、傲菊涂秋、蜡梅迎冬、鲤锦缤纷、古藤织绿。2012 年，接待游客 1.2 万人次，生产葡萄 30 吨，创造服务收入 250 多万元。

(7) 盐城市盐都区郭猛镇杨侍村——田园农业型+村落风光型

杨侍村位于盐城市盐都区郭猛镇境内，距盐城市区 15 公里，宁靖盐高速入口处 5 公里，全村下辖 11 个自然组，2012 年实现三业总产值 3.5 亿元，农民人均纯收入 17682 元。先后荣获省“康居示范村”、省四星级乡村旅游示范景点、省新乡村建设先进村、盐城市精神文明标兵村、盐城市最美乡村等荣誉称号，连续 7 年被盐都区委、区政府表彰为“乡村经济排头村”。

以江苏杨侍生态园为平台，发展乡村旅游特色产业。江苏杨侍生态园(图 3-10)始建于 2010 年 11 月，总规划面积 2000 亩，计划总投资 5 亿元人民币，至目前已经投入 2.7 亿元；在已建成生态阳光餐厅、温泉大浴场、一座小公园(公园内有楼台亭阁、牡丹园、曲桥长廊、荷花池塘、小灵山大佛等)、200 亩十个品种葡萄采摘区、200 亩八个品种鲜桃采摘区、100 亩八个品种樱桃观赏采摘区、100 亩特种水产养殖区、八座 4 星级装潢标准的茅屋供游客休息的基础上，再投入资金 3 亿元，兴建 100 亩的游乐场(农民乐园)、100 亩的户外拓展训练中心、100 亩的旅游公共设施、2000 平方米的村史馆、1200 平方米的农民会所。形成五区(商务服务区、体验互动区、休闲娱乐区、旅游观光区、科技示范区)一基地(青少年爱国主义教育基地)的格局。

图 3-10

同时，聘请东南大学、江苏省村镇建设服务中心等机构专家，完成了新乡村建设总体规划，新型农民居住区规划建设 3000 户。目前集中居住点一、二期工程已建成具有欧式风情的新型别墅 150 幢、农民安置楼 2 幢 60 户，三期 106 户已开工建设(图 3-11)。投入资金 100 万元对原有沿街 56 户门面房按照江南水乡特色进行全面改建提升。卫生厕所普及率、生活垃圾定点存放清运率、无害化处理率、工业污染物排放达标率、秸秆综合利用率等指标均达 100%；生活污水处理率、无公害、绿色、有机农产品基地比例均达 90%以上。“组清洁、村收集、镇运转、区处理”的垃圾集中处理模式已全面形成，“道路、河道、生活垃圾、绿化”四位一体的管护机制全面实施。

图 3-11

(8) 徐州市丰县华山镇大程庄村——村落风光型+田园农业型

大程庄村位于华山镇西，东临大沙河，丰徐运河穿境而过，风景优美，北靠徐丰高速公路，交通便利。

2010 年，大程庄村抢抓县委、县政府城乡建设用地“增减挂钩”政策规定，实施了整体搬迁新乡村建设工程，将原有的段庄、野场、张杏行、孙新庄四个自然村合并安置。新建了 15 万平方米的“杏花村”居民小区，共节约土地 312 亩，目前一期工程已完工，已有 700 余户居民搬入新居，二期工程主体已完工。如今的杏花村已成为设计合理、功能齐全、污水配套设施完善、人居环境优雅、商贸流通繁华的公园式住宅小区，有力地提升了乡村居民的居住生活环境，是丰县乃至徐州地区的“一道亮丽的乡村风景线”(图 3-12)。杏花村也先后被评为“江苏省社会主义新乡村建设先进村”、“三星级康居乡村”“、江苏省文明村”、“徐州市优秀基层党支部”。

图 3-12

同时，大力发展高效设施休闲观光农业。新建了占地 600 亩的凯宇农业园、400 亩的华强生态园、500 亩的玫瑰园、200 亩的葡萄自摘园。同时，积极抓好招商引资工作，目前，全村从事企业经营的有 24 家，吸收就业人数 550 余人，占全村劳动力总数的 80%，年创税 600 余万元。

专题二　2013~2014年江苏省南京市城乡居民生活质量评估分析

“以人为本”是新型城镇化的核心内容，党的十八大报告在全面建设小康社会这一目标中也明确强调“人民生活水平全面提高”。南京市政府工作报告提出要保障和改善民生，提高城乡社会保障水平，一系列与之相关的措施也相继出台。在最近发布的2014年中国最具幸福感城市排行榜中，南京排名第2，在2012年排名第6和2013年排名第5的基础上，又前进了3个名次，“城市幸福感”主要包括市民对所在城市的认同感、归属感、安定感和满足感，排名的进步也表明生活在南京的市民生活质量有了提高，然而长期存在的城乡二元结构使得城市与农村在经济发展、社会生活和生态环境等方面仍然呈现出一些差距。本书分别从经济、社会和生态环境三个方面分析南京市城乡居民生活质量现状和特征，发现城乡居民生活质量差异的问题，为提高南京市城乡居民生活质量提供发展思路。

一、城乡居民生活现状及特征

(一) 城乡居民生活经济现状及特征

1. 城乡居民收入水平现状和特征

2013年，南京市城市居民人均可支配收入38531元，比上年增长了6.08%；农村居民人均纯收入16531元，比上年增长了11.80%；城乡居民收入比由2.46∶1降到2.33∶1，城乡居民收入差距减小。

(1) 财产性收入为城乡居民主要收入来源

从收入来源看，居民收入主要由工资性收入、经营性收入[①]、财产性收入与转移性收入四部分组成。

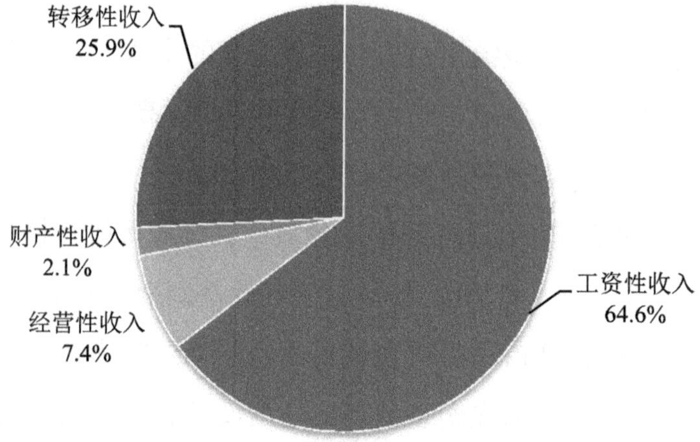

(a) 2013 年南京市城市居民人均总收入构成

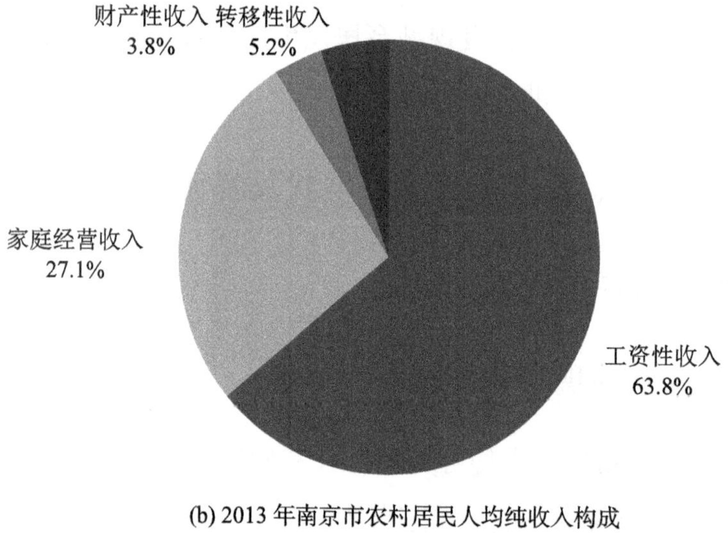

(b) 2013 年南京市农村居民人均纯收入构成

图 3-13

资料来源：由《江苏省统计年鉴 2014》数据资料整理

① 根据国家统计局的居民收入来源分类，经营类收入在农村居民收入构成中称为“家庭经营收入”，在城市居民收入构成中称为“经营性收入”。

如图 3-13 所示，南京市农村居民收入以工资性收入和家庭经营收入为主，2013 年二者占农村居民人均纯收入的比重分别为 63.8%和 27.1%。南京城市居民收入以工资性收入和转移性收入为主，2013 年二者占城市居民总收入的比重分别为 64.6%和 25.9%。对比城市和农村居民收入构成，除了工资性收入均在城乡居民总收入中比重最大外，城市居民收入的第二主要来源是转移性收入，农村居民收入的第二主要来源是家庭经营收入，说明城市居民享有较高的社会保障水平。

(2) 城乡居民收入水平增长放缓

由表 3-7 可以看出，自 2011 年至 2013 年，南京市城市和农村居民收入水平均处于上升趋势，然而居民收入增速放缓。城市与农村居民收入水平仍然存在一定的差异，但农村居民收入水平增长速度高于城市居民收入水平增长速度，表明城乡居民收入差距逐渐缩小。

表 3-7　2011~2013 年南京市城乡居民人均收入增长速度 (单位：%)

	2013	2012	2011
城市	6.08	12.80	13.73
农村	11.80	12.80	17.79

资料来源：由《江苏省统计年鉴 2014》数据资料整理

2. 城乡居民消费水平现状和特征

南京城乡居民人均家庭收入主要消费性支出由食品、衣着、居住、家庭设备用品及服务、医疗保健、交通通信、教育文化娱乐服务、杂项商品和服务这几部分组成，其反映了南京城乡居民经济生活质量(图 3-14)。2013 年，南京城市人均家庭总支出为 32664 元，其中消费性支出为 24591 元，占总支出的 75.3%。在消费性支出中，食品支出占 33.5%，衣着支出占 9.7%，居住支出占 6.1%，家庭设备用品及服务支出占 6.8%，医疗保健支出占 6.0%，交通通信支出占 14.3%，教育文化娱乐服务占 19.0%，杂项商品和服务占 4.6%。南京农村人均家庭总支出为 16643 元，其中消费性支出为 12392 元，占总支出的 74.5%。在消费性支出中，食品支出占 36.7%，衣着支出占 7.5%，居住支出占 12.6%，家庭设备用品及服务支出占 5.6%，医疗保健支出占 3.8%，交通通信支出占 11.3%，教育文化娱乐服务占 18.8%，杂项商品和服务占 2.4%。

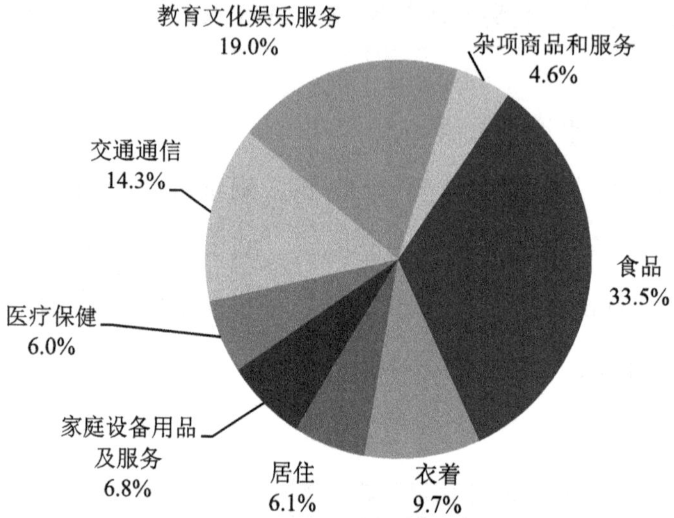

(a) 2013 年南京市城市居民人均消费构成

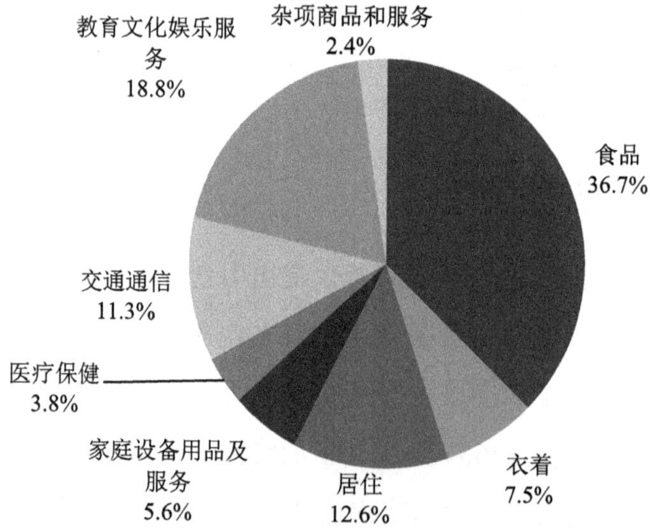

(b) 2013 年南京市农村居民人均消费构成

图 3-14

表 3-8　2011~2013 年南京市城市居民消费水平构成情况 (单位：%)

消费类别＼年份	2011	2012	2013
食品	35.8	34.7	**33.5**
教育文化娱乐服务	18.0	18.8	**19.0**

数据来源：本表格数据由《江苏统计年鉴》(2012~2014)计算得出

表 3-9　2011~2013 年南京市农村居民消费水平构成情况 (单位：%)

消费类别＼年份	2011	2012	2013
食品	37.5	36.8	**36.7**
教育文化娱乐服务	18.2	18.7	**18.8**

数据来源：本表格数据由《江苏统计年鉴》(2012~2014)计算得出

(1) 以食品支出和教育文化娱乐服务支出为主要支出

由图 3-14 和表 3-8、表 3-9 可以看出，南京城乡居民消费支出以食品支出和教育文化支出为主要支出。同时我们也注意到，虽然食品支出占主导位置，但从 2011 年到 2013 年这三年间，不论是城市还是农村，食品支出的比重均处于稳定下降的趋势，教育文化娱乐服务支出比重则稳定上升。说明南京城乡居民在满足物质消费的基础上，逐步向享乐型消费转变，居民生活质量有了较大的改善。

(2) 城乡居民消费水平增长放缓

由表 3-10 可以看出，自 2011 年至 2013 年，南京城市和乡村居民消费水平均处于上升趋势，然而年消费增长速度放缓，这与年收入增长速度放缓有较大的关联。南京城市与农村居民消费水平仍然存在一定的差异，但农村居民消费水平放缓速度低于城市居民消费水平放缓速度。

表 3-10　2011-2013 南京市城乡居民人均消费增长速度 (单位：%)

	2013	2012	2011
城市	4.7	13.1	14.4
农村	11.5	11.6	17.4

资料来源：由《江苏省统计年鉴 2014》数据资料整理

(二) 城乡居民生活社会现状及特征

1. 教育文化状况和特征

(1) 进城农民工子女教育体系不断完善

2013 年接纳义务教育阶段进城务工人员随迁子女 7.47 万人。其中进入公办学校就读的人数占全市进城务工人员随迁子女就读总人数的 97.5%，在上年提升 1.42 个百分点的基础上，2013 年再提高 0.6 个百分点，基本覆盖所有进城农民工子女。在幼儿教育方面，南京市按照每人每年 2000 元标准对包括流动子女在内的全市 14.92 万符合条件的在园适龄幼儿发放助学券，投入经费达 2.98 亿元，比上年增加了 0.08 亿元。

(2) 文化设施投入持续增加

最近公布的《中国最具文化底蕴城市排行榜》显示，南京位居最具历史文化底蕴城市排行榜第四名。2013 年社区健身设施投入资金超过 9 千万元，健身设施建设数已超过 4000 个，较之上年投入均有明显的增加。美丽乡村示范点均建立了包括阅览室、棋牌室、老年人活动中心等文化设施。2013 年南京市图书馆总藏书量已超过 1600 万册，丰富了城乡居民休闲娱乐生活。这表明南京城市不仅具有深厚的历史文化底蕴，而且政府对居民文化生活也较为重视，文化投入持续增加。

(3) 研究型人才逐步增加

南京是全国高校聚集地，拥有五十多所高校，同时也是高等人才聚集地。2013 年末，全市拥有 54 所普通高等学校，71.16 万在校学生(不含研究生)。与上年相比，高校大学生人数有所下降，这与参加高考的学生总数减少有关。2013 年在校研究生人数为 9.94 万人，比上年增加了 3.9%，如图 3-15 所示，近五年来南京市研究生人数所占比重呈不断上升趋势，研究型人才逐步增多。

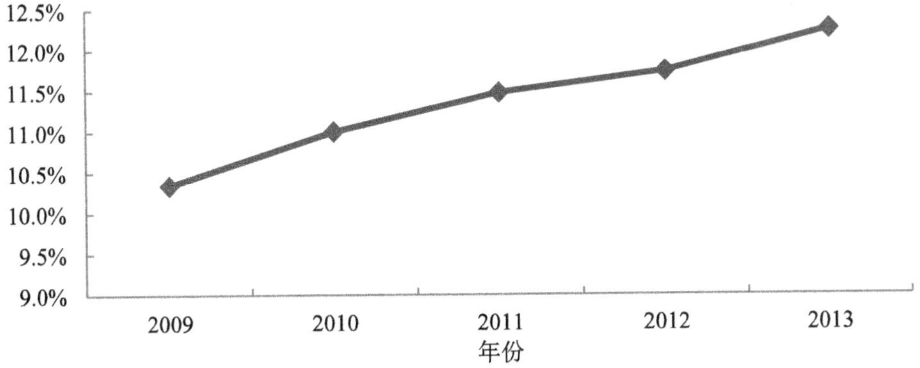

图 3-15　2009~2013 年南京市研究生人数占高等学校学生人数比例变化情况

数据来源：南京市国民经济和社会发展统计公报(2010~2014)

2. 基础设施状况和特征

(1) 医疗卫生投入持续增加

截至 2013 年年末全市共有各类卫生机构 2315 个，在 2012 年的基础上增加了 10 个，其中医院、卫生院 208 个，疾病预防控制中心 20 个，妇幼卫生保健机构 14 个。各类卫生机构共有床位数 4.18 万张，其中医院、卫生院床位数 3.72 万张。各类卫生机构共有卫生技术人员从 2012 年的 5.4 万人增加到 5.80 万人，其中执业(助理)医师 2.07 万人，注册护士 2.54 万人。

全市已累计建成社区卫生服务中心(卫生院)、社区卫生服务站 657 个，村卫生室 203 个。社区卫生服务城市人口覆盖率达到 100%。全市共建立惠民医院 13 所，接待门诊病人 4.8 万人次，减免费用 1000 多万元。

(2) 交通设施建设不断完善

南京城乡交通设施建设不断完善。南京南站已建成运营，京沪高铁、纬三路过江隧道、宁杭和宁安城际铁路、禄口机场二期工程等项目有序推进；地铁 10 号线已于 2014 年 7 月份正式投入运营，大大提高了城乡居民到达禄口机场以及其他地区的便捷度；江北大道、宁高新通道、122 省道等三条城乡动脉建设全面实施，全市 452 个行政村均已通公共汽车，缩短了城乡之间的距离，有效促进了城乡融合。

3. 社会保障状况和特征

南京市坚持从经济社会发展的实际出发，就业形势不断稳定，社会保障能力逐步增强，社会保险、社会救助、社会福利均取得了较快的发展。

截至 2013 年年末，全市城镇社会保险五大险种(养老、医疗、失业、工伤、生育)累计参保人数为 1360.92 万人，比上年末新增 64.92 万人。城乡基本养老保险和城乡当年医疗保险覆盖率分别达到 98.3%和 98.1%。将高淳、溧水两区失业保险纳入市级统筹范围，企业退休人员人均养老金提高到 2285 元。2013 年发布的《南京市政府关于完善被征地农民老年生活保障和住房保障政策的实施意见》进一步完善被征地老年生活困难补助人员生活保障政策，城乡居民享受最低生活保障 11.3 万人，享受国家抚恤、补助等各类优抚人员 19959 人。

(三) 城乡居民生活环境现状及特征

1. 政府对环境保护投入力度持续加大

围绕创建国家生态城市、国家生态园林城市和国家森林城市目标，南京市政府继续实施蓝天清水、绿化建设行动，环境保护投资金额不断增加(表3-11)，全市完成重点节能改造和循环经济项目 86 个，在 2012 年完成对 162 家“三高两低”(高能耗、高污染、高排放、低效益、低产出)企业的整治工作的基础上，2013 年对第三批 141 家“三高二低”企业集中进行整改。其中 92 家实施了关闭、淘汰，49 家实施了达标整治，每年可减少化学需氧量和二氧化硫排放 120 多吨和 600 多吨。在农村地区，建立秸秆综合利用项目补助和扶持政策，对秸秆禁烧及综合利用成效明显的村(社区)进行 4元/(亩・年)的补助，从源头上实现秸秆禁烧。这系列行动为南京居民生活环境带来持续的改善。

表 3-11　2010~2012 年南京市环境保护投资额　(单位：亿元)

	2012	2011	2010
环境保护投资	267.50	187.41	164.89

资料来源：2013 年南京市环境状况公报

2. 环境配套设施逐步完善

南京市政府加大对环境配套设施的投入力度，南京市一批污水处理设施包括江心洲污水处理厂等逐年增加，相应的污水处理率超过 95%。全市森林覆盖率、建成区绿化覆盖率等生态重点指标在全省及全国城市中位于前列。

绿博园一期、江心洲示范段、鼓楼宝船厂北段、下关滨江试验段、浦口新城江滩公园一期、高新区一标段和三标段、浦口区段等滨江风光带建设完成，环紫金山、明城墙沿线等 100 公里绿道建设也基本完成，有效提升城市生态功能，同时也为南京城乡居民休闲娱乐和假期旅游提供了诸多场所。

3. 美丽乡村建设取得良好效果

自农业部于 2013 年 2 月起组织开展“美丽乡村”创建活动，南京市积极响应号召，开展“南京最美乡村”评选活动。全市有 48 个乡村(社区)报名参加，最终 18 个乡村获得了南京市 2013 年度“最美乡村”称号(表 3-12)。开展“美丽乡村”等活动，能够推进农业发展方式转变，有效提高农业资源利用率，改善乡村人居环境，增加农民收入，提高农村居民生活质量。

表 3-12　2013 年南京市“最美乡村”名单

江宁区	横溪街道石塘村、麒麟街道锁石村、谷里街道周村社区世凹村、谷里街道双塘村大塘金自然村、江宁街道黄龙岘村
浦口区	江浦街道华光社区响堂自然村、永宁街道侯冲村、盘城街道落桥社区、汤泉街道陈庄村陈庄自然村
六合区	竹镇镇大泉村、金牛湖街道茉莉花村、龙袍街道长江社区
栖霞区	八卦洲街道外沙村
溧水区	洪蓝镇傅家边村山凹自然村、石湫镇东泉村焦赞石自然村
高淳区	桠溪镇蓝溪村大山自然村、古柏镇武家嘴村、固城镇蒋家村何家自然村

数据来源：南京广播网

二、城乡居民生活存在的问题

1. 城乡生活质量差异较大

农村居民生活水平低于城市居民生活水平。2013 年南京市城市居民人均总收入为 42741 元，农村居民人均总收入为 19446 元，农村居民收入水平仅为城镇居民收入水平的 45.5%。图 3-16 为近五年来的城乡居民收入情况，由该折线图可以看出，尽管城乡居民收入逐年增长，二者之间仍存在较大差异。

从食品支出这一项来看，城市居民这项支出占总支出的 33.5%，农村居民占总支出的 36.7%，农村居民恩格尔系数高于城市居民。农村居民医疗保健消费支出只占 3.8%，是城市居民医疗保健消费支出的一半左右。

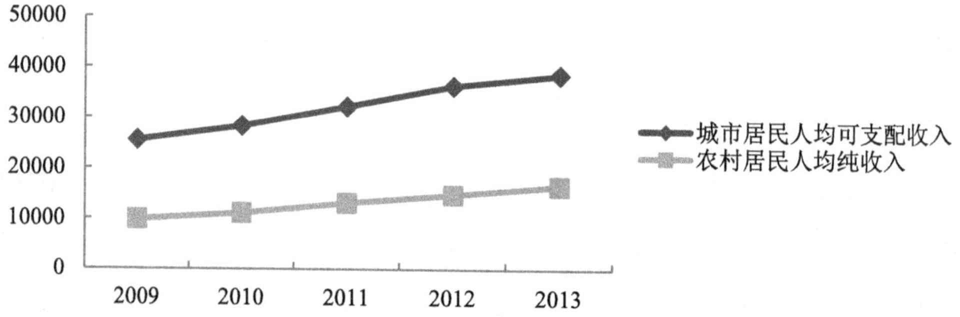

图 3-16　2009~2013 南京市城乡居民人均收入情况(单位：元)

2. 城乡居民生态环境质量不高

按新空气质量评价标准，南京全年空气质量优良天数达到 202 天，优良率 55.3%，与上年空气优良率达到 87%相比，2013 年南京空气质量有较为明显下降趋势。江苏省环保厅公布的江苏省 2013 年城市环境空气质量排名显示，南京市环境空气质量一直处于全省倒数，空气质量的下降给南京居民生活舒适度带来一定的影响。

三、城乡居民生活质量发展思路

从收入水平来看，2013 年南京市城乡居民收入比降到 2.33:1，近五年来城乡居民收入比一直呈现下降趋势，说明南京城乡居民收入差异会越来越小。从消费水平来看，城乡居民恩格尔系数持续下降，城乡居民消费趋向于多元化。在外来务工人员子女教育方面，随迁子女进入公办学校比例高于 97%，覆盖绝大多数进城务工人员子女，且每年均处于增长态势，可见，无需多时，公办学校将全面覆盖外来务工人员随迁子女。南京市覆盖城乡的基础设施投入力度持续加大，城乡社会保障水平逐步提高。

总体来说，南京市城乡居民生活水平较高，但是城乡居民收入水平仍然存在较大差异，生态环境质量处于全省较低水平，笔者提出以下几点建议，为南京市继续提高城乡居民生活质量提供发展思路。

1. 继续实施城乡统筹发展战略，缩小城乡居民生活质量差距

(1) 提高农民收入

农村经济的滞后发展是城乡居民生活质量有较大差距的根本原因。近年来，南京市农民工资性收入占人均纯收入的比重均达到 60%以上，2013 年南京农民纯收入较上年增长 1745 元，其中务工收入增长 1058 元，对农民纯收入增长的贡献率达到 60.6%，农民务工收入是南京市农民增收的关键性因素。然而农民工就业相对不稳定，工资及社会保障低下。需要进一步完善农民工用工长效管理机制和劳动保障制度，真正实现工农平权。

此外，经营性收入在南京市农民收入中仍占有重要地位。因此必须转变农业发展方式，加快农业产业化、现代化转变进程，以农业生产和农产品加工延长农业产业链，提高农产品科技附加值。走环境生态化、生产自动化、管理规范化、产品无害化、产销一体化生态农业发展之路。发展离不开人才。对农村来说，需要更多实用型人才。南京需在村官政策方面不断创新举措，

推陈出新，吸引更多德才兼备的人来进行农村建设。

(2) 推进社会主义新农村建设

加速推进社会主义新农村建设、加强农村基础设施投入，是缩小城乡差距的最有效措施。加快农村的城市化建设和农民的非农化、现代化转变，建立生产要素自由流转机制，使农村土地和城市土地进入统一的要素流动市场。为农村提供与城市均等的公共产品和公共服务，满足农民日益增长的生产需求和消费水平，从而提高农民生产和生活质量。

2. 加强人居环境建设，保护生态环境

继续实施“蓝天清水、绿化建设”行动，制定明确的行政法规条文，加强对各类开发建设活动的规划管理，严厉禁止不符合生态环境可持续发展的短视开发活动。建立检查监督制度，相关部门对环境保护工作定期督察，综合评比，提高行政措施的规范性。

进一步加大农村环境保护资金投入力度，加快农村基础设施建设，普及污水处理配套管网设施。加强农村环境治理，保障农村环境有效改善。继续推进“美丽乡村”建设，在农村地区大力推进户用沼气、规模畜禽养殖沼气工程建设，发展秸秆气化等农村清洁能源。

专题三　江苏泗洪县以“三个集中”统筹推进新型城镇化进程

泗洪县立足于传统农业大县的客观实际，紧紧抓住被列为江苏省农村综合改革试点县的重大契机，自 2011 年 10 月以来，以土地向规模经营集中、人口向城镇和农村社区集中、工业项目向园区集中的“三个集中”统筹城乡发展，不断加快推进农业现代化、城乡一体化和新型工业化进程。在土地集中上，坚持依法、自愿、有偿的原则，扎实推进农村土地经营权向种植大户、家庭农场、合作经济组织和龙头企业集中，全县累计实现土地规模流转面积 108.38 万亩，占全县耕地面积的 55%。在人口集中上，对全县 1997 个自然村

进行规划整合，重点规划建设 125 个农村集中居住区，全县累计建设小城镇住宅小区 151 个、农村集中居住区 89 个，新建乡镇住宅 639.1 万平方米，新增集中居住人口 21.6 万人。在工业项目集中上，在重点乡镇规划建设工业集中区、一般乡镇建设农民创业园、农村集中居住区建设“三来一加”项目点，大力推进乡镇标准化工业厂房建设，全县开工建设乡镇标准化工业厂房 664 万平方米，竣工 471 万平方米，新落户固定资产投资 500 万元以上工业项目 191 个。

1. 推进农村“三集中”的主要经验

一是坚持把整体联动作为“三个集中”的基本原则。坚持以土地集中为基础、人口集中为关键、工业项目集中为支撑，整体联动，统筹推进。一是突出规划引领。坚持一张蓝图指导，编制全县“三个集中”总体规划和土地集中、人口集中、工业项目集中的分项规划，形成相互衔接、有机统一的规划体系。二是突出良性互动。充分发挥“三个集中”之间相互促进、相互支撑的作用，通过土地集中将农民从土地上解放出来，通过人口集中改善农民居住条件和环境，通过工业项目集中为集中后农民提供更多的就业岗位和创业机会。三是突出整村推进。坚持沿路沿线、集中连片，先期推进土地集中，全县有 49 个村居实现整村土地规模流转，2 个乡镇实现整乡流转。

二是坚持把惠民利民作为“三个集中”的核心追求。一是在土地集中上注重兼顾多方得益受惠。构建流转农户、村居集体、经营主体“三方得利”的共赢机制，重点健全土地租金动态增长机制，确保流转农户在获得惠农资金的同时，不断扩大土地租金收益、务工薪金收益以及农业规模化经营收益。设立土地流转风险保证金，提高农业保险保额标准，最大限度降低经营风险。二是在人口集中上切实降低农民购房成本。大力实施“低地价、低房价”双低战略，着力有效控制农民的购房成本。切实强化对弱势群体住房的“兜底”保障，所有乡镇都配套不少于 5%的保障性住房，努力让农民群众都能买得起、住得进、住得好。三是在工业项目集中上充分吸纳群众就业创业。深入开展“三来一加”创业村村行活动，县财政设立 2000 万元全民创业发展资金和 3000 万元创业小额担保贷款基金，为创业主体提供资金支持。切实加强集中后农民的职业技能培训，帮助近 4 万名农民实现就近就地就业创业。

三是坚持把产业支撑作为“三个集中”的有效保障。切实强化产业的支撑作用，为集中后农民提供更多的就业岗位和创业机会。一是通过土地集中推进农业现代化。积极探索“大园区、多主体”经营模式，积极发展家庭农场、农民合作社等土地规模经营模式，加快新品种、新技术、新模式推广。目前，全县建成无公害农产品基地 139 万亩、绿色食品原料基地 187 万亩、有机农产品基地 3000 亩。二是通过人口集中促进三产服务业。引导、支持集中居住农民积极发展商贸服务、文化娱乐、体育健身等三产业态，鼓励有条件的乡镇发展乡村旅游等特色服务业，全县三产占比两年提高了 2.6 个百分点。三是通过工业项目集中发展乡村工业。结合各乡镇现有产业基础、交通区位以及发展潜力，明确各自的产业发展定位，有针对性地吸引相关产业项目，加快形成自身特色的主导产业，全县有 3 个乡镇工业集中区被评为省级特色园区或中小企业产业集聚示范区。

四是坚持把质量标准作为“三个集中”的底线要求。推进“三个集中”过程中，不仅仅追求速度和数量，更注重坚持质量标准。一是在土地集中过程中突出高产高效。对流转地块实施田林路、桥涵闸等综合配套，积极构建与农业规模化经营相适应的科技服务体系，加强农产品加工和销售服务平台建设，努力打造产加销一体化的农业产业化发展格局。二是在人口集中过程中突出建好住好。坚持高起点规划设计，全过程质量监管，对农民新建住房提出底线式技术参数规范，建立工程质量档案和廉政档案。高标准配套道路、通信、供排水以及垃圾收运和污水处理等基础设施，合理布点教育卫生、文化体育、商贸服务、社区管理等公共服务设施，让农民群众更多地享受城镇化成果。三是在工业项目集中过程中突出集约集聚。高度重视土地节约利用，鼓励建设四层以上标准化厂房，坚决避免“村村点火、户户冒烟”。

2. 推进农村“三集中”的配套措施

农村“三集中”是一项系统工程，除了在具体实施“三集中”过程中的上述经验外，还需要许多其他配套措施，主要措施有以下几个方面：

一是坚持把土地承包经营权确权登记颁证作为头道工序，有效保障农民群众的土地权益。土地是农民的“命根子”，土地权益是农民最重要的物权。开展农村综合改革的前提，首先必须要落实保持现有土地承包关系稳定并长久不变的政策，进一步明确土地承包经营权用益物权属性，真正赋予农民更多的财产权。经过确权登记颁证之后的承包地，既是资源，又是资产，有利于探索农村土地所有权、承包权、经营权三权分离，更好地落实集体所有权、稳定农户承包权、放活土地经营权，有利于推进农村土地规模化经营，走上特色高效的现代农业发展之路。

2014 年以来，泗洪县抢抓被列为全省农村土地承包经营权确权登记颁证工作试点县的重大机遇，按照压茬推进的原则，农村土地逐地逐块勘察测量进行确认，确保农民承包地面积、合同、证书、登记簿“四相符”和承包地块、面积、合同、证书(含示意图)“四到户”，10 月底将完成首批试点 4.3 万户、38.6 万亩土地的测量登记确认工作，进入正常颁证阶段，年底前将全面完成土地承包经营权确权登记颁证工作。土地承包经营权确权登记颁证，通过法律程序使农民的土地承包经营权益得到明确和保护，可以让农民放心外出务工、进城落户，同时为专业大户、家庭农场、农民合作组织等规模经营主体通过土地经营权流转长期承租土地提供了可能，有利于解决大量农村劳动力进城入镇后“谁来种地”的问题，也有利于增强各类经营主体对土壤改良、农田基础设施以及大型农机具的投入积极性。

二是加快促进土地等要素的有序流动，努力实现农村资源利用效益的最大化。实现农村土地等产权权益变现，是农村综合改革的重要内容。只有让农村土地等生产要素变资本、变股份、变商品，使产权得以进行依法转让、出租、入股、抵押等流转交易，才能使农民获得更多的财产权利，有效增加农民财产性收入和村集体经济收入。而实现这一途径，必须通过建立农村综合性产权交易市场，促进农村土地资源的有序流动和优化配置，便于农业农村融资扩大经营，便于工商资本到农村发展，向农业输入现代化生产要素和经营模式。

为了充分发挥市场对资源配置的决定性作用，促进土地为重点的各类要素的有序流动，泗洪县积极探索构建农村产权交易平台，在全市率先挂牌成立泗洪县农村产权交易所、泗洪县农村土地银行，组建农村产权交易监督管理委员会，整合交易和鉴证、农村土地承包经营权抵押贷款登记、金融服务、保险服务和配套服务“五大职能”，明确了信息发布、政策咨询、评估交易、抵押融资、调解仲裁等各个环节的操作流程，初步构建了农村产权交易“一站式”服务平台。目前，泗洪县农村土地承包经营权贷款抵押登记 19 笔、抵押贷款金额达 1915 万元，有效地推动了农村产权资源变资产、资产变资本。实践证明，建立农村产权交易所、农村土地银行，不仅有利于促进农村产权资源公开透明、竞争有序、高效顺畅交易，也有利于解决农业发展投入少、农民创业贷款难的问题，不断提高农村产权资源的融资能力和扩大农民群众的财产性收入。

三是积极构建农业全程社会化服务体系，加快转变规模农业的服务方式。随着农村生产方式的改变，农业规模化、专业化、市场化程度的提高，打破了原有的封闭式传统农业生产，必然对社会综合配套服务要求越来越高，这就要求对农业服务体系进行改革，形成农业产前—产中—产后的全面、系统、一体化的服务体系，通过专业化的分工，使农业经营主体和服务机构充分发挥各自优势，充分释放农业规模化经营的综合效应。

泗洪县以土地集中推进农业适度规模经营，大力培育职业农民、自然农庄、生态农场和有机农产品，三年累计规模流转土地 134.8 万亩，占全县耕地面积的 68%，催生专业大户、家庭农场、专业合作社以及农业龙头企业等新型农业经营主体 8112 个(其中，专业大户、家庭农场承租土地面积占比 82.5%)，农业生产方式和经营模式发生了根本性转变，原有面对一家一户、分散型的农业生产服务已难以满足农业规模化、产业化、现代化发展需求。为此，泗洪县与省农科院合作，探索建立了集农技推广、良种繁育、田间管理、质量监管、市场信息、金融保险等功能为一体的现代农业科技服务中心，组建了江苏源欣现代农业全程服务有限公司，有力地促进了农业新品种、新技术、新模式的推广和普及，各种现代农业生产要素得以更加便捷高效地注入农业生产经营全过程，实现了农业生产规模化、产业化、品牌化与服务社会化、全程化、专业化的相互促进、高度融合。

主要参考文献

曹建丰. 江苏省农村社区可持续发展途径研究[D]. 南京农业大学, 2004.
陈萍. 农村工业化与城市化发展模式的国际经验与启示[J]. 农业经济, 2012, 01: 9-10.
程俊杰, 刘志彪. 中国工业化道路中的江苏模式: 背景、特色及其演进[J]. 江苏社会科学, 2012, 01: 245-251.
邓青. 浙江省农村工业化发展研究[D]. 华中师范大学, 2012.
丁磊. 浅析江苏农村劳动力转移问题及对策[D]. 南京农业大学, 2006.
关健. 海城市农村工业化研究[D]. 东北大学, 2008.
郭升荣. 江苏农村劳动力转移的经济效应及影响因素研究[D]. 南京航空航天大学, 2007.
何锦锋. 科学发展观视野下发达地区农村工业化转型研究-无锡市胡埭镇为例[D]. 江南大学, 2012.
洪非. 中国东北地区农村工业化问题研究[D]. 吉林大学, 2010.
胡旸. 江苏农村人力资本投资与区域经济协调发展对策研究[D]. 南京农业大学, 2010.
黄锟. 中国城镇化的最新进展和目标模式[J]. 武汉大学学报, 2014, 67(2): 109-116.
李强, 陈宇琳, 刘精明. 中国城镇化“推进模式”研究[J]. 中国社会科学, 2012, (7), 82-100.
李岳峰. 江苏农村劳动力转移上海浦东的研究[D]. 南京农业大学, 2003.
李中华. 江苏农村人力资本投资与农村剩余劳动力转移[D]. 南京农业大学, 2006.
刘杨. 武汉城市圈农村工业化对生态环境影响评价研究[D]. 中国地质大学, 2012.
邱建新. 江苏农村劳动力转移的特点与思考[J]. 江南大学学报(人文社会科学版), 2003, 03: 55-58.
邱建新, 马成荣, 顾柳贞. 江苏农村劳动力转移与教育的关系及对策[J]. 中国职业技术教育, 2004, 02: 23-26.
阮建青. 基于产业集群模式的农村工业化萌芽与成长机制研究[D]. 浙江大学, 2008.
申茂向, 祝华军, 田志宏, 韩鲁佳. 中国农村工业化及其环境与趋势分析[J]. 中国软科学, 2005, 10: 33-41.
陶应虎. 农村居民收入区域差异及其影响因素研究[D]. 南京农业大学, 2008.
王晛. 江苏农村劳动力养老保险关系转移接续研究[J]. 南京人口管理干部学院学报, 2009, 03: 53-56.
王颖. 毛泽东对中国农村工业化道路的探索[J]. 毛泽东思想研究, 2012, 02: 27-32.
王永作. 江苏农村劳动力结构变迁的调查与思考[J]. 江苏社会科学, 1998, 01: 159-163.
吴霖. 江苏就业结构调整与产业结构优化的实证研究[D]. 南京航空航天大学, 2006.
夏飞. 高速公路发展对我国农村工业化、城镇化和现代化的影响研究[D]. 南京理工大学, 2004.
徐金斌. 江苏农村劳动力非农就业问题研究[D]. 南京农业大学, 2006.
徐志明. 农村产业结构高度化: 存在问题及对策思路[J]. 学海, 2003, 03: 66-70.

薛锋. 江苏农村青年劳动力转移就业的研究[D]. 南京农业大学, 2012.
杨笠. 江苏农村劳动力转移的调查与思考[J]. 经济研究参考, 2001, 51: 45-48.
杨平. 江苏农村劳动力转移的调查研究[D]. 南京农业大学, 2006.
杨煜璇. 我国农村工业化进程中的环境污染问题研究[D]. 中国海洋大学, 2011.
殷晓岚. 20 世纪苏南农业与农村变迁研究[D]. 南京农业大学, 2004.
余吉祥. 农村劳动力就业模式选择的影响因素分析——以江苏农户调查数据为例[J]. 现代经济(现代物业下半月刊), 2008, 11: 65-68+46.
张华江. 江苏农村劳动力转移的动力机制及其影响的实证研究[D]. 扬州大学, 2005.
张进华. 江苏省农村剩余劳动力转移影响因素的统计研究[D]. 南京财经大学, 2011.
张伦方. 中国区域农村工业化问题研究[D]. 西南财经大学, 2007.
赵娜. 新农村建设视野中的农村工业化[D]. 河北师范大学, 2008.
周春芳. 江苏农村劳动力人力资本与外出就业关系的实证研究[D]. 南京农业大学, 2006.
朱龙杰. 缩小南北差距, 加快江苏农村工业化进程[J]. 南京经济学院学报, 1997, 04: 41-45.

附　　录

附录一　2014年江苏农村工业与城镇化发展政策文件

《国家新型城镇化规划(2014—2020年)》

《国务院办公厅关于公开国务院各部门行政审批事项等相关工作的通知》(国办发〔2014〕5号)

《国务院关于进一步推进户籍制度改革的意见》(国发〔2014〕25号)

《国务院办公厅关于进一步加强棚户区改造工作的通知》(国办发〔2014〕36号)

《国务院关于同意建立推进新型城镇化工作部际联席会议制度的批复》(国函〔2014〕86号)

《住房城乡建设部关于落实国家新型城镇化规划完善工程建设标准体系的意见》(建标〔2014〕139号)

《江苏省新型城镇化与城乡发展一体化规划(2014—2020)》

《关于全面深化农村改革 深入实施农业现代化工程的意见》(苏发〔2014〕1号)

《省政府办公厅印发关于贯彻三项要求落实十项举措推进情况督查通报的通知》(苏政办发〔2014〕95号)

《省政府关于推进智慧江苏建设的实施意见》(苏政发〔2014〕103号)

《省发展改革委关于过渡时期外商投资项目办理有关事项的通知》(苏发改〔2014〕165号)

《如皋市政府办公室关于推进城乡环境整治深化路域环境建设的实施方案》(皋政办发〔2014〕71号)

附录二　2014年江苏农村工业与城镇化发展大事记

✧ 2014年1月2日至3日，九三学社江苏省委调研组先后考察了扬州仪征市、镇江丹徒区、常州溧阳市村庄环境整治工作。

✧ 2014年1月10日，江苏建设同行调研北京市城建研究中心房地产市场监测监管经验做法。江苏省住房和城乡建设厅房地产市场监管处、住房改革与发展处、住宅与房地产业促进中心负责同志等，于1月10日组成专题调研组赴该中心调研，并座谈交流。

✧ 2014年2月10日下午，财政部驻江苏专员办副监察专员刘志带队，专程到省住房城乡建设厅调研全省棚户区(危旧房)改造工作，并就2013年度城市棚户区(危旧房)改造中央补助资金清算工作交换意见。

✧ 2014年2月17日上午，江苏省召开《关于全面深化农村改革 深入实施农业现代化工程的意见》(苏发〔2014〕1号)新闻发布会，对该文件的主要内容和有关情况进行了发布。发布会由省委外宣办主任司锦泉主持，省住房和城乡建设厅副厅长、新闻发言人杜学伦，省委农工办主任、新闻发言人诸纪录及省财政厅、环保厅、粮食局等新闻发言人围绕记者提问进行了专题发布。

✧ 2014年2月28日，江苏省委常委会召开会议，讨论并原则通过《江苏省新型城镇化与城乡发展一体化规划(2014—2020)》。会议指出，必须深入贯彻落实党的十八大和十八届三中全会精神，顺应经济社会发展规律，把握新型城镇化正确方向，按照既要积极、又要稳妥、更要扎实的要求，以人的城镇化为核心，以城乡发展一体化为导向，以提升发展质量为关键，以改革创新为动力，努力探索具有时代特征、中国特色、江苏特点的新型城镇化和城乡发展一体化道路。会议强调，要主动对接即将颁布的国家新型城镇化规划，紧密结合江苏省实际，科学确定推进新型城镇化的指标体系和发展路径，进一步修改完善规划，更好地引领江苏省新型城镇化和城乡发展一体化进程。

✧ 2014 年 03 月 17 日，中共中央、国务院印发了《国家新型城镇化规划(2014—2020 年)》。《规划》明确了未来城镇化的发展路径、主要目标和战略任务，统筹相关领域制度和政策创新，是指导全国城镇化健康发展的宏观性、战略性、基础性规划。《规划》共 8 篇、31 章。

✧ 2014 年 3 月 18 日，江苏省推进城镇化工作联席会议办公室、省住房和城乡建设厅、省城镇化与城乡规划研究中心(暂定名)在宁召开江苏省新型城镇化和城乡发展一体化推进座谈会。省住房和城乡建设厅厅长周岚、巡视员张泉等出席会议。会议邀请了同济大学赵民教授、清华大学武廷海教授、东南大学段进教授、南京大学张京祥教授、南京师范大学张小林教授以及泰州市副市长贾春林、南京市高淳区区长沈剑荣、东台市梁垛镇党委书记吕洪涛等知名专家学者和各级政府有关领导等，共议江苏城镇化与城乡发展一体化之路。

✧ 2014 年 3 月 19 日至 20 日，江苏省工程建设标准站与住房和城乡建设部强制性条文协调委员会合作，在南京举办了 2013 年版《工程建设标准强制性条文》(房屋建筑部分)建筑、结构宣贯培训会。省内各建筑设计单位、施工图审核机构、工程质量监督机构以及房地产开发、监理、建筑施工企业的管理和技术人员 700 多人参加了培训。

✧ 2014 年 4 月 10 日至 11 日，江苏省政府在徐州市召开全省村庄环境整治工作推进会。据悉，江苏省委、省政府十分重视村庄环境整治工作，2013 年已超额完成省定年度时序任务，2014 年全省将继续完成 3.17 万个村庄环境整治目标任务。

✧ 2014 年 4 月 16 日，为贯彻落实江苏省新型城镇化和城乡发展一体化工作会议精神和有关要求，省住房和城乡建设厅在南京组织召开了镇村布局规划优化工作专题调研会。

✧ 2014 年 4 月 20 日，国家发展改革委发展规划司与亚洲开发银行东亚局在北京联合召开了中国城镇化发展战略研讨会。与会专家建议，推进城镇化的重点要从“关注城镇化速度”转向“关注城镇化质量”，城镇化速度以保持年均提高

0.7~0.8 个百分点的速度比较适宜，城市群应成为我国城镇化发展的空间重点。

- ✧ 2014 年 4 月 22 日至 23 日，江苏省政府在宿迁市召开全省城市环境综合整治工作推进会，省长李学勇作重要批示，副省长徐鸣出席会议并讲话。江苏省住房和城乡建设厅厅长周岚总结了 2013 年全省城市环境综合整治工作，明确了 2014 年工作目标。
- ✧ 2014 年 4 月 24 日，为进一步提升今年重大专项研究课题——《江苏省城镇住房供应体系研究》的科学性、针对性和指导性，确保课题高起点、高质量、按时序地完成研究任务和目标，江苏省住房和城乡建设厅与住房和城乡建设部政策研究中心共同承担的《江苏省城镇住房供应体系研究》开题论证会在北京召开。
- ✧ 2014 年 5 月 6 日，江苏省新型城镇化和城乡发展一体化工作会议指出，江苏省将继续以人的城镇化为核心，积极探索具有中国特色、符合江苏省实际的新型城镇化和城乡发展一体化路子。到 2020 年，全省城镇化率力争达到 72%，新型城镇化和城乡发展一体化质量显著提升，城乡空间布局形态更加优化，基本公共服务水平进一步提高，可持续发展能力稳步增强。
- ✧ 2014 年 5 月 20 日，江苏交通运输部门将加大交通通道和枢纽规划建设力度，进一步提升综合交通网络的服务能力与整体效率，以支撑和引领产业空间布局调整和功能区优化，服务城市生产要素配置与三次产业联动，力争在引导区域经济协调发展和新型城镇化等方面有更大作为。
- ✧ 2014 年 5 月 25 日，江苏省政府召开新闻发布会，由省政府领导介绍《江苏省新型城镇化与城乡发展一体化规划(2014—2020 年)》相关信息并回答记者提问。《江苏省新型城镇化与城乡发展一体化规划(2014—2020 年)》(简称“规划”)描绘了未来江苏城镇化的蓝图，还配套出台了一揽子措施，包括备受关注的户籍制度改革措施。
- ✧ 2014 年 5 月 26 日，江苏省常州市政协党派团体提案集体见面交流会召开，市政府相关部门负责人就民盟市委《关于推进新型城镇化建设的建议》给出明确答复，将立刻启动常州市新型城镇化和城乡发展一体化规划的编制工作。

- ✧ 2014 年 5 月 31 日，镇江召开新型城镇化和城乡一体化工作会议，印发了《关于推进新型城镇化和城乡发展一体化的意见》、《关于印发推进新型城镇化和城乡发展一体化(2014—2017 年)重点任务的通知》、《镇江市新型城镇化和城乡发展一体化规划(2014—2020 年)》，有关部门将根据征求到的意见作出修改。
- ✧ 2014 年 6 月 26~28 日，连云港新型城镇化和城乡发展一体化工作会议举行，会上下发了《关于全市银行金融机构支持新型城镇化和城乡一体化发展的实施意见》、《关于鼓励和支持工商资本参与新型城镇化和城乡一体化发展的实施意见》以及《关于完善城乡建设用地增减挂钩政策促进新型城镇化和城乡一体化发展的意见》，以着力解决上述问题及难题，推动新型城镇化和城乡一体化发展。
- ✧ 2014 年 7 月 2~3 日，为加快推进苏北地区村庄环境整治工作，促进全省村庄环境整治工作推进会会议精神的贯彻落实，江苏省住房和城乡建设厅副巡视员、省村庄环境整治推进工作领导小组办公室副主任杨洪海，率省整治办相关人员赴徐州睢宁、丰县检查指导两县 2014 年上半年村庄环境整治工作进展情况。
- ✧ 2014 年 7 月 12 日，盐城市委书记、市人大常委会主任朱克江在盐城主持召开规划编制汇报会，专题研究盐城市新型城镇化与城乡发展一体化规划编制工作。规划编制单位南京大学城市规划设计研究院黄春晓教授介绍了《盐城市新型城镇化与城乡发展一体化规划(征求意见稿)》的主要内容。
- ✧ 2014 年 7 月 23~24 日，江苏省省长李学勇在苏州重点就推进城乡发展一体化进行调研。他强调，要深入贯彻习近平总书记对江苏工作重要指示精神，按照省委、省政府扎实推进城镇化促进城乡发展一体化的工作部署，抓住国家试点有利机遇，深化改革创新，坚持先行先试，在统筹协调推进新型城镇化和城乡发展一体化方面取得新的更大成效。
- ✧ 2014 年 8 月 8 日，常州以“产城融合”争取国家新型城镇化试点。
- ✧ 2014 年 8 月 19~20 日，江苏省政协在无锡举行驻苏全国政协委员座谈会，围绕江苏省积极稳妥推进新型城镇化和城乡发展一体化积极建言献策。

✧ 2014年8月22日，无锡市市长汪泉到江阴华西村调研。他指出，要深入学习吴仁宝精神和华西村发展经验，进一步坚定理想信念，践行群众路线，推动无锡经济社会又好又快发展。市政府秘书长叶勤良陪同调研。

✧ 2014年9月16日，国务院总理李克强主持召开推进新型城镇化建设试点工作座谈会，确定省、市、县、镇不同层级、东中西不同区域共62个地方开展试点，并以中小城市和小城镇为重点。业内认为，随着新型城镇化加速，地产、基建等行业将有望从中受益。

✧ 2014年9月17日，江苏省人大常委会常务副主任蒋宏坤一行来金湖县调研新型城镇化建设情况。淮安市委书记、市人大常委会主任姚晓东、市人大常委会副主任陈洪玉、县委书记、县人大常委会主任肖进方、县长龚晓琴、县委常委、常务副县长毛文博、县人大常委会副主任罗金昌等陪同调研。

✧ 2014年10月22日，阜宁县召开推进新型城镇化与城乡发展一体化工作座谈会，县发改委负责人首先通报了《阜宁县新型城镇化与城乡发展一体化规划(2014—2020年)(征求意见稿)》起草过程及具体内容等方面情况。与会人员围绕"推进新型城镇化与城乡发展一体化，阜宁如何打造自己的特色，如何抓住工作的突破口"这一主题，立足全局，联系实际，认真进行讨论，提出许多意见和建议。

✧ 2014年11月15日，阜宁县召开新型城镇化与城乡发展一体化工作会议。县委书记顾云岭要求，注重量质并举，坚持城乡共进，着力打造苏北最美县城、宜居宜业集镇、生态绿色乡村，奋力开创美丽阜宁建设新局面。县长徐华明主持会议。县政协主席陈平、县委副书记王强、县人大常委会党组书记、副主任仇学善和县四套班子领导出席会议。

✧ 2014年12月1日，在国研中心主办的"农村集体产权制度改革研究座谈会"上，全国人大农业与农村委员会副主任委员刘振伟、国土资源部副部长胡存智、农业部副部长陈晓华、国家林业局副局长张建龙等都到场并发言，中央财经领导小组办公室副主任韩俊表示，十八届三中全会决定提出300多项改革任务，其中有 50 多项和农业农村有关，而这其中的重头戏就是包括土地制度在内的集体产权制度的改革。据他透露，现在针对集体产权制度改革的顶层设计正在紧锣密鼓地进行。

✧ 2014 年 12 月 2 日，年度长江三角洲地区三省一市主要领导座谈会在上海召开。会议认真贯彻落实党的十八届三中、四中全会精神和习近平总书记关于长三角合作重要指示，综合分析了当前国际国内新形势以及长三角地区一体化发展面临的新情况、新机遇，深入交流了三省一市 2014 年以来深化改革创新、推动经济转型升级的政策举措和经验做法，重点围绕“积极参与‘一带一路’和长江经济带国家战略，在新的起点上推进长三角地区协同发展”的主题，就深化重点领域改革、深入推进经济结构调整、加强重点专题合作、完善区域合作协调机制等事项进行了深入讨论。

✧ 2014 年 12 月 2 日，中央深化改革领导小组审议通过《关于农村土地征收、集体经营性建设用地入市、宅基地制度改革试点工作的意见》。

✧ 2014 年 12 月 5 日，中共中央政治局召开会议，分析研究 2015 年经济工作。此次会议被认为是在为即将召开的中央经济工作会议定调。会议提到，要坚定不移推进经济体制改革，推出既有年度特点、又有利于长远制度安排的改革举措。